„Extreme Situationen, schnelle Entscheidungen“
Helmut Schmidt gegen Sturmflut und RAF-Terror

Helmut Stubbe da Luz

„Extreme Situationen, schnelle Entscheidungen“
Helmut Schmidt gegen Sturmflut und RAF-Terror

Begleitband zur Ausstellung in der
Bibliothek der Helmut-Schmidt-Universität

Herausgegeben von der
Bibliothek der Helmut-Schmidt-Universität

Edition Falkenberg

Zum Geleit

Bibliotheksausstellungen haben Tradition, so vereinten die Saalbibliotheken des 17. und 18. Jahrhunderts beides: gedrucktes Wissen und sehenswerte Raritäten. Später, im 19. Jahrhundert, als der Platz mit Blick auf das wachsende Publikationsaufkommen knapp wurde, verschwanden die Naturalien aus den öffentlichen Bereichen. Fortan wurden Cimelien und Kuriosa nur noch zeitweilig und themenbezogen ans Licht geholt. Das wird gegenwärtig genauso gehandhabt, allerdings sind handgeschriebene oder gedruckte Schätze keine echten Publikumsmagnete mehr: Ihre frei zugänglichen Digitalisate entzaubern deren Existenz. Und für eine Mediennutzung vor Ort müssen Bibliotheken schon lange nicht mehr werben. Wer mag, kommt gern, die anderen arbeiten mit lizensierten, elektronischen Beständen alternativ von daheim. Zusätzlich hat sich die Bedeutung der Ausstellungen gewandelt. Sie sind mittlerweile Teil eines erweiterten Kulturauftrags. Das parallele Vortragsprogramm gehört, jedenfalls in der Bibliothek der Helmut-Schmidt-Universität, selbstverständlich mit dazu.

Wenn wir heute auf unser letztes Ausstellungsjahrzehnt zurückschauen, so waren die Besucher zahlreich und die eingeladenen Rednerinnen und Redner stets bemerkenswert. Insbesondere die Projekte mit regionalem Bezug erzielten in den Medien sehr gute Resonanz. Die Beschäftigung mit dem Namensgeber Helmut Schmidt als Teil der Ausstellung „Große Katastrophen in Hamburg. Menschliches Versagen in der Geschichte – wehrhafte Stadtentwicklung für die Zukunft?“ von PD Dr. Helmut Stubbe da Luz entfesselte eine derartige Dynamik, sodass eine eingehendere Beschäftigung in einem neuen Projekt reizvoll erschien: „Extreme Situationen, schnelle Entscheidungen. Helmut Schmidt gegen Sturmflut und RAF-Terror“ ist die fünfte Ausstellung, die wir zusammen mit dem Hamburger Historiker bei uns umsetzen dürfen. Hinter dem „wir“ verbergen sich neben dem Kurator und Katalogverfasser Helmut Stubbe da Luz, Sabine Grimm als Organisatorin in der Bibliothek und der Gestalter der die Ausstellungen begleitenden Medien, Michael Bölke vom Medienzentrum der Universität. Für den Ausstellungsverlauf stellen wir gerne unsere Räumlichkeiten bereit, um mit Interessierten und Expertinnen und Experten über unseren Namensgeber in Dialog zu treten. Ich wünsche der Ausstellung, dass sie von vielen zur Kenntnis genommen wird und dem Begleitband viele Leserinnen und Leser.

Dr. Jan-Jasper Fast
Ltd. Bibliotheksdirektor

Bildquellen Umschlag

© Hubschraubermuseum Bückeburg

© Bundesarchiv Koblenz/ Freiburg, BArch, B 145 Bild-00007096 / Engelbert Reineke

© Polizeimuseum Hamburg

© Stephan Mussil

© Staatsarchiv Hamburg

1. Auflage 2022

Umschlag:
Michael Bölke, Helmut-Schmidt-Universität/Universität der Bundeswehr Hamburg, Medienzentrum

Herstellung:
Edition Falkenberg, Bremen
ISBN 978-3-95494-265-7

www.edition-falkenberg.de

Inhalt

Abb. 1 – 1962: Hubschrauber der Heeresflieger aus Bückeburg kreisen über der Wasserwüste in Hamburgs Überschwemmungsgebiet. Helmut Schmidt fungiert als Polizeisenator.

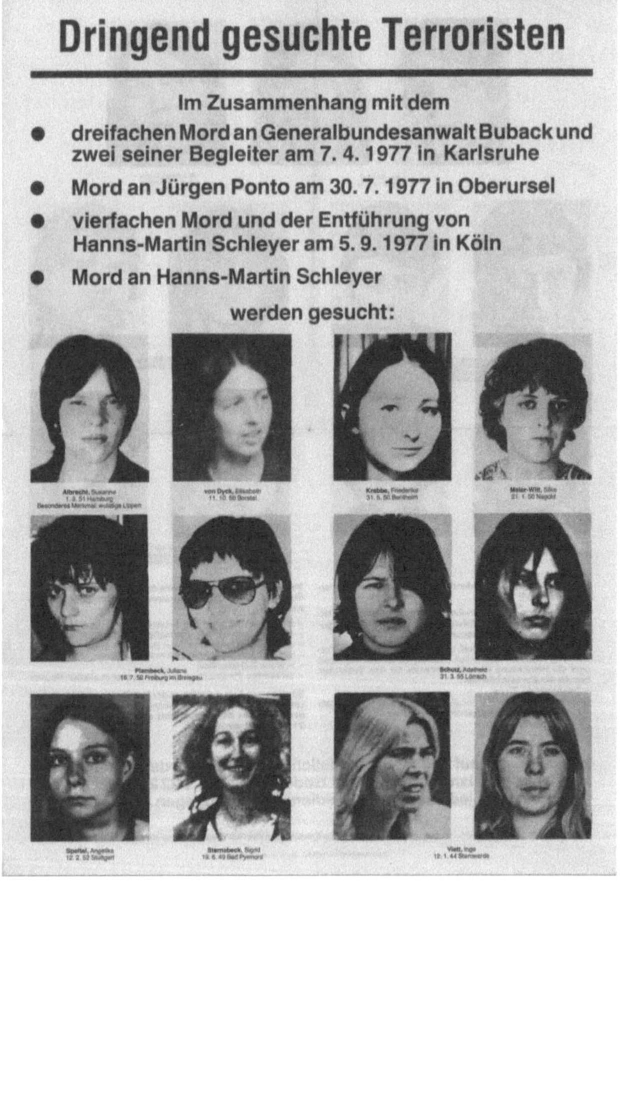

Dringend gesuchte Terroristen

Im Zusammenhang mit dem

- dreifachen Mord an Generalbundesanwalt Buback und zwei seiner Begleiter am 7. 4. 1977 in Karlsruhe
- Mord an Jürgen Ponto am 30. 7. 1977 in Oberursel
- vierfachen Mord und der Entführung von Hanns-Martin Schleyer am 5. 9. 1977 in Köln
- Mord an Hanns-Martin Schleyer

werden gesucht:

Abb. 2 – 1977: Mörderische Terroristen haben „Faschismus“, „Imperialismus“ und „Kapitalismus“ ihren Krieg angesagt, als „Stadtguerilla“. Helmut Schmidt ist Bundeskanzler.

„Extreme Situationen“ und „schnelle Entscheidungen“ – Fünf Helmut-Schmidt-Zitate

I.) „Über das geschriebene Recht hinaus“ – Helmut Schmidt in der Süddeutschen Zeitung, 1977

Abb. 3 – Helmut Schmidt schwingt den Bleistift wie einen Taktstock, im von ihm geleiteten Hamburger Katastropheneinsatzstab in den Sturmfluttagen, am 20. Februar 1962. Rechts neben ihm Bürgermeister Edgar Engelhard (FDP).

Im Laufe meines politischen Lebens habe ich mich schon in Ausnahmesituationen befunden, in denen ich über das geschriebene Recht hinausgehen musste. Das war so im Frühjahr 1962 während der norddeutschen Flutkatastrophe, und das war so nach der Entführung des Berliner Politikers Peter Lorenz. In beiden Fällen war klar, dass es sich, wie es damals hieß, um einen übergesetzlichen Notstand gehandelt hat. [...]

Während der letzten Jahre hat die Gesetzgebung den Begriff des „rechtfertigenden Notstandes“ entwickelt und ins geschriebene Recht übernommen. Aber nach den Abhörvorgängen ist eines ganz sicher: Allerorten wird man aufpassen müssen, dass niemand aus dem Rechtsgedanken des rechtfertigenden Notstandes eine neue Regel macht, die für alle möglichen Fälle angewendet wird.

„Der Anfang war nicht berauschend“. Helmut Schmidt im Interview mit Hans Ulrich Kempski. In: Süddeutsche Zeitung v. 26./27. März 1977, S. 8

II.) „Bereit, den Kopf hinzuhalten“ – Helmut Schmidt im SPIEGEL, 1979

Helmut Schmidt:

Dass in jeder Demokratie letzten Endes nicht alles vorher geregelt sein kann, dieses gilt es auch zu begreifen. Es ist die deutsche Sucht nach Perfektion, zu glauben, man könne alles vorher genau regeln.

Ich gebe Ihnen ein Beispiel aus meiner eigenen politischen Erfahrung: Das war die norddeutsche Flutkatastrophe. Wir haben damals das Grundgesetz und die Hamburgische Verfassung und andere Gesetze übertreten, wissentlich und willentlich.

Abb. 4 – Karikatur von Felix Mussil aus der Frankfurter Rundschau, 1979, nachgedruckt im SPIEGEL 3/1979

DER SPIEGEL:

Das war eine Notstandssituation.

Helmut Schmidt:

Das war eine Notstandssituation. Damit ist es aber nicht vom Tisch zu wischen. Das waren damals für mich ganz schwere Entscheidungen. Man hat das sehr ernst genommen und ist mit sich zu Rate gegangen und hat sich dann entschieden und war bereit, dafür dann auch den Kopf hinzuhalten. Ich war auch bereit, den Kopf hinzuhalten für Mogadischu. Ich kann nur nachträglich den deutschen Juristen danken, dass sie das alles nicht verfassungsrechtlich untersucht haben. Man kann nicht alles regeln wollen.

„Leistung liegt im Deutschen drin.“ Kanzler Helmut Schmidt über deutsche Einheit, Entspannung und die Wirtschaftslage der Bundesrepublik. In: DER SPIEGEL 3/1979 (v. 15. Jan.), S. 32–45, hier S. 42

III.) Keine politische Theorie, keine politologische Theorie, keine moralische Theorie – Helmut Schmidt 2001 in Bonn

Im Extremfall können Entscheidungen, die der Politiker treffen soll, Entscheidungen sein auf Leben und Tod. Ich habe das sehr bedrängend erlebt [...], 1977 [...] Es gab übrigens während jener Wochen und Tage der Entführung keine politische Theorie, keine politologische Theorie, auch keine moralische Theorie, die uns geholfen hätte. [...]

Ich orientiere mich sehr an Max Weber; das habe ich immer getan, weil ich von Anfang an so empfunden, und, als ich Max Weber studierte, mich bestätigt und wiedergefunden habe. Max Weber sagt: Ein Politiker, der für andere handelt, darf sich keineswegs auf seine Gesinnung oder auf „Gesinnungsethik" zurückziehen.

Helmut Schmidt: Maximen politischen Handelns. Bemerkungen zu Moral, Pflicht und Verantwortung des Politikers. Rede anlässlich des 250. Geburtstages von Immanuel Kant am 12. März 1981 in Bonn. In: Helmut Schmidt. Eigentlich wollte ich Städtebauer werden. Stuttgart/Leipzig 2001, S. 67–93, hier 71 f.

Man nennt einen Inbegriff selbst von praktischen Regeln alsdann *Theorie*, wenn diese Regeln, als Prinzipien, in einer gewissen Allgemeinheit gedacht werden, und dabei von einer Menge Bedingungen abstrahiert wird, die doch auf ihre Ausübung notwendig Einfluss haben.

Immanuel Kant: Über den Gemeinspruch: Das mag in der Theorie richtig sein, taugt aber nicht für die Praxis (1793). In: Immanuel Kant: Werke in zwölf Bänden. Hg. v. Wilhelm Weischedel. Band 11, Frankfurt am Main 1977, S. 127–130, hier S. 127

IV.) Handeln müssen ohne theoretische Entscheidungshilfe – Helmut Schmidt 2007 in Marburg

Je mehr ein Politiker sich von einer fixen Idee, von einer fixen Ideologie leiten lässt, oder umgekehrt, je weniger er im Einzelfall alle erkennbaren Faktoren, alle Entscheidungsfolgen abwägt, umso größer ist die Gefahr von Irrtümern.

Ich möchte Ihnen gerne sechs extreme Beispiele aus meiner Erfahrung vortragen, aus denen Sie erkennen mögen, wie ein Politiker sich in einem politischen oder rechtlichen Konfliktfall oder in einem moralischen Konfliktfall entscheiden muss, ohne dass ihm die Würde des Menschen, ohne dass ihm das Grundgesetz, ohne dass ihm seine Religion, seine Philosophie oder auch nur eine Theorie ihm irgendeine Hilfe geben. [...]

Abb. 5 – Helmut Schmidt hält eine Christian-Wolff-Vorlesung in der Marburger Universität, 27. Februar 2007

Ich will Ihnen auch drei Fälle nennen, in denen augenblickliches Handeln geboten war.

Ein Fall hat mich sehr persönlich betroffen. Das war im Frühjahr 1962, [...] als meine Stadt von einer zerstörerischen Sturmflut heimgesucht wurde. Ganz Norddeutschland war betroffen. Es hatte sogleich in der ersten Nacht viele Tote gegeben, sehr viele. Und man musste mit der Möglichkeit von Tausenden weiterer Toten rechnen. Deshalb musste man, ohne Zeit zu verlieren, eine internationale Rettungsaktion improvisieren. Dabei haben wir mehrere Gesetze verletzt – vielleicht auch das Grundgesetz verletzt. Ich muss Ihnen gestehen, darüber damals überhaupt nicht nachgedacht zu haben; vielmehr hat mich allein die bedrängende moralische Pflicht geleitet, Menschen aus unmittelbarer Lebensgefahr zu retten. [...] Und außerdem hatten wir schließlich das Glück, wegen unserer Gesetzesverletzung von keiner Seite angeklagt zu werden – ein deutsches Wunder. [...]

Mein letztes Beispiel betrifft den Abwehrkampf gegen den mörderischen Terrorismus der Baader-Meinhof-Leute, die sich selbst Rote Armee Fraktion nannten. Es handelte sich nicht um einen einmaligen Fall, sondern es handelte sich um eine über drei Regierungsperioden sich hinziehende Tragödie mit vielen einzelnen dramatischen Akten. [...]

Als 1975 die RAF in Berlin den Berliner Politiker Lorenz entführt hatte und ihn zu töten ankündigte, um einige im Gefängnis einsitzende Terroristen freizupressen, fanden sich die Regierenden in Bonn und in Berlin in einem moralischen Dilemma. [...] Wir entschieden uns gemeinsam, das Leben von Peter Lorenz zu retten. [...] Auch in diesem Fall haben weder das Grundgesetz noch die Bibel uns eine Entscheidungshilfe geboten. [...] Nur nachträglich, aber sehr schnell daraufhin, bin ich zu der Einsicht gekommen: Wir haben einen schweren Fehler begangen, und ich bin daran mitschuldig. [...]

Für Hanns Martin Schleyers Familie war es [1977] natürlich und war es selbstverständlich, Schleyers Grundrecht auf Leben gegenüber allen anderen Werten für den höheren Wert zu halten. Und die Familie rief schließlich das Verfassungsgericht in Karlsruhe an. Aber auch das Gericht konnte nicht sagen, das Grundgesetz zwinge uns zu der von der Familie erstrebten Entscheidung zugunsten des Ehemanns und des Vaters und damit zugunsten der Terroristen. Aber man fand auch keine Entscheidungshilfe in der Bibel oder in der Philosophie. Abermals waren wir allein auf die Kräfte unserer eigenen Vernunft und unserer inneren Moral angewiesen. [...] Aber gleichzeitig war ich mir darüber im Klaren, unausweichlich und zugleich schuldhaft in die Tragödie verstrickt zu sein. [...]

Helmut Schmidt: Gewissen und Verantwortung des Politikers. In: Helmut Schmidt / Peter Janich / Carl Friedrich Gethmann: Die Verantwortung des Politikers. München 2008, S. 45–77, hier S. 57, S. 63 ff.

V.) Zwei extreme Situationen, in denen schnelle Entscheidungen verlangt waren – Helmut Schmidt, „Außer Dienst“, 2008

In meiner politischen Laufbahn gab es zwei extreme Situationen, in denen schnelle Entscheidungen verlangt waren. Sie mussten getroffen werden, ohne dass ich mich auf ein Gesetz oder auf andere Handlungsanleitungen hätte stützen können.

Im Februar 1962 war ich seit wenigen Wochen im Amt eines hamburgischen Innensenators, als meine Heimatstadt völlig überraschend von einer zerstörerischen Sturmflut heimgesucht wurde. [...]

Bei der spontan zu improvisierenden Rettungsaktion habe ich damals mehrere Gesetze und wahrscheinlich auch das Grundgesetz verletzt. So haben sich Truppen der Bundeswehr meiner unbefugten Weisung unterstellt; wir haben gefährdete Menschen gegen ihren Willen aus ihren Wohnungen geholt; wir haben den geretteten Menschen entgegen dem Haushaltsrecht Geld in die Hand gegeben [...].

15 Jahre später erlebten wir in Deutschland eine Tragödie, die Filmemacher und Journalisten später unter das Schlagwort vom „Deutschen Herbst 1977“ gestellt haben. [...]

„Staatsraison“? Tatsächlich war es in diesen Augenblicken nichts anderes als das schmerzhaft im Gewissen geprüfte Fazit unserer politischen Lebenserfahrung, unserer Vernunft und unserer moralischen Einsicht, das uns hat handeln lassen. [...]

Falls unser riskanter Versuch misslungen wäre, mit Hilfe einer polizeilichen Spezialeinheit [...] die Menschen in Mogadischu zu befreien, und wir im Ergebnis viele Tote zu beklagen gehabt hätten, wäre ich anderntags zurückgetreten. Wir haben damals mit Glück Erfolg gehabt. Aber den Mord an der Geisel Hanns Martin Schleyer haben wir danach nicht verhindern können.

Helmut Schmidt: Außer Dienst. Eine Bilanz. München 2008, S. 168 ff.

I

Verfassungsbruch im „übergesetzlichen Notstand“? Sturmflut (1962) und RAF-Terror (1977)

> Mit der gleichen Unbeirrbarkeit, in der [Schmidt] sich im Februar 1962 gegen die Sturmflut stemmte, dirigiert er [1977] in Bonn zwei Krisenstäbe.

Hans-Joachim Noack: Helmut Schmidt. Die Biographie. Berlin 2008, S. 181

> Die vielen Mosaiksteine setzten sich [1977] zu einem Bild zusammen: Sie zeigten einen Helmut Schmidt, wie man ihn 1962 schon einmal erlebt hatte, während der Flutkatastrophe in Hamburg.

Gunter Hofmann: Soldat, Kanzler, Ikone. Biographie. München 2015, S. 288

Vor allem in zwei Extremsituationen, so heißt es, habe Helmut Schmidt sich als erfolgreicher Krisenmanager erwiesen: Zunächst während der Sturmflut an der deutschen Nordseeküste, 1962. Sodann 1977, angesichts der Entführung Hanns Martin Schleyers durch „Stadtguerilleros“ der RAF sowie der Entführung des Lufthansa-Jets „Landshut“ durch palästinensische Terroristen.

2020/2021, vor dem Hintergrund der Coronapandemie und der Hochwasserkatastrophe in Südwestdeutschland, ist in einigen Medien spekuliert worden, ob jetzt ein Helmut Schmidt fehle. Schmidts Nimbus als einzigartiger Krisenmanager in der Geschichte der Bundesrepublik basiert vor allem auf Legenden über „1962“ und „1977“.

1962 war Helmut Schmidt Polizeisenator der Freien und Hansestadt Hamburg. 1977 fungierte Schmidt als Bonner Regierungschef. Mindestens vier Mal hat er Sturmflut und Terror miteinander verknüpft: In der Süddeutschen Zeitung, 1977, und zwar noch vor den Geiselnahmen im Herbst jenes Jahres, nämlich mit

Bezug auf die 1975 erfolgte Entführung des Berliner CDU-Vorsitzenden Peter Lorenz; sodann im SPIEGEL, 1979; ferner in der Marburger Philipps-Universität, als die Philosophische Fakultät Helmut Schmidt eine Ehrendoktorwürde zukommen ließ, 2007; schließlich in seiner, Schmidts, politischer Autobiografie mit dem Titel „Außer Dienst“, 2008.

Gleichfalls diesem Band vorangestellt ist ein fünfter Textauszug, worin allein auf den Terror von 1977 Bezug genommen wird; er findet sich chronologisch einsortiert (unter III) und verstärkt den Roten Faden: Politische Entscheidungen in Ausnahmesituationen müssten manchmal trotz eines empfindlichen Mangels an Theorie gefällt werden. Immanuel Kants gleichfalls zitierte, ganz allgemeine Definition von „Theorie“ dürfte im Sinne Helmut Schmidts ausgewählt worden sein. Er genoss es, ein „Kantianer“ genannt zu werden. – Zusammengenommen ergibt sich aus den fünf Zitaten ungefähr das folgende, fünfteilige Bild.

„Man kann nicht alles regeln wollen!“ – Schwer vorhersehbare Situationen

Einem in Deutschland verbreiteten Perfektionismus zum Trotz, so Schmidt, sei es gerade auch in einer Demokratie nicht möglich, alle Eventualitäten von vornherein gesetzlich zu regeln. Zugleich sei es für Politiker riskant, sich von einer „fixen Theorie“ leiten zu lassen. Vielmehr müssten im Angesicht eines Problems die individuelle Vernunft bemüht werden und das individuelle Gewissen.

„Menschen aus unmittelbarer Lebensgefahr retten!“ – Verantwortung, Kreativität und Mut

Politiker in Führungsposition, so setzt Schmidt den Gedanken fort, könnten sich in seltenen Notstandslagen deshalb veranlasst sehen, unter Zeitdruck ebenso ungewöhnliche Maßnahmen zu ergreifen. Äußerstenfalls solche Maßnahmen, die durch das bestehende Verfassungs- und einfache Recht entweder nicht gedeckt seien oder die sogar flagrant gegen die herrschende Rechtslage verstießen.

„Bereit, den Kopf hinzuhalten!“ – Verantwortung, Risiken und Konsequenzen

Aus derartigen Notstandsmaßnahmen, spinnt Schmidt den Faden weiter, erwüchsen den Politikern, die da Verantwortung übernähmen, allerlei Risiken und

Konsequenzen: Sie hätten sich darauf gefasst zu machen, im Nachhinein, angesichts der Folgen ihres Handelns, den Kopf hinhalten zu müssen. Das gelte auch für den Fall, dass ihre Maßnahmen nach sorgfältiger Abwägung der in Betracht kommenden Rechtsgüter erfolgt seien. Selbst wenn Politiker, die in einem Notstand Führungsarbeit geleistet hätten, das Glück besäßen, dafür später nicht politisch oder juristisch zur Rechenschaft gezogen zu werden, so könnten sie sich moralisch gleichwohl dazu verpflichtet fühlen, Versäumnisse und Schuld einzuräumen; beispielsweise käme dann ein spontaner Rücktritt in Frage.

„Über das geschriebene Recht hinaus!“ – Zwei Extremsituationen ohne Handlungsanleitung

Er, Helmut Schmidt persönlich, habe viele schwere Entscheidungen treffen müssen. Vor allem auch bei der norddeutschen Hochwasserkatastrophe, 1962, sowie, 1975 und insbesondere 1977, im Kampf gegen den Terror der „Rote Armee Fraktion“. 1962 hätte sich die Frage gestellt, ob potenzielle Flutopfer auch mit Hilfe von gesetzes- oder gar verfassungswidrigen Maßnahmen gerettet werden dürften und sollten. Insbesondere sei der Einsatz des Militärs problematisch gewesen.

Auch 1975, angesichts der Entführung des Politikers Peter Lorenz, vor allem aber 1977, hätte Helmut Schmidt sich – mittlerweile Bundeskanzler – vor einer schier unentscheidbaren Wahl gesehen: Sollte der Staatsapparat den verschleppten Hanns Martin Schleyer und dann auch noch 91 Insassen des gekaperten Flugzeugs „Landshut“ dadurch retten, dass man führende RAF-Terroristen aus dem Gefängnis entließ? So, wie man 1975 Peter Lorenz gewissermaßen freigekauft hatte?

Oder war es der Bonner Regierung eigentlich schon damals verboten gewesen und nunmehr endgültig verboten, mörderische „Stadtguerilleros“, allzumal rechtskräftig verurteilte, in Freiheit zu setzen? Weil doch die gesamte Gesellschaft, weil rund 60 Millionen Menschen vor erneuten Attentaten geschützt werden mussten? Sollte also nunmehr der Versuch einer gegen den Widerstand der Entführer durchzusetzenden, also gewaltsamen Befreiung gestartet werden – unter Inkaufnahme des Risikos, dass eine unbestimmte Anzahl an Geiseln, möglicherweise auch an professionellen Befreiern, dabei ihr Leben verlöre?

Selbst das Grundgesetz sei hier ausgefallen, hat Schmidt beklagt, sogar dessen erster Artikel, der die Bewahrung der Menschenwürde verlangt. Das Karlsruher Verfassungsgericht hätte sich ausdrücklich außer Stande gesehen, eine bestimmte Losung vorzugeben.

Keine Orientierungshilfe? Artikel 1 und 2 des Grundgesetzes

Artikel 1

(1) Die Würde des Menschen ist unantastbar. Sie zu achten und zu schützen ist Verpflichtung aller staatlichen Gewalt.

(2) Das Deutsche Volk bekennt sich darum zu unverletzlichen und unveräußerlichen Menschenrechten als Grundlage jeder menschlichen Gemeinschaft, des Friedens und der Gerechtigkeit in der Welt.

(3) Die nachfolgenden Grundrechte binden Gesetzgebung, vollziehende Gewalt und Rechtsprechung als unmittelbar geltendes Recht.

Artikel 2

(1) Jeder hat das Recht auf die freie Entfaltung seiner Persönlichkeit, soweit er nicht die Rechte anderer verletzt und nicht gegen die verfassungsmäßige Ordnung oder das Sittengesetz verstößt.

(2) Jeder hat das Recht auf Leben und körperliche Unversehrtheit. Die Freiheit der Person ist unverletzlich. In diese Rechte darf nur auf Grund eines Gesetzes eingegriffen werden.

Da drängt sich die Frage auf, ob die Artikel 1 und 2 des Grundgesetzes dem Staat, besser dem Staatsapparat, nicht unausweichlich gebieten, die „Würde", die „körperliche Unversehrtheit" und die „Freiheit" eines Staats-Angehörigen angesichts einer aktuellen Verletzung schleunigst wiederherzustellen? Also beispielsweise auch die „Würde" etc. von Sturmflut- oder Entführungsopfern, und zwar auf die aussichtsreichste Art und Weise?

„In Schuld verstrickt!" – Unauflösbare Dilemmas

In den genannten Extremsituationen, so hat Schmidt teils beklagt, teils für sich beansprucht, sei er als Politiker in eine tragische Verwicklung geraten. All seine Vernunft, seinen Verstand, seine „innere Moral" habe er bemühen müssen. Vor Irrtümern sei er gleichwohl nicht gefeit gewesen. Doch mit oder ohne Irrtum: Unausweichlich habe er sich in Schuld verstrickt gesehen, ob nun in der einen oder der anderen Weise.

Nein, hat Schmidt protestiert, die Geisel Hanns Martin Schleyer sei 1977 keineswegs der „Staatsraison" geopfert worden. Er, Schmidt, lasse sich eine unverhältnismäßige Demonstration der Staatsmacht nicht als Leitmotiv für seinen Beschluss unterstellen. Er habe nach schmerzhafter Gewissensprüfung entschieden, die Forderungen der RAF zurückzuweisen. Nachdem er konsequenter Weise die Erstürmung des entführten Lufthansa-Jets angeordnet hatte, sei er für den

Fall des Scheiterns dieser Aktion entschlossen gewesen, in Anerkenntnis seiner Verantwortung seinen Rücktritt einzureichen.

Zusammengefasst hat Schmidt in den präsentierten fünf Textauszügen die Idee vom „übergesetzlichen Notstand" angesprochen, wenn auch den Begriff ausdrücklich nur im frühesten Zitat benutzt, in Bezug auf den Austausch von Peter Lorenz, 1975: Darf, sollte die Regierung von der Justiz verurteilte Straftäter deswegen aus der Haft entlassen, weil Erpresser am längeren Hebel sitzen?

Historische und philosophische Probleme

Sturmflut und Terror: Die beiden Extremsituationen fallen in ein auffälliges Stück bundesdeutscher Zeitgeschichte. Es wird markiert durch Stichwörter wie „Wiederaufrüstung", „Westintegration", „Große Koalition", „Notstandsgesetze", „1968", „linksextremistischer Terror" und – nicht zuletzt – „Helmut Schmidt".

Schmidt hat ein autobiografisch geprägtes Geschichtsbild entworfen. Insofern es die Sturmflut betrifft, treten da schon bei geringfügig näherem Hinsehen ein paar Ungereimtheiten zutage. Das ist erstmals 2018 gezeigt worden, im Rahmen der Ausstellung „Große Katastrophen in Hamburg", in der Bibliothek der Helmut-Schmidt-Universität.[2]

Schmidt verweist in den vorangestellten Textauszügen auf Gesetzesverstöße, die er persönlich in den Grenzsituationen von 1962 und dann erneut 1975, vor allem aber 1977 begangen habe. Ganz konkret wird er an dieser Stelle freilich nicht: Ist dies jeweils in vollem Umfang passiert, oder allein ansatzweise, oder gar nur beinahe?

Es geht in Schmidts Schlüsselzitaten aber auch um die Logik des Sichzurechtfindens und der Entscheidung. Als sich ihm in den genannten Grenzsituationen die Frage stellte, was er denn tun solle, so Schmidt, da habe ihm keine handlungsleitende Theorie „irgendwelche Hilfe" geboten. Er habe sich auf seinen inneren Kompass zurückziehen müssen. Doch setzt sich der innere Kompass eines Menschen auch seinerseits aus Theorien zusammen – woraus auch sonst? Ferner pflegt der Kompass eines Politikers, der auf dem Gipfelpunkt einer jahrzehntelangen Karriere angelangt ist, sich vom gesellschaftlich gültigen Kompass nur graduell zu unterscheiden: Sonst hätte die bisherige Navigation nicht so erfolgreich geklappt.

Nachdem sich Schmidt am 2. März 1975 ohne „Entscheidungshilfe" für einen Austausch von Peter Lorenz entschieden hatte, sei er am Tag darauf umgeschwenkt: Ein schwerwiegender Fehler sei gemacht worden. So hat er es zwei

Jahre später erinnert. Doch wie kam Schmidts neue „Einsicht" zustande? Erneut ohne theoretische Entscheidungshilfe?

Schmidt hat Rechtsgüter, sowohl Normen als auch Sachen, ja sogar Menschenleben, in Waagschalen gelegt. Stets bedarf es dazu der Vergleichskriterien, also der einen oder anderen Theorie. Ferner helfen Theorien oft auch dann bei der Orientierung, wenn sie – für sich allein genommen – als mangelhaft erscheinen: Sie können und müssen mit anderen in Verbindung gebracht werden. Schmidt selbst hat beispielsweise schon 1975 vor versammeltem Bundestag darauf hingewiesen, dass Patentrezepte für die Terrorismusbekämpfung nicht zur Verfügung stünden. Selbstverständlich aber wurden allerlei einschlägige Theorien (ohne „Patent-") damals landauf, landab diskutiert.

An Schmidts Marburger Philosophie-Vorlesung von 2007 überrascht ferner, dass er für die genannten Extremsituationen zwar das Fehlen ethischer Theorien beklagt, im selben Atemzug aber angibt, sich immer an dem Soziologen und Philosophen Max Weber orientiert zu haben. Weber hat 1919, von Schmidt oft zitiert, zwischen „Gesinnungsethik" und „Verantwortungsethik" unterschieden.

Ebenfalls hat Schmidt sich häufig auf den Philosophen Karl Popper berufen, auf einen „kritischen Rationalisten", der jeglicher Ideologie entgegentrat. Es heißt daher nur Helmut Schmidts Selbstanspruch zu genügen, wenn man seine eigene Selbstdarstellung historisch und logisch unter die Lupe nimmt: Nicht allein als pragmatischer und erfolgreicher „Macher" wollte Schmidt am Ende gelten, und in der Tat erfreut er sich eines verbreiteten Rufs als „Gedächtnis der Nation", gar als „Gewissen unserer Zeit" (ein Ausspruch Henry Kissingers). Schmidt hat als „Jahrhundert-Kanzler" das Geschichtsbild, als „Welterklärer" sogar das Weltbild zahlreicher Menschen beeinflusst. Bis zum Image eines „Philosophen" ist es nur ein Schritt, und manche Journalisten haben ihn schon vollzogen. Vielleicht auch deswegen, weil Schmidt mehrfach jene Idee vom „übergesetzlichen Notstand" ins Spiel gebracht hat, eine rechtsphilosophische Gedankenfigur auf höchstem Anspruchsniveau.

Der „übergesetzliche Notstand"

Die Rechtsfigur des „übergesetzlichen Notstands" betrifft eine Situation, die sich als nachgerade ausweglos darstellt: Höchstrangige Rechtsgüter und Interessen sind in einer „gegenwärtigen" Gefahr, äußerstenfalls Menschenleben, und damit doch wohl das höchste Gut überhaupt. Ein mit dieser Lage konfrontierter Akteur, der sich zur Rettung verpflichtet fühlt, sieht sich allerdings vor ein Dilemma gestellt: Er hat allein eine zweischneidige Handlung vor Augen. Eine Handlung nämlich, die zugleich zur Tat wird, weil sie auf die Verletzung der Integrität oder gar Existenz eines anderen Rechtsguts hinausläuft. Was da – ersatzweise oder gar zusätzlich – in Gefahr gerät, kann eine Norm sein, eine Sache oder gar ein Mensch. Wie sollen die konkurrierenden Rechtsgüter miteinander verglichen, wie kann die Tat gegenüber irgend einer „Jury“ gerechtfertigt oder wenigstens entschuldigt werden?

Wenn die Verfassung oder einfache Gesetze keine Richtschnur bieten, kann ein gedankliches Stockwerk darüber erklommen werden. Quasi oberhalb des geschriebenen, des „positiven“ Rechts wird dann eine andere, hilfreichere ethische Norm gesucht, religiös oder philosophisch fundiert. Manchmal aber, so jedenfalls Schmidt, könne es selbst an einer solcherart „übergesetzlichen“ Theorie fehlen. Dann stehe dem Retter in spe allein eine letzte – gewissermaßen freischwebende, intuitive – Güterabwägung noch offen, die Suche nach dem relativ kleineren Übel. Der Akteur befinde sich in einer elementaren Grenzsituation. Hier funktioniere als letzte Instanz allein noch das Gewissen. Eine Gewissensprüfung verdient diesen Namen allerdings nur, wenn sie in aller Gründlichkeit erfolgt.

Scharfsinnige Autoren haben auf einen grundlegenden Unterschied hingewiesen: Drohe allein die Verletzung von Paragraphen einfacher Gesetze oder – weit gravierender – die Missachtung von Artikeln der Verfassung? Die politische und verfassungsrechtliche Problematik liegt demnach vor allem in der Idee des „über-*verfassungs*-gesetzlichen Notstands“.[3] Daraus wiederum ergibt sich die Frage, ob nicht nur eine Privatperson als Retter und zugleich Täter auftreten dürfe, sondern auch der Staatsapparat, zunächst die Exekutivgewalt.

Ursprünglich sind Notstands-Klauseln für natürliche Personen konzipiert worden. Privatpersonen sollten zu Aktionen der Rettung und Hilfe legitimiert und damit unter juristischem Aspekt entlastet werden. Wie aber sieht es mit öffentlich-rechtlichen Institutionen aus? Dürfen sie von der Formel des „übergesetzlichen Notstands“ profitieren, um ihren Handlungsspielraum zu erweitern? Also insbesondere der Staatsapparat, und letzten Endes die maßgeblich entscheidenden Politiker an dessen Spitze? Die Frage stellt sich erst in der neueren Geschichte, seitdem das monarchische Prinzip vom Ideal des Rechtsstaats abgelöst worden ist. Als Helmut Schmidt mit seinen Sturmflut-Selbstbezichtigungen hervortrat, zeigte er sich jedenfalls überzeugt: „Übergesetzlich“ zu denken und zu handeln, sei ihm gebieterische Pflicht als Amtsinhaber gewesen. Im juristischen Fachjargon: Er habe quasi einen „geeigneten Täter“ dargestellt. Die Begriffe „Tat“ und „Täter“ gehören herkömmlicherweise dem Strafrecht an.

Schmidt selbst hat im Frühjahr 1977, also noch vor der „Herbstoffensive“ der RAF, demonstriert, dass ihm eine weitere Differenzierung wichtig war: Der Unterschied nämlich zwischen dem „übergesetzlichen Notstand“ einerseits sowie – andererseits – dem „rechtfertigenden Notstand“, der kurz zuvor, 1975, in § 34

Strafgesetzbuch normiert worden war. Schmidt hat Verfassungsorgane davor gewarnt, sich dieses StGB-Paragraphen „für alle möglichen Fälle zu bedienen", das heißt in leichtfertiger Weise. Schmidts Kritiker haben wiederum geurteilt, dass just eine solche Bedenkenlosigkeit sich im Herbst 1977 dann tatsächlich eingeschlichen habe, und zwar ausgerechnet unter Schmidts Ägide.

Ungeschriebenes und positives Recht

Sobald Gesellschaften ein Mindestmaß an Umfang und Komplexität erreicht haben, müssen die wichtigsten moralischen Normen von einer politischen Autorität durchgesetzt werden. Das hat seinen Grund: Gewohnheiten, Sitten und Gebräuche, Normenkenntnis und guter Wille auf Seiten der Gesellschaftsmitglieder reichen zunehmend weniger dazu aus, störendes Verhalten in den erforderlichen Grenzen zu halten. Der urtümliche Häuptling und der nachmalige Staatsapparat machen sich zunächst eine Auswahl unter den schon bestehenden Normen förmlich zu eigen, erheben sie in den Rang von Gesetzen und zeigen sich bemüht, deren Einhaltung zu erzwingen. Bald geht der Staat dazu über, von sich aus auf dem Gesetzgebungsweg fortzuschreiten, entsprechend dem sozialen Wandel und entsprechend seinen eigenen politischen Interessen.

Das ungeschriebene Recht, das vorgesetzliche oder übergesetzliche Recht, bildet einen Übergangsbereich zwischen Moral und Gesetz. Es wird durch Gesetzgebung nicht etwa abgelöst. Bis zu einem nennenswerten Grad ist das ungeschriebene Recht vom Gang der Gesetzgebung unabhängig. Es entwickelt sich mit Eigendynamik weiter. Es kann Impulse aus den geschriebenen Verfassungen und Gesetzen anderer Länder aufnehmen, nicht zuletzt aus dem internationalen Recht, heutzutage vor allem etwa aus der UN-Menschenrechtserklärung.

Wo über das geschriebene Gesetzesrecht Unzufriedenheit entsteht, wird auf den umfassenderen Bereich des Rechts zurückgegriffen, auf über längere Epochen entwickelte und dynamisch sich wandelnde, weit verbreitete Gerechtigkeitsvorstellungen. Dadurch wird Gesetzeskritik ermöglicht, werden Gesetzesnovellierungen oder ganz neue Gesetze angeregt. Wenn das Rechtsempfinden in einer Gesellschaft und die geschriebenen Gesetze dort allzu sehr voneinander abweichen, ist es die Funktion des Gesetzgebers, diesen Graben zu füllen.

Die Rechtsfigur der „übergesetzlichen" Güterabwägung in Notstandssituationen hat einen Niederschlag im positiven, im geschriebenen Recht gefunden. Drei deutsche Gesetzbücher bieten entsprechende Auffangnormen: Das Bürgerliche Gesetzbuch (BGB), das Strafgesetzbuch (StGB) und das sogenannte „kleine StGB", nämlich das Gesetz über Ordnungswidrigkeiten (OWiG). Das Bürgerliche Recht ist die zentrale Materie des Privatrechts insgesamt, wodurch die Beziehun-

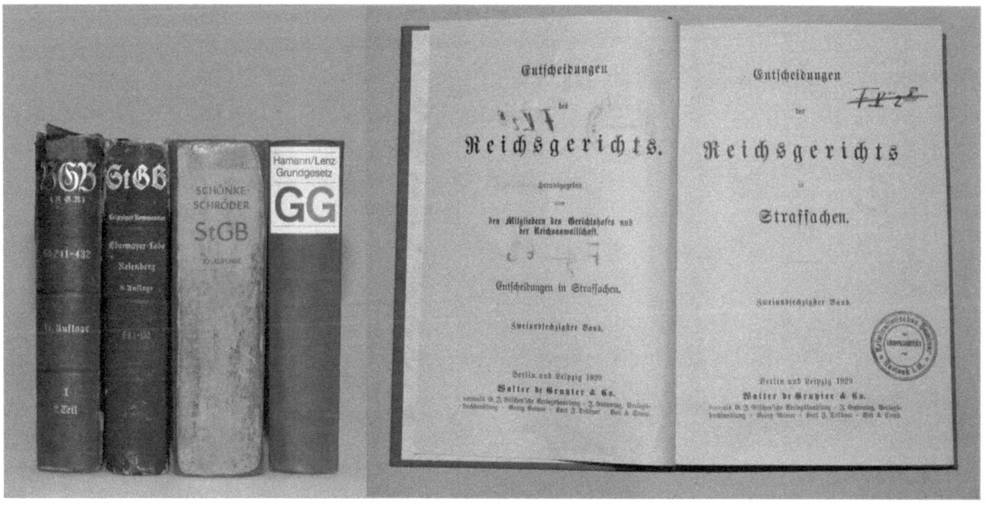

Abb. 6 – Wie sah die Rechtslage 1962 und 1977 aus? Teils wurde auf Reichsgerichtsurteile aus den 1920er Jahren zurückgegriffen: Wann ist ein Rechtsgut „notstandsfähig“? Wer ist ein geeigneter Notstands-„Täter“?

gen zwischen den einzelnen Bürgern geregelt werden. Das Strafrecht wiederum gehört zum großen Bereich des Öffentlichen Rechts. Ein Handkommentar zum BGB urteilte 1958, ein paar Jahre vor der Sturmflut: „Der strafrechtliche und der zivile Notstand sind zwei sich schneidende Kreise.“[4]

Den Paragraphen 228 und 904 im BGB ist die nichtamtliche Überschrift „Notstand“ zugeordnet worden. Das StGB unterscheidet zwischen „rechtfertigendem Notstand“ (§ 34) und „entschuldigendem Notstand“ (§ 35). Von der höheren Kategorie, vom „übergesetzlichem Notstand“, ist allein in rechtsgelehrten Publikationen die Rede, in Gesetzes-Kommentaren beispielsweise, und nicht zuletzt in Drucksachen des zentralen Gesetzgebers, des Deutschen Bundestags.

Der Grundgedanke vom „übergesetzlichen Notstand“ kann wohl kaum auf bestimmte Gesetzesbereiche beschränkt werden. Das Motto von der „Einheitlichkeit des Rechtssystems“ entspricht der Einheitlichkeit des Lebens in seiner Gesamtheit. Ganz vielfältig kann ein als „notstandsfähig“ eingestuftes Rechtsgut irgendwann einmal als aktuell tatsächlich bedroht erscheinen und unter dem Aspekt der Abhilfe oder Rettung zugleich in Konkurrenz befindlich, nämlich mit einem zweiten oder gar dritten Rechtsgut.

Mit Hilfe der Rechtsfigur vom „übergesetzlichen Notstand“ hat 1968 das Grundgesetz eine besonders demokratische Note erhalten. Artikel 20 verleiht „allen Deutschen das Recht zum Widerstand“, wenn andere Abhilfe nicht möglich sei. Dieses Recht gilt gegenüber „jedem, der es unternimmt“, die Ordnung des

Grundgesetzes zu beseitigen. Als derartige Verfassungs-Feinde, die einen solchen Widerstand herausfordern, kommen sowohl Privatleute in Betracht als auch staatliche Organe. Die Widerstand leistenden Verfassungs-Anhänger gehen freilich ein großes Risiko ein. Wenn es – unter anderem mit ihrer Hilfe – gelingt, die Ordnung des Grundgesetzes zu bewahren, werden sie vermutlich Rechtfertigung, ja Anerkennung erlangen. Sollte den Grundgesetz-Feinden aber eine Beseitigung der freiheitlichen Demokratie tatsächlich gelingen, wird eine neue Verfassung entstehen. Der einstige Widerstand gilt dann als Konterrevolution.

Grundsätzlich wird von jeher auch dem Staatsapparat das Betreten einer höheren Ebene, oberhalb des geschriebenen Rechts, durch das Grundgesetz zugestanden: Artikel 20, Absatz 3, ermöglicht, ja gebietet es den Staatsgewalten, sich nicht allein am „Gesetz" zu orientieren, sondern auch an dem „Recht", das darüber hinausgeht. Mit dem ungeschriebenen „Recht", das hier dem geschriebenen Gesetz teils unterstützend, teils konkurrierend an die Seite gestellt wird, sind nicht allein das Richterrecht gemeint und die Rechtslehre. Die Tür ist ebenfalls für umfassendere ethische Prinzipien geöffnet: Die Formel „Gesetz und Recht", so hat das Bundesverfassungsgericht 1973 im sogenannten „Soraya-Urteil" formuliert, halte „das Bewusstsein aufrecht, dass sich Gesetz und Recht zwar faktisch im Allgemeinen, aber nicht notwendig und immer decken". Das Recht sei „nicht mit der Gesamtheit der geschriebenen Gesetze identisch; es sei mehr."[5] Selbst Verfassungen sind Menschenwerk – was sonst? Verfassungsartikel können mit allgemeineren Gerechtigkeitsidealen kollidieren. Die solchen Artikeln zuwiderhandelnde Privatperson ist juristisch und politisch darauf angewiesen, dass ihre „überverfassungsgesetzliche" Rechtfertigung akzeptiert wird. Tritt ein machtvoller Staatsapparat als Täter auf, ist seine Chance, hernach gerechtfertigt oder zumindest entschuldigt zu werden, ungleich größer.

„Gesetz" und „Recht"

Die Gesetzgebung ist an die verfassungsmäßige Ordnung, die vollziehende Gewalt und die Rechtsprechung sind an Gesetz und Recht gebunden.

Grundgesetz, Artikel 20, Abs. 3

Übergesetzlicher Notstand und politische Führung

Die Formel vom „übergesetzlichen Notstand" ist geeignet, staatliche Führung und Verwaltung besonders komfortabel dazu zu legitimieren, politisches Neuland zu beschreiten: Anlassbedingt werden verfassungsrechtliche Spielräume ausgetestet, wird die eine oder andere Grenzüberschreitung kalkuliert vollzogen. Die Chance, politische Maßnahmen „übergesetzlich" zu rechtfertigen, birgt allerdings auch die Gefahr, gelind absolutistische Träume mancher Regierungs- oder Staatschefs zu erfüllen: Sich in einem Ausnahmezustand zum Diktatur aufschwingen zu können, wenn auch – wie regelmäßig beansprucht wird – in einem „guten“, auf antike Ideale zurückgehenden Sinn. Das mag dann teils einer Notwendigkeit in der Sache entsprechen, teils aber auch einer Begeisterung fürs Führen und schließlich für das Abenteuer, sich den Ausweg aus einer tatsächlich oder angeblich tragischen Notlage selbst bahnen zu müssen. Hernach wird dann gern davon erzählt, beispielsweise unter Zuspitzung des kritischen Geschehens auf einen heldenhaften Retter: „Bravo Schmidt!“

Abb. 7 – „Bravo Schmidt“! – Die Erstürmung der „Landshut“ in Mogadischu wurde von vielen wie ein persönlicher Sieg Helmut Schmidts gefeiert

Sturmflut, Flugzeuge und Feldjäger

Der Kern des Schmidt-Sturmflut-Mythos besteht in einer Doppelthese. Erstens: Die Inanspruchnahme der Bundeswehr zur Katastrophenhilfe sei 1962 durch Artikel 143 des Grundgesetzes ausgeschlossen worden. Zweitens: Schmidt habe sich mutig über diesen Umstand hinweggesetzt – sei doch ein „übergesetzlicher Notstand“ eingetreten.

Eine „abgespeckte“ Version zieht sich darauf zurück, zwar sei nicht der Einsatz der Bundeswehr insgesamt verfassungswidrig gewesen, sehr wohl aber ein spezieller Einsatz von Bundeswehr-Militärpolizisten, von Feldjägern. Hätten sie doch dabei zivilpolizeilich-hoheitliche Befugnisse erhalten. Diese Version ist unter anderem bis in den „Bonner Kommentar“ zum Grundgesetz vorgedrungen (Artikel 35, Stand 2017): Ein Hilfseinsatz von Streitkräften mit Hoheitsrechten habe sich „als angezeigt erwiesen“, sei aber „verfassungsrechtlich ungesichert“ gewesen – unter dem Aspekt von Artikel 143 GG. Im Wesentlichen beruft der Kommentator sich allerdings auf Helmut Schmidt und dessen damaligen Mitarbeiter und SPD-Genossen Claus Arndt. An anderer Stelle ist derselbe Autor, Philipp Reimer, weiter gegangen: Das Grundgesetz habe die Erledigung von „Ordnungsaufgaben“ durch Soldaten nicht zugelassen. Schmidt aber sei „verantwortungs-ethisch“ vorgegangen, habe die Folgen bedacht und davon abgesehen, sich in „verfassungsautistischer“ Manier an den Buchstaben des Grundgesetzes zu klammern. Mit anderen Worten: Für Schmidt sei angesichts des akuten Problems der „Geist“ des Grundgesetzes ausschlaggebend gewesen.

Doch um welche Art von Ordnungsmaßnahmen hatte es sich 1962 überhaupt gehandelt? Waren sie wirklich „angezeigt“ gewesen? Welchem Zweck hatten sie gedient? Insgesamt: Hätte Reimer den Schmidt-Sturmflut-Fall in dieser Weise erwähnt, wenn ihm der damalige „Tathergang“ bekannt gewesen wäre?

Jener Feldjägereinsatz ist bislang zwar ab und zu erwähnt, noch nie aber näher beleuchtet worden. Das geschieht hier sogleich, um die Tragfähigkeit der „abgespeckten“ Version des Schmidt-Sturmflut-Mythos zu erkunden.

Schmidt-Sturmflut-Mythos: „Abgespeckte“ Version

Wenn sie [d.h. verantwortungsethisch denkende Akteure] die schlimmen Folgen [eines „Verfassungsautismus“] vermeiden wollen, dann müssen sie rechtswidrig handeln. Helmut Schmidt setzte angesichts der großen Hamburger Flut 1962 Soldaten der Bundeswehr für Ordnungsaufgaben ein, obwohl das Grundgesetz dies damals nicht zuließ.

Philipp Reimer: Das Staatsrecht des Notstands in Deutschland. In: Der Rechtsstaat in Zeiten von Notstand und Terrorabwehr. Hg. v. Arno Scherzberg / Osman Can / İlyas Doğan. Münster 2019, S. 83–115, hier S. 86

Zunächst aber bietet sich, für die Kritik an der Vollversion des Mythos, noch eine andere Sturmflut-Episode zur Rekonstruktion an: Die Alarmierung und der Einsatz der Rettungshubschrauber und sonstiger Flugzeuge der Bundeswehr, aber auch der US-Streitkräfte und der British Army of the Rhine.

Der NDR-Journalist Florian Schwarz hat einen undatierten O-Ton von Schmidt ins Internet gestellt, angeblich von 2003: „Helmut Schmidt über sein unkonventionelles Krisenmanagement bei der Sturmflut.“[6] Er habe, gibt Schmidt dort an, „alle die höheren militärischen Führer der NATO in Europa“ persönlich gekannt und deshalb eigenhändig angerufen. Die hätten ihn zunächst für verrückt erklärt, aber er sei hartnäckig geblieben, und dann hätten sie ihm allesamt tatsächlich sofort geholfen, vor allem mit Flugzeugen. Schmidts hier leicht zugänglich präsentierte Äußerung entspricht anderen, etwa von 1982 oder 1999.

„Wissen Sie“, rechtfertigt sich Schmidt in jenem O-Ton gegenüber einem Interview-Partner, „dies war ein übergesetzlicher Notstand.“ Und jetzt folgt, was bei

Schmidt nicht nur einmal gefolgt ist: Schmidt weicht sogleich wieder einen Schritt zurück, lässt einen Irrtumsvorbehalt anklingen, zugleich aber das Schlüsselwort im Raum stehen: „Jedenfalls mein engster Mitarbeiter und ich, wir haben es so gesehen." Damit mochten Senatssyndikus Birckholtz gemeint sein, der Senatskanzleidirektor Werner Eilers oder auch Claus Arndt. Arndt trat in Schmidts Referat für Rechts- und Grundsatzangelegenheiten ein, als am 1. Mai 1962 aus der alten Polizeibehörde ein umfassendes Innenressort entstand.

Was aber hieß in diesem Zusammenhang überhaupt „NATO"? Schloss der Begriff die Bundeswehr ein? Sämtliche in Norddeutschland 1962 rettenden und helfenden Bundeswehreinheiten waren dem NATO-Bündnis bereits militärisch „assigniert", auch in Friedenszeiten. Die Bundeswehr leistete in den Sturmfluttagen 1962 das Gros der Arbeit. Von anderen NATO-Partnern kam Unterstützung – nicht weniger, aber auch nicht mehr: Von englischer und amerikanischer Seite vor allem, aber auch von Niederländern und Belgiern.

Schmidts Rückgriff auf die Figur des „übergesetzlichen Notstands" ergab jedenfalls allein in Bezug auf die Bundeswehr einen Sinn, und zwar unter der Voraussetzung, dass sie eben nicht im Rahmen der NATO tätig wurde, sondern als rein nationale Armee und damit allein dem Grundgesetz verpflichtet. Darin verbot zwar Artikel 143 seit 1956 die „Inanspruchnahme" der nationalen „Streitkräfte" in einem „inneren Notstand". Wie diese drei Begriffe zu definieren seien, darüber herrschte 1962 aber nur selten noch Unklarheit. Und nicht einmal im allerungünstigsten Fall der Interpretation hätte Schmidt sich über Artikel 143 GG hinwegsetzen müssen, wenn er die Bundeswehr rief. Artikel 143 richtete sich nicht an einen Landesminister, sondern an die Bonner Bundesregierung.

Gesetzesverstöße und Notstandsgesetze

Schmidt hat verschiedene Male ebenfalls für sich beansprucht, mal in klaren, mal in dunklen Worten, 1962 das Grundgesetz auch anderweitig verletzt zu haben, hinsichtlich der Artikel 8 (betreffend Versammlungsfreiheit), Artikel 11 (betreffend Freizügigkeit) und Artikel 13 (betreffend die Unverletzlichkeit der Wohnung). Darüber hinaus sei er im Sinne des Strafgesetzbuchs schuldig geworden. Schließlich, so Schmidt, habe er entgegen der Hamburger Verfassung durchge-

Verstöße gegen das Grundgesetz und die Hamburger Verfassung?

Helmut Schmidt: Es war mir bewusst, dass weder die Verfassung des Landes Hamburg noch das Grundgesetz ausreichend Vorsorge getroffen hatten für den Fall, dass man wegen einer Naturkatastrophe die Soldaten zu Hilfe holen muss.

> *Sprecher:* Laut Grundgesetz darf sie, die Bundeswehr, nur zur Landesverteidigung eingesetzt werden. Dafür ist sie auch ausgebildet. Dennoch wird sie sich in Hamburg zusammen mit den NATO-Truppen als Retter in der Katastrophe erweisen. [...]
>
> *Helmut Schmidt:* Ich habe den Leuten, die wir von den Dächern geholt haben und für die wir – in Turnhallen, Sälen – Quartiere für die erste oder zweite Nacht zustande gebracht haben, denen habe ich [...] einen Betrag auszahlen lassen, ich weiß nicht mehr, 50 Mark oder 70 Mark. Das habe ich gemacht, aber ich hatte das Geld nicht selber.
>
> *Jens Kemper / Sabine Aisch / Markus Brauckmann: Die Sturmflut. Hamburg geht unter. Dokudrama. RTL 2006, min 19:05, 39:00*

setzt, den Sturmflutopfern ein Handgeld auszuhändigen, obwohl diese Ausgabe zuvor nicht von der Bürgerschaft genehmigt worden sei.

Auch für alle diese Verstöße hat Schmidt – weniger rechtfertigend als vielmehr demonstrativ – auf einen „übergesetzlichen Notstand" verwiesen: Demonstrativ im Zusammenhang mit den Debatten um die Notstandsgesetze. Deren wichtigster Teil, die Notstandartikel im Grundgesetz, die „Notstandsverfassung", wurde 1968 verabschiedet. Zu ihren gewichtigsten Befürwortern zählte Helmut Schmidt.

Sinn und Zweck der Notstandsgesetze war die juristische und politische Vorsorge für den Ausnahmezustand eines Kriegs oder Bürgerkriegs, daneben auch einer Katastrophe oder eines schweren Unglücksfalls. Soviel stand fest: Der Staatsapparat würde auf keinen Fall untätig bleiben dürfen. Also galt es, seine Reaktion soweit wie möglich zu normieren: Wozu sollte die Regierung vorübergehend bevollmächtigt sein? Welche Grundrechte sollten vorübergehend eingeschränkt werden können? Wie könnten solche Maßnahmen kontrolliert, wie könnte die Funktionsfähigkeit des Parlaments einigermaßen bewahrt bleiben? Ohne solcherart Verfassungs- und Gesetzesgrundlage handelt ein Staatsapparat – notgedrungen – im „übergesetzlichen Notstand", das heißt sowohl „nach bestem Wissen und Gewissen" als auch „nach Gutdünken". Unter dem Aspekt des Rechtsstaats-Prinzips ist eine solche Gummiformel unbefriedigend.

Terror 1977: Krisenstäbe, Lauschangriffe und Kontaktsperre

Als die „Rote Armee Fraktion" gegen den Arbeitgeberpräsidenten Hanns Martin Schleyer losschlug, 1977, da war die Rechtsfigur des „übergesetzlichen Notstands" für die Bonner politische Klasse nichts Neues. Kürzlich war dieses Instrument positiv-rechtlich geschärft worden, in Kraft seit Anfang 1975, als Folge des

Zweiten Strafrechtsreformgesetzes (von 1969). Vor allem in einem neuen § 34 StGB, mit der nichtamtlichen Überschrift „Rechtfertigender Notstand“. Mehrfach haben Politiker im Zeitraum 1975 bis 1977 im Zusammenhang mit der Terrorabwehr auf diese Norm zurückgegriffen und verwiesen.

Als grundgesetzlich problematisch und deshalb dem Bundeskanzler Helmut Schmidt potenziell anzulasten, direkt oder indirekt, können zunächst vier Maßnahmen betrachtet werden:

- Die politische Entscheidungsfindung in informellen Krisenstäben,
- die informelle Reglementierung der Medien durch eine an Gängelung grenzende Pressepolitik,
- die Lauschangriffe auf allerlei Privat- und Geschäftsräume, möglicherweise auch die Lauschangriffe auf Gefängniszellen,
- die Kontaktsperre für bestimmte Häftlinge ohne gesetzliche Grundlage – vor allem auch, weil dadurch die Berufsfreiheit der Anwälte beschränkt wurde.

In den beiden letztgenannten Fällen zogen staatliche Stellen ganz offiziell die Formel vom „rechtfertigenden übergesetzlichen Notstand“ heran: Zunächst – bei den Lauschangriffen – im Nachhinein, sodann – im Fall der Kontaktsperre – von Anfang an.

Zwar haben Politiker und Juristen, die auf Genauigkeit Wert legten, den „übergesetzlichen Notstand“ oder das „güterabwägende Notrecht“ als ein allgemeines Rechtsprinzip bezeichnet, das – unter anderem, exemplarisch – in § 34 StGB

„Polizeiliche Methoden“ reichen nicht

Patentrezepte gibt es nicht, wie wir alle wissen. Ich will aber sagen, dass es mit polizeilichen Methoden — Razzien und alles, was dazugehört — allein nicht genug sein kann. Wer den Rechtsstaat zuverlässig schützen will, muss innerlich auch bereit sein, bis an die Grenzen dessen zu gehen, was vom Rechtsstaat erlaubt und geboten ist.

Helmut Schmidt im Bundestag, 25. April 1975

„Überverfassungsgesetzlicher Notstand“?

Die historische Forschung wird zu klären haben, in welchem Umfang Bundeskanzler Helmut Schmidt die Verantwortung dafür trägt, dass die SPD den überverfassungsgesetzlichen Notstand 1977 nicht mehr eindeutig ablehnte und bei einem „JEIN“ stehenblieb.

Jürgen Seifert: Die Abhör-Affäre 1977 und der Überverfassungsgesetzliche Notstand. In: Kritische Justiz 1977, S. 105–125, hier S. 118

Schmidt 1978:
Keine Verletzung des Rechtsstaats

Ich bin davon überzeugt, dass wir die Grenzen nicht übertreten haben, jedenfalls nicht wissentlich und nicht willentlich und nicht bewusst. Wir waren vielmehr sehr skrupulös, wir haben bei jeder Handlung, die wir zu verantworten hatten, sehr sorgfältig zuvor geprüft und nachgedacht. Ich glaube, dass wir bis an die Grenzen des Rechtsstaats gegangen sind. Der Hinweis auf die Inanspruchnahme des § 34 des Strafgesetzbuchs mag hier heute morgen ausreichen. Die Juristen unter Ihnen wissen, dass wir da bis an die Grenzen gegangen sind. Aber wir haben sie nicht übertreten.

Helmut Schmidt im Bundestag, 16. Juni 1978

seinen „Niederschlag“ gefunden habe – für den Bereich des Strafrechts.[7] Aber von dieser differenzierten Position aus war es nur ein kleiner Schritt bis hin zu der irreführenden Angabe, die Kontaktsperre oder die Abhörmaßnahmen seien „aufgrund“ von § 34 StGB erfolgt, also in Anwendung dieses Paragraphen, der eine solide Rechtsbasis biete.

In Anbetracht all dessen hat Wolfgang Kraushaar über die 44-tägige Periode des „Deutsches Herbstes“ 1989 und erneut 2006 ein hartes Urteil gefällt. Zwischen der Entführung Schleyers (am 5. September) und seiner Ermordung (am 18. Oktober 1977), so schrieb der Politologe, habe ein „nichterklärter Ausnahmezustand“ geherrscht.[8] Diese ausführlich begründete Einschätzung ist oft zitiert worden. Ein Ausnahmezustand – das Wort verweist auf mehr als die Abfolge einiger Rechtsstaatsverletzungen durch eine nervös gewordene Regierung, nämlich – vielmehr – auf eine Methode, auf ein System.

Muss die Aufzählung der vier problematischen Maßnahmen von 1977 um die gravierendste Entscheidung von damals noch zusätzlich erweitert werden? Die Bundesregierung fand, im Fall einer Freilassung der inhaftierten RAF-Spitze stelle sich die mutmaßlich künftige Gefährdung der westdeutschen Gesamtgesellschaft durch die Stadtguerilla massiver dar als das Risiko der aktuell in Lebensgefahr schwebenden Geiseln: Ein Austausch von Baader, Ensslin & Co. gegen Hanns Martin Schleyer und die Entführten der „Landshut“ wurde deshalb ausgeschlossen, das Leben dieser Geiseln also aufs Spiel gesetzt. Sind Artikel 1 und 2 Grundgesetz damals unter der Annahme interpretiert und relativiert worden, auch hier sei ein „übergesetzlicher Notstand“ gegeben, strenggenommen also ein „über-verfassungs-gesetzlicher Notstand“?

Als Hanns-Eberhard Schleyer, der Sohn des Entführten, das Bundesverfassungsgericht anrief, um eine einstweilige Anordnung zugunsten seines Vaters zu erwirken, wurde er negativ beschieden: Die Bundesregierung sei frei in der Entscheidung darüber, zugunsten welchen Personenkreises Artikel 1 und 2 Grundgesetz vorzugsweise auszulegen sei. In Gefahr befinde sich auch die Gesamtheit der Bundesbürger, sobald nämlich die inhaftierten Terroristen, mehrfache und reuelose Mörder, sich wieder auf freiem Fuß befänden.

Helmut Schmidt hat im Sommer 1978 vor dem Bundestag behauptet, im Herbst 1977 seien die Grenzen des Rechtsstaats nicht überschritten worden, jedenfalls „nicht wissentlich und nicht willentlich". Vom Januar 1979 stammt Schmidts SPIEGEL-Interview, worin der Kanzler sich glücklich schätzte, dass seine Maßnahmen keiner juristischen Überprüfung unterworfen worden seien. Dazwischen liegt nur ein gutes halbes Jahr. Der Ausdruck „wissentlich und willentlich" fällt hier erneut, nunmehr in Bezug auf die Sturmflut: Ganz bewusst und absichtsvoll seien damals Gesetze verletzt worden.

Es handelt sich bei Schmidts Kehrtwende 1978/79 um eine Parallele zu 1962. Damals folgte auf Schmidts anfängliche Beteuerungen, alles sei in den Sturmfluttagen mit rechtsstaatlichen Dingen zugegangen, schon bald ein Dementi: Im „übergesetzlichen Notstand" habe er das Grundgesetz, die Hamburger Verfassung und auch das StGB hintangestellt. Wie erklärt sich die Duplizität dieser Dementis von 1962 und 1977? Hinsichtlich des Kampfes mit der „Stadtguerilla" sollen hier drei Fragen untersucht werden.

Zum ersten: War im September/Oktober 1977 angesichts des bereits über mehrere Regierungsperioden sich erstreckenden RAF-Terrors tatsächlich eine ganz und gar überraschende Situation entstanden? Eine Lage, wofür keinerlei hilfreiche Orientierung bereitstand?

Zum zweiten: Wie wird Schmidts Rolle im Herbst 1977 in Medien und Wissenschaft bisher dargestellt und beurteilt? Wird Schmidt erneut – wie in puncto Sturmflut – als ein beherzter Kämpfer gegen defizitäre Verfassungsartikel gefeiert?

Zum dritten schließlich: Woran hat Schmidt, woran haben die von ihm geleiteten Krisenstäbe sich 1977 tatsächlich orientiert? Wäre Schmidt auch durch ein Eingehen auf die terroristische Erpressung „in Schuld verstrickt" worden? Hätte er auch dann die – seinen eigenen, späteren Worten nach – „schwerste Niederlage" in seinem Politikerleben einstecken müssen?[9]

Am Schluss steht ein bilanzierender Kommentar zu Schmidts eingangs zitierten und referierten Thesen über die „extremen Situationen" und die „schnellen Entscheidungen", sowohl 1962 als auch 1977. Worin liegt „Wahrheit", was aber ist „Dichtung"?

Wo sind um Schmidts Ansprüche, Prätentionen, Selbstdarstellungen herum – mit Hilfe anderer Akteure – Legenden entstanden? Welche Legenden hauptsächlich sind dann zu dem Mythos miteinander kombiniert worden, der Schmidts Nimbus als eines politischen Helden begründet, als eines einmalig effektiven Krisenmanagers? Wo werden Mythos und Nimbus bis in die unmittelbare Gegenwart hinein zum Gegenstand kultischer Arrangements gemacht?

Anmerkungen

1 Helmut Stubbe da Luz: Giganten-Kult als Hypothek? Der Schmidt-Sturmflut-Mythos und die Bundeskanzler-Helmut-Schmidt-Stiftung. In: Mythos-Magazin (Apr. 2021, http://www.mythos-magazin.de/mythosforschung/hs_sturmflut-mythos.pdf): ders: Auf dem Weg zum Nationalmythos? Helmut Schmidt als „Herr der Flut“ in TV-Produktionen seit 1980. Ebd. (Jan. 2022, http://mythos-magazin.de/mythosforschung/hs_nationalmythos.pdf).

2 Helmut Stubbe da Luz: „Das Grundgesetz nicht angeguckt“, „aufgeregte Hühner“ vorgefunden. Helmut Schmidt, der Retter aus der Katastrophe? In: Ders.: Große Katastrophen. Menschliches Versagen in der Geschichte – wehrhafte Stadtentwicklung für die Zukunft? Begleitband zur Ausstellung in der Bibliothek der Helmut-Schmidt-Universität 10. April bis 31. Juli 2018. Hg. v. d. Bibliothek der Helmut-Schmidt-Universität. Hamburg 2018, S. 99–153.

3 Jürgen Seifert: Die Abhör-Affaire 1977 und der Überverfassungsgesetzliche Notstand. In: Kritische Justiz 10/1975, S. 105–125.

4 Handkommentar zum Bürgerlichen Gesetzbuch. Hg. v. Walter Erman / Heinz Goerke. 2., neu bearb. Aufl. Münster 1958, S. 1301.

5 BVerfGE 34, 269 – Soraya.

6 Vgl. https://www.ndr.de/der_ndr/unternehmen/geschichte/Helmut-Schmidt-Dies-war-ein-uebergesetzlicher-Notstand,flut111.html. Der O-Ton stamme aus dem Jahr 2003, gibt Schwarz an (E-Mail v. 26. Sept. 2019), doch dürfte er älteren Ursprungs sein.

7 Hans-Jochen Vogel, Bundesminister der Justiz: Vorwort. In: Kontaktsperre. Informationen über ein Gesetz zur Bekämpfung des Terrorismus. Bonn 1978 [Informationsbroschüre der Bundesregierung].

8 Wolfgang Kraushaar: Der Kanzler und seine Krisenstäbe. Der nicht erklärte Ausnahmezustand während der Schleyer-Entführung. In: Die Skandale der Republik. Hg. v. Georg M. Hafner / Edmund Jacoby. Frankfurt a.M. 1989; 2., überarb. Aufl. Reinbek 1994, S. 151–172. Ders.: Der nicht erklärte Ausnahmezustand. Staatliches Handeln während des sogenannten Deutschen Herbstes. In: Die RAF und der linke Terrorismus. Hg. v. dems. Band 2. Hamburg 2006, S. 1011–1025.

9 Helmut Schmidt: Ein letzter Besuch. Begegnungen mit der Weltmacht China. Gespräch mit Lee Kuan Yew. München 2013, S. 68 f.

II

1962: „Herr der Flut"? – „Wettlauf gegen die Paragraphen"?

> „Die Hansestadt Hamburg war führerlos und unfähig, einen Führer zu berufen, als die Sturmflut über sie kam. Der Führer berief sich selbst. [...] Lagebesprechung Sonntagabend, 21.00 Uhr: Helmut Schmidt, Kette rauchend, war Herr der Flut.

Herr der Flut. In: DER SPIEGEL 10/1962, S. 26, 30

> „Wir haben [1962] ganz sicherlich das Grundgesetz verletzt, wir haben ganz sicherlich – bewusst – die hamburgische Verfassung verletzt und wir haben auch das Strafgesetzbuch übertreten.

Helmut Schmidt im NDR-Nordschau-Magazin, 17. Februar 1967

Regelmäßig hat Helmut Schmidt angegeben, in den 1962er Sturmfluttagen gegen Verfassungen und Gesetze verstoßen zu haben. Mehrfach ist aber auch eine Relativierung erfolgt. „An der Grenze" des Erlaubten habe er agiert, haarscharf. Das heißt im üblichen Sprachgebrauch: Diesseits der Grenze zum Verbotenen. Im Einzelfall hat Schmidt mit einer mittleren Version kokettiert: Er wolle es lieber offenlassen, wie oft und wie sehr dabei jene Grenze überschritten worden sei.

Helmut Schmidt über die Grenze des Rechtsstaats

Hamburg, 1965

Eine Erfahrung der Flutkatastrophe ist es gewesen, dass wir zum Beispiel – und das war ganz hart an der Grenze des Erlaubten, ich will nicht sagen auf welcher Seite der Grenze des Erlaubten – gezwungen gewesen sind, nicht nur Bundeswehrangehörige für alle möglichen Sicherungs- und Rettungsaufgaben heranzuziehen, sondern sie, zwar in beschränkter Weise, aber doch ausdrücklich auch für gewisse polizeiliche Aufgaben heranzuziehen und damit zu beauftragen.

Als Innensenator in der Hamburger Bürgerschaft, 8. September 1965

Bonn, 1968

Das einzige, was verfassungspolitisch in Bezug auf die Bundeswehr aus der Flutkatastrophe überhaupt zu lernen wäre und was für den Einsatz der Bundeswehr überhaupt zu lernen wäre, ist dies: Dass es z.B. schon bei einer Naturkatastrophe, wo es keinen Gegner gibt, notwendig werden kann, hart an der Grenze des Grundgesetzes mit der Bundeswehr zu operieren.

Als SPD-Fraktionsvorsitzender im Deutschen Bundestag, 16. Mai 1968

Um eventuelle Verstöße gegen die Hamburgische Verfassung soll es hier nicht gehen. Nur so viel sei kurz erwähnt: Weder Schmidt selbst noch „sein" Katastrophendienststab noch auch der Hamburger Senat haben 1962 die Landesverfassung verletzt. Dazu an anderer Stelle mehr.

Der SPIEGEL-Bericht vom 7. März 1962, zu Beginn dieses Kapitels zitiert, rief den „Herrn der Flut" übrigens nicht wegen kühner Gesetzesbrüche aus, sondern wegen Schmidts entschlossener „Machtergreifung".

Schmidts kalkulierte Selbstbezichtigungen sind jedenfalls ein Indiz dafür, dass er sich rückblickend einbildete, er sei 1962 zu den Gesetzesübertretungen nicht nur genötigt, sondern auch persönlich bereit und in der Lage gewesen. Damit habe er einen vielfach bejubelten Erfolg gehabt, und beschwert habe sich am Ende niemand. Als Schmidt 1977 an der Spitze des von der RAF merklich verunsicherten Staatsapparats stand, lag hier wohl eine der theoretischen Orientierungsmarken, deren Vorhandensein er später gern bestritt: Setzte

Verfassungsbruch – „niemals"!

Die Notmaßnahmen nach der Flutkatastrophe vom 17. Februar in Hamburg haben in keinem Fall gegen die Verfassung des Stadtstaats oder gegen das Grundgesetz [...] verstoßen. Dies hat Innensenator Schmidt am Dienstag [dem 13. März 1962] vor der Landespressekonferenz erklärt. Während der Katastrophentage habe sich niemals eine solche Notwendigkeit auch nur abgezeichnet.

Klaus Wagner: „Notmaßnahmen mit dem Grundgesetz in Einklang". In: FAZ v. 14. März 1962

er nicht den 1962 eingeschlagenen Weg fort, wenn er nunmehr Maßnahmen zuließ oder gar veranlasste, die auf der Grenzlinie zur Verfassung und zu einigen einfachen Gesetzen quasi aufsaßen?

In Schmidts Sturmflut-Mythos lassen sich – hinsichtlich seines zentralen Bestandteils, also der Verletzung von Rechtsnormen – drei Zeitabschnitte unterscheiden. In den ersten Wochen und Monaten gab der Senator an, juristisch einwandfrei vorgegangen zu sein. Die Sturmflut dürfe in den Debatten um die Notstandsgesetze nicht instrumentalisiert werden, mahnte er. Man brauche keine neuen „Paragraphen“. In Katastrophen zumindest komme es ausschlaggebend auf tatkräftige „Männer“ an.[1] Schmidt meinte: Auf Männer, wie er einer sei.

Die zweite Phase zeichnete sich bereits wenige Wochen später ab. Sie erstreckte sich bis zur Verabschiedung der Notstandsgesetze, 1968. In der dritten Phase, die sich spätestens 1970 deutlich bemerkbar machte, erhielten die Kernlegende und der Mythos insgesamt ihre Vollendung – schrittweise.

Am 23. März 1962 traf der Bundesinnenminister, Hermann Höcherl (CSU), mit seinen Kollegen aus den Ländern in München zusammen. Ein erster Entwurf für die künftigen Notstandsgesetze, vorgelegt von Höcherls Vorgänger, Gerhard Schröder (CDU), war gescheitert. Höcherls Beamte arbeiteten an einem erneuten Anlauf. Darüber wurde jetzt im Kreis der Innenminister beraten.

Der niedersächsische Innenminister Otto Bennemann nahm Anstoß daran, wie der Entwurf den „Notstand der inneren Gefahr“ definierte: „Er trete ein, so stand da, wenn die Bevölkerung von schweren Nachteilen für Leib und Leben“ bedroht sei. Bennemann befürchtete, was damals fast alle SPD-Leute umtrieb: Könnten solche Sätze gegen Arbeitskämpfe ins Feld geführt werden? Bennemann schlug eine strengere Wortwahl vor. Leib und Leben der Bevölkerung müssten „ernstlich und unmittelbar gefährdet“ sein, um einen inneren Notstand zu begründen.

In dieser Minute vollzog Helmut Schmidt seine Kehrtwende möglicherweise zum ersten Mal. Bennemann habe Recht: Es müssten „tatbestandliche Voraussetzungen“ formuliert werden, „die niemand anfechten“ könne. Bereits „aus der Flutkatastrophe heraus“ lasse sich begründen, „dass in Fällen unmittelbarer Gefahr für Leib und Leben ganz besondere Befugnisse notwendig“ seien. Also eben doch neue „Paragraphen“? Von Bennemanns Formulierung, so Schmidt, sei eine „andere psychologische Wirkung auf die Bevölkerung“ zu erwarten, denn eine Gedankenverbindung zu Arbeitskämpfen ergebe sich dabei nicht.[2]

„Besondere Befugnisse“: Schmidt stellte seine Sturmflut-Legenden in den Dienst von vier Zielen. Sie sollten nicht nur die künftige Notstandsverfassung insgesamt legitimieren, sondern auch eine explizite Erwähnung von Katastrophen darin bewirken; die hat Höcherl dann eingefügt. Drittens wollte Schmidt anerkannt wissen, dass „seine“ Erfahrungen aus der Hochwasserkatastrophe auf Fälle des politischen inneren Notstands übertragbar seien. Viertens ging es ihm um die eigene Rolle. Schmidt war zwar erst einmal von der Bundes- in die Landespolitik gewechselt. Doch bot ihm das Thema der Notstandsgesetze wie kein zweites die Chance, sich weiterhin auf der Ebene des Gesamtstaats bemerkbar zu machen, zumal er seit 1958 dem SPD-Bundesvorstand angehörte. Schon am Tag vor der Sturmflut hatte Schmidt auf Fortschritte in der Notstandsfrage gedrängt, am 16. Februar 1962 bei einer Innenministerkonferenz in Berlin.[3]

Drei Grundrechte missachtet?

Schmidts Behauptung, er habe 1962 gegen die Verfassungsartikel 8, 11 und 13 verstoßen müssen, ist schon erwähnt worden. Also, so schlussfolgerte er, läge es nahe, jene Garantien im Zuge der Notstandsgesetzgebung ausdrücklich einzuschränken – vor allem für eventuelle Bürgerkriegszustände.

Den angeblichen Verstoß gegen Artikel 8 hat Schmidt seinen Referenten für die Notstandsgesetzgebung, Claus Arndt, am 11. März 1965 im Bonner Rechtsausschuss begründen lassen: In der Sturmflutsituation sei dem Polizeisenator nichts anderes übrig geblieben als ein Verbot von Versammlungen der Deutschen Friedens-Union (DFU), einer von der DDR finanzierten Kleinpartei, die vorgab, „im Geiste Albert Schweitzers" zu agieren. Jene Versammlungen, so Arndt, hätten gedroht, Unruhe zu stiften und letzten Endes die Rettungs- und Hilfsmaßnahmen zu behindern.[4] Doch sollten die DFU-Versammlungen keineswegs unter freiem Himmel stattfinden. Vor allem

Abb. 8 – Plakat der Deutschen Friedens-Union, März 1962. Polizeisenator Schmidt verbot Veranstaltungen der kommunistisch orientierten Partei im März 1962, ein paar Wochen nach der Katastrophe. Doch 1965 ließ er Claus Arndt in Bonn vortragen, die Versammlungen hätten Rettungs- und Hilfemaßnahmen mitten in den Sturmfluttagen bedroht.

aber sind sie erst im März 1962 verboten worden – in dem Monat, für den sie auch angemeldet waren, fast vier Wochen nach der Sturmflut. Der DFU-Fall verdient eine ausführliche Darstellung. Auch sie erfolgt andern Orts.

Eine Einschränkung der Freizügigkeit gemäß Artikel 11, so Schmidt an anderer Stelle, habe gegenüber Schaulustigen vorgenommen werden müssen, durch Verhängung kollektiver Platzverweise. Drittens seien Zwangsevakuierungen größeren Stils vorübergehend vom Katastropheneinsatzstab erwogen, sodann in kleinerem Umfang, nämlich in einer Reihe von Einzelfällen, auch tatsächlich durchgeführt worden.[5] Das hätte eine Verletzung der „Wohnungen“ bedeutet, nach Artikel 13.

Auf seine eigene Rechtsabteilung in der Polizeibehörde konnte Schmidt solche Behauptungen allerdings nicht stützen. Ende März 1962, wohl sogleich nach seiner Teilnahme an der Münchener Runde der Innenminister, beauftragte er Oberregierungsrat Hermann Schulze, einschlägige Rechtsverstöße ausfindig zu machen. Schulze besah sich die Protokolle der täglichen Lagebesprechungen. Am 4. April 1962 vertrat er die Ansicht, dass das Polizeirecht für sämtliche Maßnahmen ausgereicht hätte.[6]

Artikel 143 GG: Kein Streitkräfteeinsatz im „inneren Notstand“

Die Kernlegende des Schmidt-Sturmflut-Mythos betrifft die Inanspruchnahme der Bundeswehr.

Anders als bei den Grundrechts-Garantien nach Artikel 1 und 2 der Verfassung handelte es sich bei Artikel 143 GG um eine Verlegenheitsnorm, einen Platzhalter. 1956 war das Grundgesetz durch die Artikel einer sogenannten Wehrverfassung erweitert worden. Anlass war die Gründung der Bundeswehr. Der Bonner Verteidigungsausschuss, dem Schmidt seit 1953 angehörte, hatte gefordert, dass nunmehr auch zu regeln sei, ob und wie ein Einsatz der neuen Streitkräfte im Innern vorstellbar wäre – für den Fall eventueller Bürgerkriegs-Szenarien. Der federführende Rechtsausschuss sah sich allerdings unter Zeitdruck.[7] Die Alliierten drängten darauf, sämtliche Voraussetzungen für den Aufbau der westdeutschen Armee zu erfüllen. Also wurde in Artikel 143 erst einmal nur ein Versprechen abgegeben: Der Bundestag werde demnächst ein entsprechendes Gesetz zur Verfassungsänderung beschließen – gemäß der formellen Vorgabe des

„Streitkräfte“, „innerer Notstand“, „Inanspruchnahme“

Die Voraussetzungen, unter denen es zulässig wird, die Streitkräfte im Falle eines inneren Notstandes in Anspruch zu nehmen, können nur durch ein Gesetz geregelt werden, das die Erfordernisse des Artikels 79 erfüllt.

Grundgesetz, Artikel 143 (1956–1968)

Artikels 79. Bis dahin allerdings sah sich die Exekutive zu einer entsprechenden Untätigkeit verpflichtet.

Wäre allerdings eine Art Bürgerkrieg vor 1968 tatsächlich eingetreten und hätte er die vereinten Polizeien der Länder und des Bundesgrenzschutzes überfordert, dann wären die Regierungen der Länder und des Bundes wohl kaum umhingekommen, einen „übergesetzlichen Notstand" anzunehmen. Der Staatsapparat hätte einen kalkulierten Grundgesetzbruch erwägen müssen – zunächst in einer doppelten Absicht: Erstens die innere Sicherheit und Ordnung wiederherzustellen; zweitens, es nicht soweit kommen zu lassen, dass die alliierten Besatzungsmächte sich bedroht fühlen und von ihrem Interventionsrecht Gebrauch machen würden. Dieses Recht stand im Deutschlandvertrag von 1954 und war nur vage umschrieben, also auch nicht deutlich begrenzt.

Ganz und gar unvorbereitet war Bonn für einen inneren Notstand keineswegs. In den 1950er Jahren sind vom Bundesinnenministerium und vom Bundesjustizministerium sogenannte Schubladengesetze verfasst worden, wesentlich auch zur Einschränkung von Grundrechten. Wären diese Notstandsnormen in einem Ernstfall zur Anwendung gelangt, dann – so kann rückblickend erhofft werden – wäre als dritte Absicht hinzugekommen, das bundesdeutsche Recht hernach den Notwendigkeiten anzupassen, nunmehr aber schleunigst. Auf diese Weise hätte auch eine Inanspruchnahme der Streitkräfte – entgegen Artikel 143 – zunächst unverzüglich beschlossen und anschließend politisch plausibel gerechtfertigt werden können, beispielsweise vor einem parlamentarischen Untersuchungsausschuss nach Artikel 44 Grundgesetz.

Artikel 143 GG – Verfassungskommentare und politische Praxis

Artikel 143 trug die nichtamtliche Überschrift „Wehreinsatz bei innerem Notstand". Dass er der Rettung von Menschen in Katastrophen und bei schweren Unglücksfällen nicht im Weg stehen sollte und durfte, lag vor dem Hintergrund der höherrangigen Artikel 1 und 2 des Grundgesetzes eigentlich auf der Hand. Hier und dort hat es gleichwohl Irritationen gegeben, sogar durch einen der damals aktuellen Grundgesetzkommentare. Eine Meisterleistung stellte der Giese/Schunck, Stand 1961, in puncto Artikel 143 freilich nicht dar: „Innerer Notstand" bedeute „Katastrophen, Tumultabwehr, Umsturzbekämpfung usw."; der zu regelnde Tatbestand entspreche wohl ungefähr dem, was in früherer Zeit als „Belagerungszustand" bezeichnet worden sei; er gehe aber „vermutlich" darüber hinaus. In der Kurzüberschrift zum Artikel stand – wie erwähnt – „Wehreinsatz", im Text selbst „Streitkräfte". Durfte daraus gefolgert werden, dass Giese/Schunck sich allein einen hoheitlichen Einsatz der Bundeswehr vorstellten, nicht aber an die Möglichkeit bloßen Rettens und Helfens dachten? Jedenfalls blieb der Begriff der „Katastrophe“ dort ebenso undefiniert wie „Tumult“ und „Umsturz“.

Andreas Hamann schrieb in seinem GG-Kommentar, ebenfalls Stand 1961, Art. 143 behandele „den exekutivischen Einsatz der Streitkräfte“. Hamann unterstellte damit, dass es auch nicht-exekutivische Einsätze gebe. Es sei jedenfalls die Funktion des Artikels 143, „verfassungsrechtliche Schutzvorkehrungen“ zu treffen – gegen eine Störung der verfassungsmäßigen Ordnung „durch die Eigendynamik der Bundeswehr“. Insbesondere sei deren „Missbrauch zu innerpolitischen Zwecken“ zu verhindern. Doch worauf musste sich ein Bundeswehreinsatz im Innern beschränken, um als nicht-exekutivisch durchzugehen?

„Giese/Schunck“ und „Hamann“ umfassten nicht mehr als einen einzigen Band. Die maßgeblichen Grundgesetzkommentare, von einer Mehrzahl spezialisierter Autoren detailliert verfasst, erschienen peu à peu in Loseblattsammlungen. Die Lieferungen, die bis zur Sturmflut im Februar 1962 vorlagen, waren bei Artikel 143 noch nicht angelangt.

Artikel 35 GG: Allseitige Amtshilfe

Eine Rechtfertigung des Sturmfluteinsatzes der Bundeswehr konnte 1962 durch Berufung auf Artikel 35 GG gegründet werden. Er schreibt eine umfassende Amtshilfe vor, die sämtliche Behörden einander zu gewähren hätten. Eindeutig schien die juristische Lage damals allerdings nicht: Stellten die Streitkräfte eine Behörde dar? Zumindest eine Behörde wie jede andere?

Amtshilfe im Sinn der „Einheit der Staatsgewalt“ – Stand 1962

Alle Behörden des Bundes und der Länder leisten sich gegenseitig Rechts- und Amtshilfe.

Grundgesetz, Artikel 35 (1956-1968)

„Amtshilfe“ im Schmidt-Sturmflut-Mythos, abgespeckte Version

Ich muss Euch sagen, dass ich gemeinsam mit anderen während der norddeutschen Flutkatastrophe in bewusster Weise mich über den Artikel 143 hinweggesetzt habe. Das geschah nicht etwa darin, dass wir die Bundeswehr gebeten hätten, mit riesenhaftem technischen und menschlichem Aufwand Menschen vor der Gefahr des Ertrinkens und Erfrierens zu retten. Das war, wenn Ihr so wollt, Amtshilfe. Das steht hier nicht zur Debatte.

Helmut Schmidt im Rahmen der Bundeskonferenz der SPD in Bonn-Bad Godesberg, 14. November 1967

Den Artikel 35 hatten die Loseblatt-Kommentare zum Grundgesetz 1962 immerhin schon erreicht. Im dominierenden „Maunz/Dürig" (Stand Juli 1959) fanden sich hier Feststellungen, die auch für den Katastrophenfall ermutigend klangen: Artikel 35 betone „die Einheit der Staatsgewalt". Der Begriff der „Rechts- und Amtshilfe" sei ganz großzügig auszulegen. Auch andere „Beziehungen zwischen Behörden" seien abgedeckt.

Diesen Standpunkt hat Schmidt sich nach 1962 in Situationen zu eigen gemacht, die er für die Vollversion des Mythos nicht für geeignet hielt. Doch auf den hoheitlichen, exekutivischen Einsatz von Feldjägern mochte Schmidt den Artikel 35 nicht beziehen – und zwar ungeachtet dessen, dass die Rechtsabteilung in seiner Polizeibehörde genau dies empfohlen hatte.[8] Schmidt war von dem Wunsch beseelt, als kühner Rebell zu gelten – gegen Paragraphen, die zumindest unklar ausgefallen seien. Seine Profilierungssucht hin oder her: Solcherart Unklarheiten zu beseitigen, nutzte zugleich dem Rechtssystem. Stets muss es perfektioniert werden.

Katastrophenhilfe der Bundeswehr – 1962 fest etabliert

Nach damals vorwiegender Ansicht stellte sich die politische und verfassungsrechtliche Lage zur Sturmflutzeit als eindeutig dar. Für eine Konzentration von Polizeikräften war im Grundgesetz vorgesorgt worden, in Artikel 91. 1962 herrschte ferner ein allseitiges Einverständnis darüber, dass die Polizeien der Länder durch den seit 1952 existierenden Bundesgrenzschutz verstärkt werden könnten, also durch die spätere Bundespolizei. Und dasselbe galt seit 1956/1957 auch für die „Streitkräfte".

Am 30. Januar 1957 erteilte Bundesverteidigungsminister Franz-Josef Strauß eine „Weisung über den Einsatz von Truppenteilen und Dienststellen der Bundeswehr zur Katastrophenhilfe": Mit der fortschreitenden Aufstellung von Verbänden sei „auch durch die Bundeswehr der Einsatz bei Katastrophen vorzubereiten."[9]

Am 14. August 1957 veröffentlichte Strauß „Grundsätze für die Zusammenarbeit von Polizei und Bundeswehr". Diese Normen hatte er mit den Bundesländern ausgehandelt. Sie knüpften – sinngemäß – an den Amtshilfe-Artikel 35 GG an: „Alle Behörden und sonstigen staatlichen Einrichtungen" hätten sich „um eine verständnisvolle Zusammenarbeit zu bemühen" und sich „im Rahmen ihrer sachlichen Zuständigkeit so weit wie möglich gegenseitig" zu unterstützen. Dies gelte auch für das Verhältnis zwischen Bundeswehr und Polizei. Prinzipiell wurde das Motto ausgegeben: „Soldaten im Dienst haben dem Polizeibeamten auf Anforderung Hilfe und Unterstützung zu leisten, soweit nicht dringende dienstliche Gründe entgegenstehen."[10]

Im August 1958 brachte das Verteidigungsministerium die Zentrale Dienstvorschrift (ZDv) 40/1 auf einen neuen Stand. Sie trug (und trägt) die Überschrift „Aufgaben im Standortbereich". Eine Anlage wurde ihr jetzt beigefügt: „Einsatz von Truppenteilen und Dienststellen der Bundeswehr zur Katastrophenhilfe" – in Anlehnung an die ministerielle Weisung vom 30. Januar 1957. Spätestens jetzt kam die Botschaft an der Basis der Bundeswehr an; sie erreichte aber auch sämtliche Ränge der Zivilverwaltung: „Alle Truppenteile und Dienststellen der Bundeswehr können zur Hilfeleistung bei Katastrophen eingesetzt werden." Aufgezählt wurden Hochwasser, Eisgang, Unwetter, Waldbrände etc. Eingegriffen werde jeweils zur Unterstützung der zuständigen Verwaltungsbehörden. Sie konnten Hilfe erwarten bei der „Rettung von Menschenleben und Tieren", beim Schutz von wertvollem Material, ferner beim Schutz „von Anlagen und Einrichtungen, die dem Gemeinwohl dienen".[11]

Am 22. Juni 1960 wurde das „Verhalten bei plötzlichem Luftwaffeneinsatz für erste Hilfeleistung in Katastrophenfällen" geregelt – in einem Merkblatt des Führungsstabs der Luftwaffe.[12] Vom Juli 1960 datierte die Zentrale Dienstvorschrift 57/1 betreffend „Militärische Flugsicherung / Military Air Traffic Service". Sie berücksichtigte die Vorgaben der Internationalen Zivilluftfahrt-Organisation (ICAO) sowie der NATO, galt ausdrücklich für Friedenszeiten und schloss Rettungsmaßnahmen in sämtlichen denkbaren Notlagen ein.[13]

In Hamburg stritten drei Behörden seit 1957 darüber, von wessen Seite im Katastrophenfall die Bundeswehr denn nun zu Hilfe gerufen werden sollte – Baubehörde, Polizeibehörde oder Senatskanzlei. Über Artikel 143 GG hatten die Beamten dabei nur kurz gerätselt.[14] Freilich war, als 1962 die Deiche brachen, noch immer keine Einigung erzielt worden. Gleichwohl hegte niemand Zweifel daran, dass entsprechende Hilferufe abzusetzen seien. Bereits am Vortag der Sturmflut hatten mehr als nur eine Dienststelle Kontakt zum Hamburger Standortkommando aufgenommen. Von einem „übergesetzlichen Notstand" hat dann erst Helmut Schmidt gesprochen, im Nachhinein.

Die Formel vom „übergesetzlichen Notstand" im Bundestag, 1953 bis 1961

Die Formel vom „übergesetzlichen Notstand" war der bundesdeutschen Politik auch vor der Sturmflut schon durchaus geläufig. Nur ein paar Beispiele sollen hier präsentiert werden – aus dem Deutschen Bundestag.

Am 4. Dezember 1952 wurde im Bonner Parlament über den sogenannten Deutschlandvertrag vom 26. Mai 1952 beraten, betreffend „die Beziehungen zwischen der Bundesrepublik Deutschland und den Drei Mächten“, ferner, damit zusammenhängend, über den Vertrag für eine Europäische Verteidigungsgemeinschaft, EVG, vom 27. Mai 1952. Beide Vertragswerke harrten noch ihrer Ratifizierung. Artikel 12 EVG-Vertrag berechtigte eine jede Regierung dazu, im Falle innerer Unruhen ihr an die EVG abgestelltes Militärkontingent vorübergehend zur eigenständigen Verfügung anzufordern, um damit die Ruhe und Ordnung wiederherzustellen. Hier erblickte der SPD-Abgeordnete Adolf Arndt eine Gefahr: Dem Bundeskanzler werde zu viel Macht gegeben. Dafür halte das Grundgesetz keine Schranke bereit. Arndt zeigte sich beunruhigt: „Die Rechtsgelehrten der Bundesregierung“ verträten ohnehin schon den Standpunkt, dass der Einsatz künftiger deutscher Soldaten im Innern zulässig sei – „gegen ein angeblich ungetreues Bundesland oder als Deutsche gegen Deutsche selbst im Westen“, wie Arndt sich ausdrückte, also in einem Bürgerkrieg. Allzu gern würden die dehnbaren Formeln des „übergesetzlichen Notstandsrechts“ dafür herangezogen sowie die Phrase von der sogenannten „Natur der Sache“.[15] Arndt, der führende SPD-Jurist, Vater des schon erwähnten Claus Arndt, war demgegenüber auf Rechtssicherheit aus – herzustellen durch eine Wehrverfassung und eine Notstandsverfassung.

Das EVG-Projekt scheiterte dann, und damit war zunächst auch der Deutschlandvertrag vom Tisch. Er wurde indes überarbeitet und bildete 1954 den zentralen Bestandteil der Pariser Verträge, betreffend die Westbindung und Wiederaufrüstung der Bundesrepublik. Dieses Vertragswerk stand am 26. Februar 1955 auf der Tagesordnung. Der SPD-Abgeordnete Otto Heinrich Greve gab einer Befürchtung Ausdruck: Könnte jetzt der § 100 des Strafgesetzbuchs ausgehebelt werden? Diese Norm erstreckte die Straffreiheit der Bundestagsabgeordneten auf eine Veröffentlichung selbst von Staatsgeheimnissen, sofern nur die Absicht dahinter stünde, einen Verfassungsbruch abzuwehren. In § 100 StGB, Abs. 3, so Greve, habe sich auch die Rechtsfigur des „übergesetzlichen Notstands“ niedergeschlagen.[16] Hier bekam der Begriff „übergesetzlicher Notstand“ eine positive Färbung. Im Anhang zum sogenannten „Truppenvertrag“ wurde der genannte Paragraph dann aber tatsächlich eingeschränkt – in Bezug auf „militärische Geheimnisse“.[17]

Am 23. September 1955 legte die Bundesregierung dem Parlament den Entwurf eines Soldatengesetzes vor. Der Paragraph 9 dieses SG erlegte dem Soldaten Gehorsam gegenüber seinen Vorgesetzten auf – in Grenzen: Wenn ein Verbrechen oder Vergehen im Sinne des Strafgesetzbuchs befohlen würde, dürfe dieser Befehl nicht ausgeführt werden. Drohe freilich ein Befehl nur eine Ordnungswidrigkeit hervorzurufen, so bemerkte der Entwurf, dann gingen die militärischen

Pflichten vor – im Sinne des „übergesetzlichen Notstands“. Hier profitierte von dieser Rechtsfigur nicht der einzelne Soldat, sondern der Staat

Am 9. Dezember 1955 war im Bundestag – umfassend – sogar von einem „übergesetzlichen Recht“ die Rede. Die Bundesregierung präsentierte ein Ergänzungsgesetz zur Entschädigung von NS-Opfern. Darin hieß es, die Wiedergutmachung nationalsozialistischen Unrechts bedürfe „keiner Begründung“, denn sie ruhe „in anderen als positivrechtlichen Kategorien“: Der Wandel des NS-Unrechtsstaats zu einem Rechtsstaat könne „nach übergesetzlichem Recht“ nur eine einzige Folge haben, nämlich die, dass dieser Rechtsstaat sich um Wiedergutmachung bemühe.[18]

Vom 9. Juli 1958 stammte der Regierungsentwurf eines Deutschen Richtergesetzes. In der Begründung dafür war vom „übergesetzlichen Notstand“ in Bezug auf das Beratungsgeheimnis die Rede: Eine absolute Geltung dürfe es nicht beanspruchen. Als Rechtsgut wichtiger seien zum Beispiel eine Richteranklage, ein Strafverfahren wegen Rechtsbeugung oder ein Amtshaftungsprozess. Für weitere Fälle, so hieß es, könnten „auch die in Rechtsprechung und Lehre entwickelten Grundsätze des übergesetzlichen Notstandes“ es rechtfertigen, das Beratungsgeheimnis zu durchbrechen.[19] Generell wurde darauf verwiesen, dass die Richter „nicht schlechthin an das geschriebene Recht gebunden“ seien. Vielmehr hätten sie die Gesetze auch an „einem übergesetzlichen Recht“ zu messen, entsprechend Art. 20 Abs. 3 Grundgesetz: Die Rechtsprechung habe sich an „Gesetz und Recht“ zu orientieren.

Am 28. September 1960 traf die Rechtsfigur des „übergesetzlichen Notstands“ mit dem ersten Entwurf für die künftigen Notstandsgesetze zusammen – mit dem bereits erwähnten „Schröder-Entwurf“. Der Sozialdemokrat Friedrich Schäfer gehörte zu den Befürwortern einer solchen Verfassungsänderung: Es gebe nun einmal Situationen, „denen nicht ernsthaft und nicht schnell genug“ begegnet werden könne. Dem Prinzip des Rechtsstaats entspreche es aber, im positiven Recht, also in den Gesetzen, „möglichst Vieles vom Vorstellbaren schon einmal rechtzeitig zu normieren“. Keine Regierung solle in die Lage versetzt werden, „dass sie aus sogenanntem übergesetzlichem Notstand“, geradezu aus Pflichtbewusstsein heraus, „Rechte für sich in Anspruch nehmen“ müsse, „um den Bestand der Bundesrepublik zu sichern“. Die Zustimmung aus den Reihen der CDU/CSU erfolgte uneingeschränkt.[20]

Was zeigen diese Beispiele? Ganz allgemein wurde eine Sphäre übergesetzlichen Rechts angenommen. Dort, so glaubte man (zweitens), seien Rechtsgüter und Normen zu finden, die nicht minder gewichtig ausfallen könnten als „positive“ Rechtsgüter und Normen. Dort, in der übergesetzlichen Sphäre, könnten deshalb auch Güterabwägungen vorgenommen werden, die (drittens) geeignet seien, schriftlich niedergelegte Normen auszustechen. Freilich sollten – gemäß dem Rechtsstaatsprinzip – (viertens) möglichst viele Situationen positiv-rechtlich geregelt sein, um Willkürhandlungen vorzubeugen. Schließlich bestand (fünftens) die Möglichkeit, in positiven Gesetzen auf die Gelegenheit oder Notwendigkeit hinzuweisen, bestimmte Güterabwägungen auf der übergesetzlichen Ebene vorzunehmen.

Zwischen 1962 und 1968 hat Helmut Schmidt für sich in Anspruch genommen, dass er sich während der Sturmflut in einem „übergesetzlichen Notstand" befunden hätte. Er bemühte sich – wie sein wissenschaftlich fundierter, jedoch überaus gutmütiger Biograf Hartmut Soell es ausgedrückt hat –, seine Sturmflut-Erfahrungen in der Debatte über die Notstandsverfassung „in spezifischer Weise zu nutzen".[21]

Abb. 9 – Eine „Panegyrik" des Verteidigungsministers für sich selbst, 1970, inklusive der Verbreitung des Schmidt-Sturmflut-Mythos in seiner Vollversion. Der Bundesrechnungshof rügte die dafür getätigten Ausgaben. © Bundesministerium der Verteidigung / Bundespresseamt

Helmut Schmidt und Conrad Ahlers lancieren eine Schmidt-Broschüre, 1970

Der Bundestag verabschiedete die Notstandsgesetze 1968. 1969 wurde Schmidt Verteidigungsminister im ersten Kabinett Willy Brandt. In der dritten Phase der Schmidt-Bundeswehr-Legenden entfiel die abgespeckte, die Feldjäger-Version, so gut wie vollständig. Den Medien und dem Publikum war die Vollversion auch viel lieber: Wenn Schmidt nicht „die Bundeswehr" herangezogen hätte, dann wären unweigerlich bedeutend mehr Menschen zu Tode gekommen.

Eine besonders vollmundige Version wurde 1970 sogar regierungsoffiziell verkündet. Schmidts Bundesverteidigungsministerium und das von Schmidts Ham-

Abb. 10 – Conrad Ahlers, ein früher Mitstreiter der Jungen Union, Befürworter der Großen Koalition, ein später und vergleichsweise rechts orientierter SPD-Mann, war ein Ex-Kommilitone von Helmut Schmidt. © BArch, B 145 Bild-00119940 / Detlef Gräfingholt

burger Parteifreund Conrad Ahlers geleitete Bundespresseamt produzierten eine Werbebroschüre mit dem Titel „Der Bundesminister der Verteidigung“. Massenhaft wurde sie in der Republik verbreitet.

Ahlers, im Zweiten Weltkrieg Fallschirmjäger-Offizier, hatte im Oktober 1962 die „SPIEGEL-Affäre“ ausgelöst. Damals bekleidete er bei dem Hamburger Magazin die Position des stellvertretenden Chefredakteurs. Ahlers verfasste einen brisanten Artikel über den mangelhaften Zustand der Bundeswehr. Der Titel ist sprichwörtlich geworden: „Bedingt abwehrbereit“. Angriffe gegen Verteidigungsminister Strauß mischten sich mit Hintergrundinformationen, die Ahlers einem aktiven Stabsoffizier verdankte. Wegen des Verdachts auf Geheimnisverrat landeten Ahlers, aber auch ein paar Kollegen, für einige Wochen in Untersuchungshaft, nicht zuletzt SPIEGEL-Herausgeber Rudolf Augstein.

Vorab hatte Ahlers sein SPIEGEL-Manuskript auch Helmut Schmidt zur Lektüre gegeben. Gegen den Hamburger Innensenator liefen deshalb Ermittlungen wegen Geheimnisverrats, von 1962 bis 1965. Die schadeten Schmidt freilich nicht. Im Gegenteil, die SPIEGEL-Affäre war dazu geeignet, Schmidts kurz zuvor, bei der Sturmflut, begründete Prominenz auf der bundesrepublikanischen Ebene noch weiter zu erhöhen.

1966 wechselte Ahlers in die Bonner Politik. Die Große Koalition wurde gebildet, Ahlers zum stellvertretenden Leiter des Bundespresseamts ernannt. 1968 trat er der SPD bei, und 1969 berief ihn Bundeskanzler Brandt zum Regierungssprecher.

1970 wurde die von Schmidt und Ahlers arrangierte Schmidt-Werbebroschüre mit einer Auflage von 90.000 Exemplaren gratis verteilt – an Wehrpflichtige und Angehörige von Jugendverbänden, an Zeitungsredaktionen und sonstige Multiplikatoren. Der Journalist Helmut Kahn hat sie 1973 eine „Panegyrik“ genannt, eine Huldigungsschrift nach antikem Muster. Schmidts Selbsthuldigung brillierte mit Hochglanzpapier und mit zahlreichen Illustrationen. Zu sehen war der Held in allen Altersklassen und Lebenslagen, unter besonderer Berücksichtigung seiner Partei, der SPD. Auf dem Titelblatt prangte unter anderem ein Sturmflutfoto.

Das Kapitel mit der Überschrift „Die große Flut" liest sich spannend:[22] Als Schmidt in seiner Behörde eintrifft, beginnt ein Wettlauf um das Leben von 10.000 Menschen, zugleich aber ein „Wettlauf gegen die Paragraphen". Schmidt diskutiert nicht über Dienstwege und Kompetenzen. Er alarmiert die Bundeswehr – direkt in Bonn; ferner „das amerikanische Oberkommando in Heidelberg". Da Bürgermeister Nevermann im Urlaub ist, übernimmt Schmidt nichts Geringeres als „die Regierungsgewalt". Einen leitenden Polizeibeamten schickt er nach Hause. Die zahlreichen Hilfskräfte hat er sich „genommen", Bundeswehr inklusive. Der Kieler Admiral Bernhard Rogge war Kommandeur des Wehrbereichskommandos I, zuständig für Schleswig-Holstein und Hamburg, strenggenommen für das Gebiet nördlich der Norderelbe. Admiral Rogge steht neben Schmidt am Kartentisch und „hilft".

Helmut Schmidt, Hamburgs „neuer Deichgraf", wird in der Imagebroschüre unter anderem mit den Worten zitiert, der Hamburger Senat hätte „mangels ausreichender gesetzlicher Vollmachten gegen mehrere Gesetze verstoßen". Das sei der Stadtstaatsregierung nicht etwa nur im Eifer des Gefechts passiert, sondern „ganz bewusst, weil es nicht anders möglich" gewesen sei. Vor allem hätte Artikel 143 Grundgesetz dem Einsatz der Bundeswehr entgegengestanden. Konnte ein Verstoß gegen die Verfassung, ausgerechnet in Sachen Bundeswehr, dem Bundesverteidigungsminister Schmidt zur Ehre gereichen? Die Broschüre beruhigt: „Niemand hat Schmidt daraus einen Vorwurf gemacht." Der Bundesrechnungshof monierte die Schrift insgesamt als pure Reklame, aber darum musste Schmidt sich nicht kümmern.

Die Weiterverbreitung des Mythos

In den Jahrzehnten, die auf die „Panegyrik" gefolgt sind, haben Journalisten, Sachbuchautoren und Filmemacher den Schmidt-Sturmflut-Mythos über die gesamte Republik verbreitet. Die meiste Wirkung wurde durch rund zwei Dutzend TV-Produktionen erzielt. Nach bescheidenem Anfang durch Peter von Zahn und seine Serie „Bilder, die die Welt bewegten", 1980, wurde der Mythos nicht nur stets weitererzählt, sondern auch durch weitere Legenden ausgesponnen.

2005/2006 setzte Raymond Ley zweifelhafte Maßstäbe mit seiner Trilogie „Die Nacht der großen Flut". Sie bestand im Kern aus einem preisgekrönten Doku-Drama, einem „Event-Movie" – garniert von einem ausführlichen TV-Interview mit Helmut Schmidt sowie einem reich bebilderten Buch mit Ausschnitten aus den Gesprächen mit Schmidt und mit anderen Zeitzeugen.

Hier interessieren vor allem zwei Passagen. Erstens: Helmut Schmidt wird zur Inanspruchnahme der Bundeswehr befragt und zur Grundgesetz-Verträglichkeit dieser Maßnahme. Zweitens: Helmut Schmidt gibt an, den Oberbefehlshaber der NATO eingeschaltet zu haben, General Lauris Norstad, in dessen Hauptquartier nahe Paris, um von ihm vor allem Hubschrauber zur Unterstützung zu bekommen. 1970, in der Werbebroschüre „Der Bundesminister der Verteidigung", hatte es geheißen, Schmidt habe das Hauptquartier der US-Streitkräfte in Heidelberg kontaktiert. War beides richtig?

Helmut Schmidt: „Das Grundgesetz nicht angeguckt"

Frage: Die Bundeswehr durfte damals laut Grundgesetz nicht im Inneren des Landes eingesetzt werden. Das hat Sie letztlich nicht geschert?

Helmut Schmidt [87]: Nein, das hat mich nicht geschert; das wusste ich, denn ich wusste mit der Wehrverfassung, insbesondere mit den entsprechenden Teilen des Grundgesetzes, sehr gut Bescheid. Ich war daran beteiligt, als wir die Wehrverfassung des Grundgesetzes geschrieben hatten, das lag fünf oder sechs Jahre zurück.

Frage: Da war das Grundgesetz unterm Arm nicht die Frage?

Helmut Schmidt: Ich habe mich um die Gesetze nicht gekümmert. Ich hab' auch nicht erst 'nen Juristen gefragt, ob ich das darf. Oder ob ich das nicht darf. Ich hab' das Grundgesetz nicht angeguckt in jenen Tagen.

Raymond Ley: Die Nacht der großen Flut. Gespräche mit Zeitzeugen und Helmut Schmidt. Hamburg 2006, S. 63

Zunächst: Schmidts Worten zu Bundeswehreinsatz und Grundgesetz sind Flügel gewachsen: Er habe das Grundgesetz „nicht angeguckt". Ihm sei völlig klar gewesen, dass die Verfassung dem Bundeswehreinsatz entgegengestanden hätte. Schließlich habe er an der Redaktion der 1956 ins Grundgesetz eingefügten Wehrverfassung mitgewirkt. Doch habe er sich angesichts der Sturmflut darüber hinweggesetzt: „Man hat sich entschieden, die Menschen zu retten."

Sodann: Der Supreme Allied Commander Europe (SACEUR), eben Norstad, habe ihn, Schmidt, gut gekannt. Das sei entscheidend gewesen: „Wenn ein Herr Müller angerufen hätte", dann, so Schmidt, wäre dieser Nobody von dem amerikanischen Vier-Sterne-General glatt abgewimmelt worden.[23] Er dagegen, Helmut Schmidt, habe nicht weniger erbeten als „hundert Hubschrauber von dem Typ und einige Dutzend Hubschrauber von jenem Typ".

Die Doku-Drama-Szene, in der Schmidt den NATO-Oberbefehlshaber anruft, muss man gesehen haben. Zwischenüberschrift auf dem Bildschirm: „09:45 Uhr.

Helmut Schmidt erreicht die NATO-Verbündeten." Das geht so: Helmut Schmidt, den Telefonhörer am Ohr, meldet sich mit den Worten: „Schmidt aus Hamburg! Ihren Vorgesetzten!" Mit der Antwort ist er nicht zufrieden: „*Wo* ist der?", fährt Schmidt die Sekretärin am anderen Ende der Leitung an; das klingt, als ob er sich nach dem Verbleib seines behördlichen Hausmeisters erkundigt hätte. „Holen Sie ihn sofort an den Apparat. Ich habe keine Zeit, hier sind Menschen in Lebensgefahr!" Das erweist sich exakt als die richtige Methode. Der SACEUR wird nicht gezeigt. Aber dem Publikum wird klar: Auch Norstad funktioniert in Schmidts Sinne, nicht anders als führende Militärs der Bundeswehr. „Eilers", flüstert Schmidt dem Senatsdirektor zu, der ihn aus dem Bett geholt hat, „Eilers, wir haben sie! Die Engländer, die Amerikaner schicken Truppen, Hubschrauber und Material! Man muss nur die richtigen Leute kennen, Eilers!"[24]

Abb. 11 – Werner Eilers, Leitender Senatsdirektor, Hamburger Senatskanzlei, war für die Verbindung zur NATO zuständig. Wenn jemand General Norstads Telefonnummer parat gehabt haben sollte, dann Eilers.
Eilers hat später gern von Helmut Schmidt und sich selbst erzählt. Norstad hätte er gewiss gern erwähnt.

Leys Doku-Drama ist an Leichtsinn noch übertroffen worden – vom Sender RTL, 2006, mit dem zweiteiligen Spielfilm „Sturmflut". Auch dort wird „Schmidts" Anruf „bei der NATO" geschauspielert. Die RTL-Produktion zeigt auch das „SHAPE", das Supreme Headquarter Allied Powers Europe. Der Oberbefehlshaber dort im Hauptquartier heißt „Grady" und hält vor ranghohen Militärs gerade einen Vortrag. Im Film-Begleitbuch wird das Thema genannt: „Ein theoretischer nuklearer Angriff auf Berlin". Wie bitte? Berlin war zweigeteilt und gehörte je zur Hälfte zum Ost- und zum Westblock.

„General Grady" wird von seiner Sekretärin unterbrochen. „Schmidt" hat von seiner Schnauze Gebrauch gemacht: „Holen Sie ihn da raus!" Der General ist ungehalten, aber „Schmidt" weiß darauf geschickt zu reagieren: Man kenne sich doch von einer Marinefeier her. Die Herren hätten über NATO-Standorte gefachsimpelt, und die Ehefrauen seien auch dabei gewesen. Der „SACEUR" erinnert sich sofort an den ehemaligen Bundestagsabgeordneten: Was „Schmidt" denn benötige? Antwort: „Alles, was die NATO an Helikoptern, Pionieren und Schlauchbooten zur Verfügung stellen kann. Und zwar sofort!" „General Grady" setzt alle verfügbaren Einheiten in Bewegung. „Schmidt" aber ist gerührt: „Ich danke Ihnen im Namen aller Hamburger."

Der Schmidt-Sturmflut-Mythos und die Geschichtswissenschaft

Die Schmidt-Sturmflut-Legenden haben aus der Wissenschaft bislang keine Korrektur erfahren. Im Gegenteil: Manche Historiker haben Teile einfach übernommen.[25]

Nur ein einziges Beispiel: Für angehende Offiziere ist der „Grundkurs deutsche Militärgeschichte“ verfasst worden, also für Studierende an den beiden Universitäten der Bundeswehr in Hamburg und München. Ferner für Lehrgangsteilnehmer an der Hamburger Führungsakademie oder an anderen Akademien und weiteren Bildungseinrichtungen der Bundeswehr. Grundsätzlich für alle einschlägig Interessierten. Herausgeber des „Grundkurses“ war 2008 das Militärgeschichtliche Forschungsamt, seit 2012 Zentrum für Militärgeschichte und Sozialwissenschaften der Bundeswehr, Sitz Potsdam. Ausgewiesene Militärhistoriker haben mitgewirkt. Doch zur Hochwasserkatastrophe 1962 liest man dort die Vollversion des Schmidt-Sturmflut-Mythos.

„Eigenmächtig“ hätte sich Schmidt, der „spätere Bundeskanzler“, an Befehlshaber der Bundeswehr gewandt und sich damit über das Grundgesetz hinweggesetzt. Die Verfassung hätte seinerzeit „einen Einsatz der Bundeswehr im Innern strikt untersagt“. Dann wird die Desinformation sogar noch selbstständig fortgesetzt: „In Erinnerung an den Hamburger Präzedenzfall“ sei das Grundgesetz 1968 durch die Notstandsgesetze geändert worden – so „dass es seither Hilfsaktionen der Bundeswehr bei Naturkatastrophen“ ermögliche. Diese verdienstvolle Regelung habe man „trotz erheblicher Proteste“ beschlossen.[26] Hier kann der Eindruck entstehen, als ob sich die verbreitete Opposition gegen die Notstandsgesetze zu einem nennenswerten Anteil ausgerechnet gegen „Hilfsaktionen der Bundeswehr bei Naturkatastrophen“ gerichtet hätten. So etwas hat selbst Helmut Schmidt nie behauptet.

Anmerkungen

1 Höhere Deiche – besseres Warnsystem. In: Luftschutz-Rundschau 1962, H. 3 (März), S. 3.

2 Niederschrift (Ns.) über die Besprechung des Bundesministers des Innern und der Minister / Senatoren für Inneres der Bundesländer vom 23. März 1962 in München über Notstandsfragen, S. 13. Staatsarchiv Hamburg (StAHH) 36-1_1 Band 1.

3 Ns. über die Sitzung der Ständigen Konferenz der Innenminister der Bundesländer am 15./16. Februar 1962, S. 50. Archiv des Bundesrats.

4 Protokoll (Pr.) der 121. Sitzung des Rechtsausschusses, 11. März 1965, S. 17. StAHH 136-1_8 Band 8. Siehe zum DFU-Fall u.a. StAHH 331-1 II_741.

5 Helmut Schmidt: Notstandsgesetzgebung – Ja oder Nein? (1965). In: Ders. Beiträge. Stuttgart 1967, S. 347–359, hier S. 349.

6 ORR Hermann Schulze an Senator Schmidt, 4. April 1962, betr. Maßnahmen bei der Hochwasserkatastrophe. StAHH 136-1_4835.

7 Zweiter Schriftlicher Bericht des Ausschusses für Rechtswesen und Verfassungsrecht. BT-Drs. 2/2150 vom 1. März 1956, S. 5.

8 Schulze an Schmidt, wie Anm. 6.

9 Bundesarchiv (BArch) – Militärarchiv (MA) BL/1/51. 1960 kam eine überarbeitete Fassung heraus.

10 Ministerialblatt des Bundesministers für Verteidigung v. 15. Aug. 1957, S. 486. StAHH 136-1_537.

11 BArch – MA, BWD 3/208.

12 BArch – MA, BW 2 / 874.

13 BArch – MA, BWD 3/302.

14 StAHH 136-1_4769.

15 Bundestags-Plenarprotokoll (BT-PlPr.) 1/241 v. 4. Dez. 1952, S. 11367.

16 BT-PlPr. 2/71 v. 26. Febr. 1955, S. 3831.

17 Vertrag über die Rechte und Pflichten ausländischer Streitkräfte und ihrer Mitglieder in der Bundesrepublik Deutschland. Anhang A. In: Bundesgesetzblatt II v. 31. März 1955, S. 373.

18 BT-Drucksache (Drs.) 2/1949 v. 9. Dez. 1955, S. 83.

19 BT-Drs. 3/516 v. 9. Juli 1958, S. 39, 47.

20 BT-PlPr. 3/124 v. 28. Sept. 1960, S. 7180, 7187.

21 Hartmut Soell: Helmut Schmidt 1918–1969. Vernunft und Leidenschaft. München 2003, S. 388.

22 Der Bundesminister für Verteidigung. Hg. v. Bundesministerium der Verteidigung / Bundespresseamt. Bonn 1970.

23 Vgl. Die Nacht der großen Flut. Gespräche mit Zeitzeugen und Helmut Schmidt. Hg. v. Raymond Ley. Hamburg 2006, S. 62.

24 Vgl. Raymond Ley: Die Nacht der großen Flut. Dokudrama. (NDR 2005), min. 57:30 ff.

25 Christian Kehrt / Daniel Uhrig: Helfer in Uniform? Die Wahrnehmung der Bundeswehr während der Sturmflut 1962. In: Die Hamburger Sturmflut von 1962. Risikobewusstsein und Katastrophenschutz aus zeit-, technik- und umweltgeschichtlicher Perspektive. Hg. v. Martina Heßler / Christian Kehrt. Göttingen 2014, S. 173–194, hier S. 179. – Felix Mauch: Erinnerungsfluten. Das Sturmhochwasser von 1962 im Gedächtnis der Stadt Hamburg. München 2015, S. 62 ff. – Kristina Spohr: Helmut Schmidt. Der Weltkanzler. Aus d. Engl. Darmstadt 2016, S. 90 ff.

26 Rüdiger Wenzke / Irmgard Zürndorf: „Ein Eiserner Vorhang ist niedergegangen". Militärgeschichte im Kalten Krieg 1945–1968/70. In: Grundkurs Deutsche Militärgeschichte. Bd. 3. Die Zeit nach 1945. Armeen im Wandel. Hg. v. Karl-Volker Neugebauer. München 2008, S. 1–148, hier S. 83 (Sachtext „Sturmflut").

1. Anruf beim NATO-Chef? – Die internationale militärische Luftrettung

> Und dann kam mir zupass, dass ich in ganz Mitteleuropa die militärischen Befehlshaber gut kannte, ich hatte im Bundestag mich um Verteidigungspolitik gekümmert. Ich hab‘ die alle einfach selbst angerufen oder mit Funksprüchen und Fernschreiben in Bewegung gesetzt, hab‘ gesagt, sie müssen Hubschrauber schicken, sie müssen Pioniere schicken. [...] Wir haben aus ganz Europa Hubschrauber und Boote und Pioniere und Wolldecken und Lebensmittel im Laufe weniger Stunden nach Hamburg fliegen können.

Bundeskanzler Helmut Schmidt im Hamburg Journal des NDR, 15. Februar 1982, hier zitiert nach Barbara Pohlmann: Die Nacht, als die Deiche brachen. TV-Doku, NDR 1999, min 10:30 ff.

Flugzeuge spielten bei der Sturmflut 1962 eine zentrale Rolle. Die „rettenden Engel“, die Rettungshubschrauber, wurden von der Bevölkerung als ein Segen gefeiert. Der Schmidt-Sturmflut-Mythos besagt, dass Schmidt die Bundeswehr herangezogen und sich – zumindest teilweise – „unterstellt“ hätte. Doch nicht allein das. Auf Schmidts höchstpersönliche Bemühungen ginge auch der Einsatz weiterer Kräfte aus anderen NATO-Ländern zurück. Insbesondere hätte Schmidt die vielen Flugzeuge, zumindest aber zusätzliche Flugzeuge, mobilisiert, namentlich Hubschrauber.

Zuerst, 1970, gab Schmidt an, er habe in Heidelberg angerufen, im Hauptquartier der US-Besatzungsstreitkräfte. Sodann, 1982, er sei bei sämtlichen Befehlshabern im NATO-Bereich Mitteleuropa vorstellig geworden. Da wären im gegebenen Fall einige Telefonate zusammengekommen: Der Bereich „Alliierte Kräfte in Mitteleuropa“ erstreckte sich nicht nur auf die Bundesrepublik von der Unterelbe bis zu den Alpen, sondern auch auf die Benelux-Länder, auf Frankreich und Großbritannien. Befehlshaber der Landstreitkräfte in ganz Mitteleuropa war immerhin ein deutscher General, Hans Speidel. Speidel saß in Fontainebleau bei Paris, aber auch für ein Telefonat zwischen Schmidt und Speidel gibt es keine Indizien, eher für das Gegenteil.

2002 erklärte Schmidt dem Filmemacher Lothar Schröder, es sei seine erste Maßnahme gewesen, das NATO-Hauptquartier anzurufen, auf französischem

Boden, wenn er sich recht erinnere. Eine Person wird nicht namentlich genannt: „Der wusste, dass ich kein Phantast bin und kein Romantiker."[1]

Schmidts späteste und weitestgehende Version stammt von 2006: Er hätte General Lauris Norstad angerufen. Der Alliierte Oberbefehlshaber der NATO für ganz Europa amtierte nicht in Fontainebleau (wie Schmidt angegeben hat), sondern in Rocquencourt, aber das ist Nebensache. Im Detail, so Schmidt zu dem Filmemacher Raymond Ley, sei es vor allem um Hubschrauber gegangen. Er, Schmidt, habe genaue Vorstellungen darüber vermittelt, wie viele Maschinen welchen Typs er benötige.

Doch als Schmidt am 17. Februar 1962, bald nach 6 Uhr alarmiert, sein Bett verließ, war der Rettungs- und Hilfseinsatz von Bundeswehr- und NATO-Partner-Kräften schon seit vielen Stunden im Gange. Hubschrauber standen vielerorts bereit. Sie warteten auf ein wenigstens geringfügiges Nachlassen der Sturmböen. Keineswegs war es der Hamburger Polizeisenator, der sie angefordert hatte. Die Telefonate, die Schmidt dann am Vormittag des 17. Februar 1962 geführt haben will, wären reichlich spät gekommen. Bezeugt ist allein sein Fernschreiben an die Wehrbereichskommandos I, in Kiel, und II, in Hannover, abgeschickt um 9 Uhr 16. Ausgerechnet von Hubschraubern war darin nicht die Rede. Doch selbst wenn: An dem genannten Sachstand hätte dies nichts geändert. Ungefähr gleichzeitig, um 9 Uhr herum, landeten die ersten Helikopter in Hamburg-Fuhlsbüttel. Flächenflugzeuge kamen alsbald hinzu.

„100 Hubschrauber von dem Typ, einige Dutzend Hubschrauber von jenem Typ..."

Und die wussten: Dieser Schmidt da in Hamburg ist kein Phantast und kein Romantiker, der ihnen erzählte, möglicherweise haben wir 10.000 Tote, ich brauche 100 Hubschrauber von dem Typ und einige Dutzend Hubschrauber von jenem Typ.

Helmut Schmidt in: Die Nacht der großen Flut. Gespräche mit Zeitzeugen und Helmut Schmidt. Hg. v. Raymond Ley. Hamburg 2006, S. 62

Schmidts Fernschreiben erfüllte vor allem die Funktion einer Formsache: Auch in Hamburg, so war das Signal zu deuten, wurde jetzt von oberster zivilbehördlicher Seite an die Bundeswehr appelliert, so wie es in den drei anderen norddeutschen Bundesländern schon längst geschehen war.

Präzedenzfälle für Katastrophenhilfe durch das Militär gab es reichlich. Abgesehen von ein paar Auslandseinsätzen,[2] kommt eine längere Liste von Inlandsverwendungen schnell zusammen:[3] Mehrfach war der Rhein über die Ufer getreten, vor allem bei Koblenz, beispielsweise 1958. Die Lüneburger Heide war 1959 von einem gewaltigen Waldbrand heimgesucht worden. Kurz vor der Sturmflut hatte es ein schreckliches Grubenunglück gegeben, im Saarland, in Völklingen.

Die Alarmierung von Bundeswehrflugzeugen

Bereits am 16. Februar 1962, am Tag vor den Hamburger Deichbrüchen, waren Bundeswehreinheiten in allen vier norddeutschen Küstenländern in Bereitschaft versetzt worden. Es war Freitag. Für das Wochenende ergingen Urlaubsverbote. Gegen Mitternacht wurden an der Nordseeküste die ersten Einsätze gestartet – zur Stabilisierung von Schutzanlagen und zur Rettung von Menschenleben. Flugzeuge wurden bald nach Mitternacht erbeten, von diversen Orten aus, auf unterschiedlichen Kanälen. –

In Münster liegt der Standort der Luftwaffengruppe Nord. Sie wendet sich am 17. Februar, um 1 Uhr morgens, ans Luftwaffentransportgeschwader 62 in Porz/Wahn bei Köln: Ob die Möglichkeit bestehe, über der ostfriesischen Insel Baltrum Sandsäcke abzuwerfen. Hans Beutz, der Regierungspräsident für Ostfriesland, mit Sitz in Aurich, hat ein Hilfegesuch abgesetzt – über die 4. Luftverteidigungsdivision, deren Stab ebenfalls in Aurich residiert.[4]

Entsprechend dem „Merkblatt über das Verhalten bei plötzlichem Luftwaffeneinsatz zur ersten Hilfeleistung in Katastrophenfällen“, von 1960, meldet die Luftwaffengruppe Nord zugleich ein „besonderes Vorkommnis“ nach Bonn, an die Adresse der Luftwaffenführung. General Josef Kammhuber, in seiner Nachtruhe unterbrochen, startet persönlich eine großangelegte Rettungs- und Hilfsaktion. Erst zur Mittagszeit bestimmt er an seiner Stelle einen Offizier für die zentrale Einsatzleitung: Das Lufttransportkommando in Porz/Wahn erhält die Führung über sämtliche Katastropheneinsätze.[5]

Das Lufttransportgeschwader (LTG) 62 hatte sich im Vorjahr, im März 1961, an einem Einsatz in Agadir beteiligt, in Marokko. Es hatte ferner Hilfsflüge nach Nigeria absolviert. Jetzt beginnt man in Porz/Wahn mit der Einrichtung einer Luftbrücke an die Nordseeküste: Nach Husum und Hamburg, nach Jever und Faßberg. Bei den zwei weiteren Lufttransportgeschwadern, dem LTG 61, in Neubiberg, und dem LTG 63, in Celle, sieht es nicht anders aus. Die Neubiberger, zur Luftwaffengruppe Süd gehörig, haben ebenfalls schon Erfahrungen im Hilfseinsatz gesammelt, waren im Dezember 1959 nach Rabat geflogen, 1961 ebenfalls nach Agadir. Durch eine Luftbrücke hatten sie Agadir mit Casablanca verbunden.

Um 1 Uhr morgens sind die Flugzeuge in Porz/Wahn, dem militärischen Teil des Flughafens Köln/Bonn, zunächst noch vereist. Die Luftwaffengruppe Nord vergibt den Hilfsauftrag für Ostfriesland deshalb an das LTG 63 nach Celle. Dort können die Maschinen allerdings auch erst um 8 Uhr herum starten, als der böige Wind ein wenig gedreht hat. Sie werfen in den folgenden Stunden Zehntausende von Sandsäcken ab, vor allem über den ostfriesischen Inseln.

Porz/Wahn hat zwar mittlerweile schon um 2 Uhr 40 gemeldet, dass ab jetzt gestartet werden könne. Eine knappe Stunde später wird bekannt, dass es möglich sei, auf dem Flugplatz Wittmundhafen bei Aurich zu landen, trotz Sturm und Dunkelheit. Doch die Staffelkapitäne, gewarnt von den Meteorologen, sprechen ein Machtwort: Der Start sei zu verschieben. Er erfolgt dann ebenfalls erst gegen 8 Uhr früh. –

Um 3 Uhr 52 war das I. Korps des Heeres aktiv geworden, mit Sitz in Münster. Der OvS, der Offizier vom Startplatz, wandte sich an Einheiten der Heeresflieger, und zwar zunächst an die 3. Lufttrettungs- und Verbindungsstaffel. Ihre Hubschrauber standen in Faßberg, Nörvenich und Wittmundhafen: „Hamburg", so ließ der OvS verlauten, habe Hubschrauber angefordert, das Hochwasser dort werde 6 bis 8 Meter höher als gewohnt erwartet. Jene ursprünglichen Alarmrufe stammten aus der Hamburger Polizeibehörde. Um 1 Uhr 30 früh abgesetzt, hatten sie ihren Weg über das örtliche Standortkommando der Bundeswehr genommen.[6]

Um 8 Uhr 35 erkundigte sich die Luftwaffengruppe Nord, wie viele Maschinen der LTG 62 und 63 denn nun bereits im Einsatz seien. Gegen 9 Uhr wurden in Porz/Wahn zwei Noratlas-Maschinen bereitgestellt, um Pioniere und Schlauchboote nach Hamburg-Fuhlsbüttel zu fliegen. Bis elf Uhr mussten sie freilich noch auf geringfügig besseres Wetter warten, dann erhielten sie die schon ungeduldig erwartete Ausnahmegenehmigung.

In Bückeburg war die 1960 gegründete Heeresfliegerwaffenschule stationiert. Hilferufe trafen hier schon früh ein, und in Hamburg freute man sich über die Ankündigung, dass Helikopter aus Bückeburg um 9 Uhr herum auf dem Flugplatz Fuhlsbüttel landen könnten. Das Tagebuch der Hamburger Schutzpolizei verzeichnet in der Tat, dass die ersten Hubschrauber aus Celle (-Wietzenbrück), Rheine (-Bentlage) und Bückeburg um 9 Uhr herum eintrafen. Doch in Bezug auf Bückeburg handelte es sich hier offenbar um einen Irrtum.

Das Hamburger Standortkommando war über dieses Ausbleiben enttäuscht. Oberstleutnant Gehring rief kurz nach 9 Uhr in Bückeburg an und wies darauf hin, dass doch auf Befehl des Bundesverteidigungsministers sämtliche verfügbaren Hubschrauber nach Hamburg dirigiert werden sollten.[7] Das traf nicht zu. Gehring war einem Missverständnis erlegen oder wollte einmal gehörig auf den Busch klopfen. Jedenfalls wurde eine halbe Stunde später vom Kölner Truppenamt mitgeteilt, dass der Einsatz der Bückeburger Maschinen verschoben worden sei. Im Truppenamt fungierte General Bern von Baer als Stellvertretender General der Führungstruppen und als Inspizient der Heeresflieger. Baer, der im Laufe des Tages selbst noch in einem Helikopter nach Hamburg eilte, besaß seine eigene Auffassung vom Ablauf der Einsätze. So kam der ausschlaggebende Befehl für die Bückeburger, auf dem Weg über das I. Korps in Münster, erst um 11 Uhr. Um

11 Uhr 30 starteten 7 Helikopter des Typs Sikorsky H 34 nach Hamburg und kamen dort um 13 Uhr 11 an. Weitere 5 Hubschrauber des Typs Piasecki H 21 verließen den Fliegerhorst Bückeburg um 12 Uhr 10 und erreichten Wittmundhafen um 14 Uhr 30. Es handelte sich in beiden Fällen um Transporthubschrauber. „H 21“ war das Kürzel für die spektakuläre „Fliegende Banane“.

Die geschilderten Details sind ganz unvollständig. Aber ansatzweise vermitteln sie ein Bild von der Lage: Ein gewaltiger Apparat war am Samstagmorgen dabei, sich zu sortieren und in Gang zu kommen. Reibungslos ging das nicht ab, doch konnten die Resultate sich dann sehen lassen.

Unauffällig, aber von mitentscheidender Bedeutung war bei alledem eine internationale Institution, die sich mit der NATO und ihren Mitgliedsstaaten seit Jahren verknüpfte. Die Rede ist vom Netzwerk der militärischen Luftrettungs-Leitstellen, die ihrem Auftrag im Rahmen der Internationalen Organisation für die Zivilluftfahrt nachkamen. Die International Civil Aviation Organization, ICAO, ist eine Sonderorganisation der Vereinten Nationen.

Die ICAO und die militärischen SAR-Leitstellen

Die ICAO war 1944 in Chicago gegründet worden, von 52 Staaten. Alle Mitglieder hatten einen Such- und Rettungsdienst zu unterhalten, englisch Search and Rescue Service, abgekürzt SAR. Ein grenzenüberschreitendes Netz aus Rettungsleitstellen war entstanden. Auf Englisch hießen sie Rescue Coordination Center, abgekürzt RCC.

Zunächst und zuallererst war der SAR-Service für Unfälle im zivilen Flugverkehr gedacht. Aber es gab (und gibt) stets auch andere Extremlagen, in denen Rettungsmaßnahmen aus der Luft notwendig sind. Vor allem in der Schifffahrt, aber ebenfalls im Straßen- oder Eisenbahnverkehr, kurz: bei Katastrophen und schweren Unglücksfällen aller Art. Nun pflegen fast sämtliche Sorten von Rettungsgerät, speziell Flugzeuge, aber auch Boote und Lastkraftwagen, beim Militär eines Staatswesens konzentriert zu sein – in bester Qualität und in großer Anzahl. So lag es für viele Mitgliedsländer der ICAO nahe, ihre jeweiligen Streitkräfte für den SAR-Dienst einzuspannen. Da das Militär nicht hauptsächlich humanitäre Aufgaben hat, bekamen die SAR-Hubschrauber zwar kein Rotes Kreuz aufgemalt,[8] aber häufig waren sie in entsprechender Weise tätig.

Die Bundesrepublik trat dem Chicagoer Abkommen am 7. April 1956 bei, im Zusammenhang mit der Gründung der Bundeswehr. Im April 1959 schloss die Bundesanstalt für Flugsicherung (BFS), dem Bonner Verkehrsministerium nachgeordnet, eine Vereinbarung mit dem Bundesverteidigungsministerium: Bestimmte

Flugsicherungsdienste wurden von militärischen Dienststellen wahrgenommen, nicht zuletzt die Luftrettungs-Aufgaben, so wie sie von der ICAO, aber auch der NATO vorgeschrieben waren.[9] Am 6. Februar 1962, anderthalb Wochen vor der Flutkatastrophe, wurde das interministerielle Verhältnis neu formuliert.[10] Auf der NATO-Ebene hielt man engen Kontakt zur ICAO. Eine NATO-Arbeitsgruppe „Search and Rescue" war planend am Werk. Ihr ging es wesentlich auch darum, die vor allem im angelsächsischen Bereich entstandenen SAR-Strukturen auf die anderen Mitgliedsländer zu übertragen und dafür eigene Richtlinien zu formulieren.[11]

Als offizielles Gründungsdatum des militärischen SAR-Dienstes in Westdeutschland wird der 1. April 1959 betrachtet. An diesem Tag wurde in Faßberg die 1. Luftrettungs- und Verbindungsstaffel der deutschen Luftwaffe in Dienst gestellt – mit Hubschraubern Bristol 171 Sycamore und Flächenflugzeugen Dornier Do 27. Die Faßberger Staffel wurde durch die Dienst- und Seenotgruppe der Marine in Kiel ergänzt und durch eine SAR-Außenstelle in Husum. Die ersten Katastropheneinsätze absolvierten in Norddeutschland stationierte Hubschrauber noch im selben Jahr 1959: Im Juni beim Waldbrand in der Göhrde und am 26. August bei einer Mission mit dem Ziel Koblenz.[12]

Bereits 1955 waren in Westdeutschland drei Flugsicherungszentralen eingerichtet worden, von alliierter Seite. Eines dieser Air Traffic Control Centers (ATCC) befand sich in Hannover und war für Norddeutschland zuständig. Zwei weitere, für Süddeutschland, entstanden in Frankfurt am Main und in München. Zwei bun-

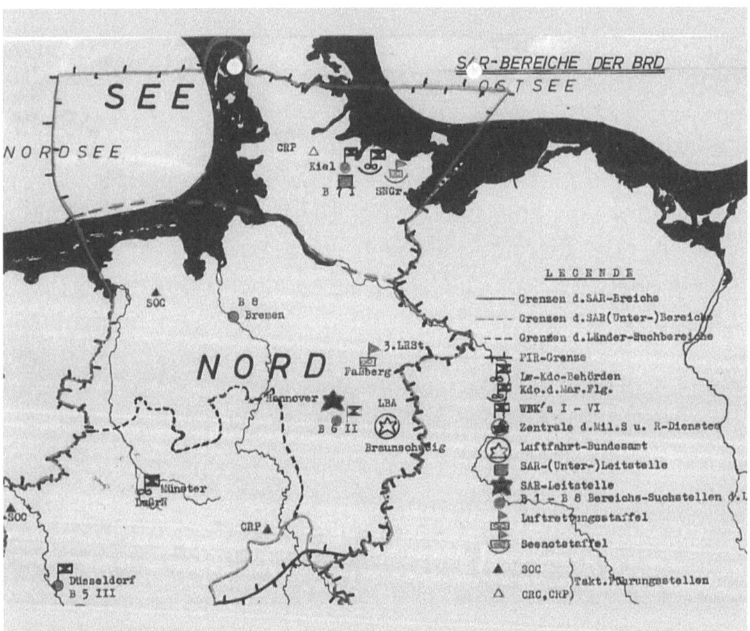

Abb. 12 – Save-and-Rescue-Bereiche in der Bundesrepublik, Stand 1962. Der Stern rechts des Schriftszugs „Hannover" markiert das RCC (Rescue Coordination Center) Hannover. Von dort aus wurden am 17. Februar 1962 zahlreiche Rettungs- und Hilfsflüge zugunsten auch Hamburgs organisiert und koordiniert. © BArch, Militärarchiv Freiburg, BL/1/5 desdeutsche Rettungsleitstellen wurden tätig. Das RCC Nord, ebenfalls in Hannover, und das RCC Süd in Ramstein, Rheinland-Pfalz, Landkreis Kaiserslautern. Dort unterhielten die USA die Ramstein Air Base.[13] Dort konzentrieren sich noch heute die amerikanischen Luftstreitkräfte in Europa.

In den ersten Jahren wurden die RCC – ebenso wie die Flugsicherungszentralen – von Soldaten der Besatzungsstreitkräfte betrieben, in Ramstein von den Amerikanern, in Hannover von der Britischen Rheinarmee. Bundeswehrsoldaten mussten erst noch ausgebildet werden. 1960/61 erhielten die beiden RCC deutsches Personal, nachdem die Alliierten dieses Engagement der Bundeswehr schon geraume Zeit angemahnt hatten.

Wenn Menschen in Not sind, ist es egal, wer alarmiert. Zu General Norstad, so hat Helmut Schmidt den Eindruck erweckt, seien nur die Verfasser von Büchern über NATO-Strategie vorgedrungen – diesem illustren Kreis gehörte er seit kurzem an.[14] Bei einem RCC dagegen durfte „jeder" anrufen,[15] sogar der sprichwörtliche „Herr Müller". Voraussetzung war freilich das Wissen um die Existenz der RCC. Selbst Schmidt befand sich über sie offenbar in Unkenntnis.

Die Luftrettungsaktionen mussten sich keineswegs auf die Luftwaffe und die Heeres- und Marineflieger beschränken. Sämtliche Bundeswehreinheiten konn-

Alarmieren darf jeder

Militärische Flugsicherungszentrale Hannover, Teileinheit Such- und Rettungsdienst

Vorläufige Dienstanweisung für das Rescue-Coordination-Center bei der Militärischen Flugsicherungszentrale Hannover (1961)

1. Die Aufgabe eines RCC liegt schon im Namen begründet: Koordination und Leitung von verschiedenen Rettungskräften im Einsatz bei Such- und Rettungsfällen auf militärischem wie auch zivilem Gebiete, [bei] Luftfahrt- oder auch Katastrophenfällen.
2. Grundlagen und Richtlinien liegen für das RCC Hannovr im ICAO Document 7333/AN/859 Annex 12 fest.
3. [...]
4. Das RCC kann alarmiert werden durch
   a) jede militärische Flugsicherungsdienststelle,
   b) jede zivile Flugsicherungsstelle,
   c) jede Luftverteidigungszentrale,
   d) das Luftfahrbundesamt Braunschweig,
   e) jede zivile Bereichssuchstelle,
   f) jeden, der einen Luftnotfall beobachtet oder davon Kenntnis erhält,
   g) jede Polizeidienststelle.

Bundesarchiv, Militärarchiv, BL/2/1898

ten von den RCC direkt oder indirekt hinzugezogen werden, zumindest in Friedenszeiten.

Politisch und verfassungsrechtlich ebenso unverdächtig wie die zuallererst alarmierten Rettungshubschrauber waren folgerichtig sämtliche Personen und Hilfsmittel, von denen sie direkt oder indirekt unterstützt wurden. Die Transportflugzeuge brachten Sandsäcke, damit die Zahl der Opfer nicht weiter anstiege, und ferner zum Beispiel Decken, damit die frisch Geretteten nicht nachträglich noch erfrören. Soldaten konnten ebenso wie Polizei und Feuerwehr dafür eingesetzt werden, Flutopfer erst einmal transportfähig zu machen, ihnen nicht zuletzt in die Hubschrauber hineinzuhelfen. Die Helikopter wiederum konnten ihr Rettungswerk nur unvollkommen ohne die Hilfe von Pionieren vollenden, denn es waren provisorische Landeplätze einzurichten. Die Pioniere ihrerseits mussten teils über weite Entfernungen heranmarschieren, auf Straßen, durch den Zivilverkehr hindurch. Für dessen Regelung mochte gerade nicht genug Zivilpolizei vorhanden sein, sondern allein Militärpolizei. Sollte es den Feldjägern der Bundeswehr in dieser Zwangslage verboten sein, ausnahmsweise den zivilen Verkehr zu regeln – in lockerer Anknüpfung an § 2 der Straßenverkehrsordnung: „Den Weisungen und Zeichen der Polizeibeamten [...] ist Folge zu leisten"?

Die Rettungsleitstellen in „Nord" und „Süd"

Das SAR-Netzwerk schloss also sämtliche Teilstreitkräfte ein. Das Allgemeine Luftwaffenamt in Porz/Wahn (Abteilung Flugbetrieb, Dezernat militärischer SAR) war federführend. Es pflegte zunächst mit den Kommandos der Luftwaffengruppen Nord und Süd zu korrespondieren, ferner mit dem Kommando der Schulen der Luftwaffe (in Fürstenfeldbruck) und mit dem Verbindungskommando der Luftwaffe zum Luftrettungszentrum der NATO für den Atlantikraum in Ramstein. Aus dem Bereich der Marine standen vor allem das Kommando der Flotte (Flensburg) auf dem Verteiler, ferner das Kommando der Marineflieger (Kiel-Holtenau) sowie das Marinedienst- und Seenotgeschwader (ebenfalls Kiel-Holtenau). Die Landstreitkräfte wurden über die drei Korps des Heeres und die sechs Wehrbereichskommandos erreicht.[16]

Die Rettungsleitstellen, die RCC, bildeten die Basis. Sie agierten an der Frontlinie. Sie standen untereinander in Kontakt, auch über nationale Grenzen hinweg. Sie sollten 24 von 24 Stunden besetzt sein und routinemäßig einschlägige Notfall-Frequenzen eingeschaltet haben. Die RCC konnten jederzeit auf Bereitschaftspiloten zurückgreifen. Sie waren dazu berechtigt, auch im Ausland militärische und zivile Ressourcen anzufragen. Es bestanden Verbindungen zu den RCC

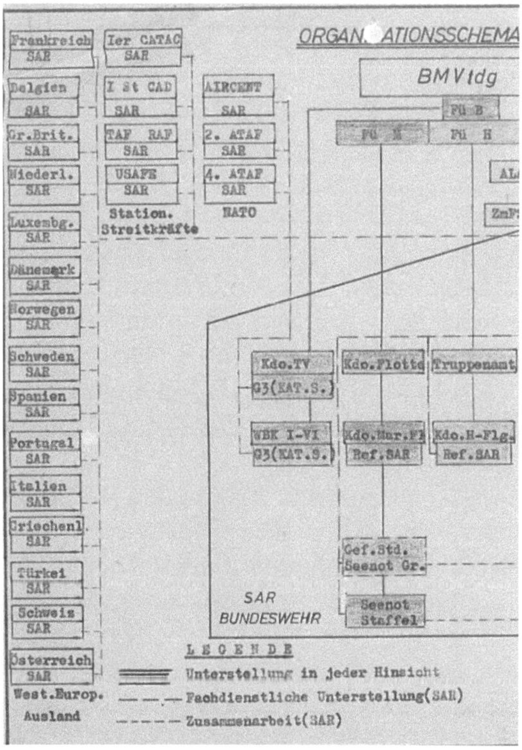

Abb. 13 – Militärische Luftrettung in der Bundesrepublik um 1960. Deutlich erkennbar ist links die Verknüpfung von Bundeswehr, stationierten Streitkräften, NATO-Stellen und ausländischen SAR-Zentren. © BArch, Militärarchiv Freiburg, BL/1/5

etwa in Brüssel, im südholländischen Valkenburg (bei Katwijk), in Plymouth oder im dänischen Karup. Den RCC war teils empfohlen, teils vorgeschrieben, mit ausgewählten militärischen und zivilen Behörden „Betriebsabkommen“ zu schließen, zur Vorbereitung einer reibungslosen Kooperation im Ernstfall.

Die SAR-Institutionen und Einsatzmittel waren kategorisiert, einige galten als „erster Ordnung“, viele weitere als „zweiter Ordnung“. Die Institutionen erster Ordnung waren militärischer Art. Hier waren die drei Luftrettungs- und Verbindungsstaffeln der Bundeswehr am wichtigsten, in Faßberg und – für den Süden – in Fürstenfeldbruck und Lechfeld. Ihr Kernauftrag lautete: „Einzel- oder zusammengefasster Einsatz von Rettungsflugzeugen zur Bergung abgestürzter oder abgesprungener Besatzungen.“ Doch natürlich kamen, sofern irgend möglich, weitere Rettungsmaßnahmen hinzu – „in Katastrophenfällen oder bei sonstigen besonderen Notständen.“ Und die Flugsicherungszentralen Hannover und Frankfurt formulierten im Januar 1962 in einem Entwurf für künftige gemeinsame „Richtlinien“: Behörden und private Hilfsorganisationen könnten „bei zivilen Notständen“ und „in allen anderen Fällen, in denen Menschenleben in Gefahr“ seien, um Hilfe durch SAR-Mittel bitten.[17]

Zur zweiten Ordnung der SAR-Institutionen gehörten Zivilbehörden, beispielsweise das Kieler Innenministerium, das unter dem SAR-Aspekt zugleich für Hamburg zuständig war. Schleswig-Holstein und Hamburg bildeten den SAR-Unterbereich Schleswig Holstein.

Das RCC Hannover am 17./18. Februar 1962

Das RCC im Hannoveraner Air Traffic Control Center (ATCC) war auch in der Nacht vom 16. auf den 17. Februar 1962 durchgehend besetzt. Man wurde durch den Sturmflut-Alarm dort keineswegs überrascht. Bereits am 16. Februar waren mehrere Schiffe in der Deutschen Bucht in Seenot geraten.

Wenn der im RCC diensttuende Offizier oder Unteroffizier vorübergehend nicht am Platz war, bestand keine Gefahr. Der Leiter des ATCC, ein Offizier der British Army oft the Rhine, stand jederzeit zur Verfügung. Bei ihm lag formal auch die Leitung des RCC, wenn der deutsche Offizier abwesend war. Der britischen Seite pflegte also so gut wie nichts von alledem zu entgehen, was im RCC ablief. Britische Flugzeuge zu alarmieren, war folglich kein bisschen schwieriger als im Fall von Bundeswehrmaschinen. –

Am 17. Februar 1962, ab 5 Uhr morgens, klingelt das Telefon des RCC Hannover fast ununterbrochen.[18] Stabsunteroffizier Schneider nimmt zuerst einen Anruf aus Faßberg entgegen. Der Fliegerhorst dort übermittelt die Nachricht, die die Luftwaffengruppe Nord, Münster, eigentlich direkt hat loswerden wollen: Alle Hubschrauber in Norddeutschland sollen sich für den Katastropheneinsatz bereitmachen. Zugleich versichert Faßberg, dass dort der Stand-by-Modus hergestellt werde. Bei Sonnenaufgang könnten vier Hubschrauber starten.

Der einzige Offizier im RCC Hannover, Oberleutnant Kühner, kann in den nächsten Stunden herangeholt werden. Kühner hat hernach, am 6. April 1962, das Protokoll der RCC-Aktivitäten eingereicht:[19] Um 5 Uhr 20 wird Verbindung nach Kiel hergestellt. Dort stehen zwei Wasserflugzeuge vom Typ Albatros bereit. Hubschrauber, so heißt es, müssten einstweilen auf besseres Wetter warten. Um 5 Uhr 50 erbittet der Katastrophenstab im Kieler Innenministerium eine Verstärkung durch zwei Hubschrauber anderer Standorte. Sie werden in Husum und Heide benötigt.

Um 5 Uhr geht Hauptmann Alfred Winderlich in Faßberg mit einem Helikopter LC 106 in die Luft. Winderlich, Chef der Luftrettungsstaffel, ein Pionier und Experte auf dem SAR-Gebiet,[20] ist der erste Pilot, der den Start vollzieht. Winderlich fliegt in Richtung Oldenburg und Papenburg an der Ems. Es handelt sich um einen Hilfs-, aber zugleich auch um einen Testflug: Ist es überhaupt möglich, gegen Sturm und Regen anzukommen?

Faßberg beherbergt auch die Flugzeugführerschule „S“ mit 20 Helikoptern. Dort werden Piloten für Hubschrauber ausgebildet, aber auch für Transportflugzeuge. Im 40 Kilometer entfernten Celle befindet sich das schon erwähnte Lufttransportgeschwader 63 mit seinen Noratlas-Maschinen. Die ersten zwei für Hamburg bestimmten Noratlas vom Typ Nord 2501 starten bereits am Samstagmorgen, beladen mit Sandsäcken, trotz der heftigen Winde. Weitere Maschinen fliegen im Laufe des Tages an die Nordseeküste.

Seit 6 Uhr 10 bekommt das RCC Hannover Kontakt zum Fliegerhorst Wittmundhafen in Ostfriesland. Um 9 Uhr 05 startet vor dort aus ein Hubschrauber in Richtung Jadebusen. Gleichzeitig meldet Hauptmann Winderlich, er sei in Oldenburg zwischengelandet und steuere nunmehr Papenburg an. Ein zweiter Hubschrauber aus Faßberg tue es ihm jetzt gleich. Um 9 Uhr 25 starten in Braunschweig zwei Alouette-Helikopter nach Hamburg. –

Oberleutnant Kühner hat sich in seinem Erfahrungsbericht darüber beklagt, dass diverse Bundeswehrstellen die Koordinations-Dienstleistung des RCC Hannover gar nicht in Anspruch genommen, sich vielmehr untereinander verständigt hätten.[21] Doch konnten die militärischen Rettungs- und Hilfsaktionen bei der Sturmflut gleichwohl als SAR-Maßnahmen im Sinne der ICAO bewertet werden – sofern es irgendeine Instanz nach einer Rechtfertigung in puncto Artikel 143 Grundgesetz gelüstet hätte. Unbestreitbar jedenfalls kam dem RCC Hannover am 17. Februar 1962 eine herausragende Funktion durch seine Verbindung nach Ramstein zu.

Die Aktivitäten des RCC Ramstein

Helmut Schmidt hat den Supreme Allied Commander Europe wohl kaum kontaktiert. Wenn General Norstad aber seine persönliche Autorität als Oberbefehlshaber informell in die Waagschale geworfen und nachgeordneten Stellen gegenüber die eine oder andere Empfehlung ausgesprochen hätte, dann wären seine Adressaten „Heidelberg“ gewesen, vor allem aber „Ramstein“.

Ramstein war seit 1960 auch Sitz des Hauptquartiers des Atlantic Air Rescue Center, abgekürzt AARC, des NATO-Zentrums für militärische Luftrettung im Raum Atlantik. Als Kommandeur fungierte 1962 Oberst Theodore P. Tatum. Tatum war in der Lage, Flugzeuge und Schiffe zwischen Grönland und Afrika, zwischen den Azoren und Indien zu mobilisieren. Er hatte auch Zugriff auf Bundeswehreinheiten. In Ramstein waren die SAR-Ressourcen der Bundesrepublik mit denen des AARC verknüpft. Dessen Unterabteilung für Europa hieß European Rescue Operation Center, EUROC.

Um 10 Uhr 22 am 17. Februar 1962 ging beim RCC Hannover eine Nachfrage vom RCC Ramstein ein: Was denn los wäre in Norddeutschland? Helmut Schmidt und seine Anhänger hätten diese Nachfrage wohl darauf zurückgeführt, dass das RCC Ramstein kurz zuvor von Norstad alarmiert worden wäre, nach Schmidts Anruf im NATO-Hauptquartier. Prinzipiell wäre dagegen zunächst einzuwenden, dass aus der zeitlichen Nähe kein Ursache-Wirkungs-Verhältnis abzuleiten ist. Alles, einfach alles Entscheidende spielte sich an jenem Sonnabend binnen dieser ersten Tageshälfte ab. Vor allem aber war das Ramsteiner RCC auf einen solchen Impuls von ganz oben gar nicht angewiesen. Es war jederzeit auf allgemeinen Notfrequenzen unterwegs.

Es findet sich jedoch auch eine konkrete Erklärung für die Nachfrage aus Ramstein. Im Bericht des RCC Hannover heißt es: Ramstein habe mitgeteilt, „dass sich WBK II an verschiedene Dienststellen der Amerikaner um Hilfe für den Raum Hamburg gewandt hätte."[22] An der Spitze des Wehrbereichskommandos II, Hannover, stand General Christian Müller. Er war zuständig für den Raum bis zur Norderelbe, also gerade auch für das Überschwemmungsgebiet im engeren Sinne. Müllers Soldaten waren bald nach Mitternacht an die Wasserfront geeilt, als Helmut Schmidt wohl gerade zu Bett ging. –

Am Sonnabend um halb elf Uhr meldet sich die US Air Force im RCC Hannover. Ebenfalls aus Ramstein. Die USAF bietet Hilfe an, also wohl zusätzliche Kräfte, über die Ressourcen hinaus, die dem RCC Ramstein normalerweise zur Verfügung stehen. Wieder 20 Minuten später kommt ein Hilfsangebot vom RCC Ramstein in Hannover herein, offenbar identisch mit dem zuvor genannten, aber nunmehr von Seiten der USAF auf die Reise geschickt. Das RCC Hannover besitzt jedenfalls gute Nerven oder belastbare Informationen genug, um abzuwinken: „Im Augenblick keine Hilfe benötigt". Hannover hat offenbar den Eindruck, es seien schon genug Maschinen im Einsatz. Doch um 13 Uhr 50 meldet das RCC Ramstein: 15 Hubschrauber seien für Hamburg-Fuhlsbüttel angefordert worden, von dritter Stelle, von einem deutschen Major namens „Bermann" (wie das RCC Hannover den Namen schrieb). Die Einheit jenes Offiziers bleibt unbenannt. Er könnte dem WBK II zuzuordnen sein. Als OvS des WBK II fungierte ein Major Brinkmann.[23] „Angefordert" heißt in diesem Kontext zugleich: Der Bitte wird entsprochen. Um 14 Uhr 30 kommt diese gute Nachricht auch bei der Hamburger Polizei an. Dort wird notiert: Man erwarte die Helikopter in Fuhlsbüttel. –

In Helmut Schmidts Version ging das alles ganz fix: „Wir haben aus ganz Europa Hubschrauber und Boote und Pioniere und Wolldecken und Lebensmittel im Laufe weniger Stunden nach Hamburg fliegen können" – diese Worte sind dem Kapitel hier vorangestellt worden. Doch die Realität sah anders aus. –

Um 15 Uhr 50, immer noch am Sonnabend, dem 17. Februar, fragt das RCC Hannover von sich aus in Ramstein an. Der Standpunkt „keine Hilfe benötigt" ist mittlerweile revidiert worden. Ramstein gibt zur Antwort: Die US Air Force selbst könne nun doch keine Flugzeuge abstellen – „wegen des Raumflugs". US-Astronaut John Glenn und die gesamte Welt warten auf gutes Wetter, damit die seit Tagen geplante, dann berühmt gewordene Erdumkreisung beginnen kann, die erste US-amerikanische. Der astronautische Vorsprung der Sowjetunion muss ausgeglichen werden. Die USAF befindet sich deshalb in Alarmbereitschaft. Doch sind ersatzweise einige Hubschrauber der Heeresflieger zu bekommen, von Seiten der US-Army. Drei Offiziere machen sich für einen Erkundungsflug nach Hamburg bereit. Den Bedarf, den sie dort ermitteln werden, sollen sie dann von sich aus anfordern und nachkommen lassen.

Um 17 Uhr 45 erhält die Hamburger Polizei einen Anruf des Standortkommandos: Es sei mit der „Zuführung von Hubschraubern und Sandsäcken“ zu rechnen. Woher? Bei der Polizei wird notiert: „Aus Randstein“. Der Bekanntheitsgrad des Orts, an dem die US-Luftwaffe ihr Hauptquartier unterhält, ist im Norden noch gering. Die Sandsäcke, 200.000 an der Zahl, werden aus amerikanischen Depots in Frankreich geholt, nach Porz/Wahn gebracht, hier von Noratlas-Maschinen des LTG 62 übernommen und weiterverteilt. 50.000 Wolldecken und 5.000 Garnituren Unterwäsche nehmen denselben Weg.[24] „Aus Ramstein“ kommt das alles nicht, auch nicht „im Laufe weniger Stunden“, doch handelt es sich wesentlich um das Ergebnis der Bemühungen des dortigen RCC.

Ramstein meldet sich aber auch direkt bei der Hamburger Polizei, um 20 Uhr 45: Einer der drei schon genannten Soldaten sei der amerikanische Liaison officer. Der Verbindungsoffizier des AARC, genauer des EUROC, ist das Pendant zu einem deutschen Verbindungskommando, das kürzlich seine Arbeit in Ramstein aufgenommen hat. Die drei Offiziere, so Ramstein, würden tags darauf in Hamburg eintreffen, zur Mittagszeit, und dort „Verbindung aufnehmen“. –

Das alles klang nicht nach großer Eile. Ein informatorischer Kontakt hätte auch fernmündlich aufgenommen werden können, um von den Verantwortlichen in Hamburg vorab schon einmal in Erfahrung zu bringen, was denn dort benötigt werde. Da wurde dem Senator Helmut Schmidt auch keine „Armada“ in die Hansestadt geschickt, wie es manche Journalisten kolportiert haben. Allzumal nach einer Sonderaktion des SACEUR Norstad sah das alles nicht aus. Eher nach einigermaßen umständlichen US-internen Abstimmungen. Wohl aber auch nach zwischen den RCC in Hannover und Ramstein angestellten Erwägungen darüber, was denn in Norddeutschland tatsächlich noch benötigt werde, von südlich der Mainlinie her. –

Am Sonntagmorgen, am 18. Februar 1962, um halb acht herum, meldet das RCC Ramstein, einige Hubschrauber stünden im Lager Lechfeld bei Augsburg bereit. Dabei handelt es sich um Bundeswehr-Flugzeuge. Doch in der Tat, so Ramstein, seien nunmehr auch 20 amerikanische Sikorsky unterwegs – aus Hanau, Wertheim und Spangdahlem, Transport-Hubschrauber mehrerer Army Aviation Transportation Companies; solche Maschinen werden nach Abschluss der unmittelbaren Rettungsmaßnahmen für die Versorgung der im Überschwemmungsgebiet verbliebenen Menschen benötigt. Acht der US-Heeresflieger kommen um 14 Uhr 53 in Hamburg an. Sie verstärken die 39 Bundeswehrmaschinen, die bereits eingetroffen sind. Die übrigen US-Drehflügler nehmen Kurs auf andere Orte an der Nordseeküste. Als sie dort nicht mehr gebraucht werden, kommen sie ebenfalls nach Hamburg, zur Verstärkung der Luftbrücke, die in den vom Wasser eingeschlossenen Teil des Insel-Stadtteils Wilhelmsburg hinein errichtet worden ist. –

Zwei Tage später, am 20. Februar, am Dienstag nach den Deichbrüchen, wurden „*die* 20 US-Hubschrauber“ entlassen. Bundeswehr-Major Kiehne, der in der täglichen Lagebesprechung des Katastropheneinsatzstabs das Wort ergriff, benutzte dabei – laut einer ersten Version des Sitzungsprotokolls – den bestimmten Artikel. „*Die* 20 US-Hubschrauber“ bedeutete doch wohl eine Gesamtzahl. Helmut Schmidt seinerseits hat – für die endgültige Protokoll-Version – den bestimmten Artikel zwar wieder gestrichen,[25] aber sehr viel zahlreicher wurden die Hubschrauber insgesamt dadurch nicht: Die Hamburger Standortkommandantur teilte am selben Tag der Presse mit, seit dem 18. Februar seien 21 US-Helikopter im Einsatz gewesen, also einer mehr, mit in Summe 135 Soldaten. Ihr Befehlshaber, Oberstleutnant Lovelady, wurde noch am selben Nachmittag im Rathaus von Bürgermeister Nevermann verabschiedet. Albert P. Lovelady war der schon erwähnte Ramsteiner US-Verbindungsoffizier.

Der Staatssekretär im Bundesverteidigungsministerium, Volkmar Hopf, ließ nach der Sturmflut verlauten, es seien 25 US-Hubschrauber an der gesamten Nordseeküste eingesetzt worden. Der vom Hamburger Senat in Auftrag gegebene Friedrich-Bericht nennt demgegenüber eine Zahl von 40 US-Helikoptern allein für Hamburg, allerdings ausdrücklich auf der Grundlage einer Schätzung. Der Friedrich-Bericht führt ferner 10 britische Hubschrauber an.[26] Das wiederum deckt sich mit Angaben sonstigen Ursprungs. Unterm Strich dürften zwischen 35 und 40 angelsächsische Rettungs- und Transporthubschrauber für längere oder kürzere Zeit in Hamburg gerettet und geholfen haben.

Der Friedrich-Bericht gibt für Hamburg 85 Bundeswehrhubschrauber an, aber das gilt für die gesamte Zeit der Rettungs- und Hilfeleistungen. In den Annalen der Heeresfliegerschule Bückeburg findet sich für die gesamte Nordseeküste die Zahl von 103 in- und ausländischen Helikoptern; speziell für Hamburg ist von 87 die Rede, aber vielleicht stammt diese Zahl aus dem Hamburger Abendblatt vom 21. Februar 1962.[27] Damit sind jedenfalls Größenordnungen umrissen.

Die Hilfe von NATO-Verbündeten unter der Lupe

Man musste 1962, so hat Helmut Schmidt am 27. Februar 2007 in Marburg erzählt, „eine internationale Rettungsaktion improvisieren“, und genau dabei seien irgendwelche Gesetze verletzt worden.[28] „Man“, das hieß: Helmut Schmidt unter Assistenz von Mitstreitern in seinem Katastropheneinsatzstab. Doch von den RCC und deren Maßnahmen zur Alarmierung und Koordination einmal abgesehen: Nichtdeutschen NATO-Einheiten war es auch dezentral und spontan möglich, sich rettend und helfend einzubringen – gewiss nach Absicherung gegenüber den höheren Ebenen der Hierarchie, durch Meldung eines besonderen Vorkommnisses. Vom Nachmittag des 17. Februar 1962 datieren zwei Fernrundschreiben des Wehrbereichskommandos II (Hannover): „Falls Hilfeleistungen durch verbündete Truppen angeboten oder von deutschen Stellen erbeten werden“, sei das WBK zuvor einzuschalten – „als befehlsführende territoriale Kommandobehörde“.[29] Damit war ein Routineverfahren gemeint. Das WBK II wollte nichts ablehnen, sondern allein die Übersicht behalten. Das WBK II war Bestandteil des Abschnitts „Mitteleuropa“ der NATO, genauer der Armeegruppe Nord. In deren Rahmen wiederum war das I. Korps der Bundeswehr, Sitz Münster, mit den Korps der Engländer, Belgier und Niederländer verbunden.

Auf welche Weise auch immer mobilisiert: Laut einer Meldung der 3. Panzerdivision, Buxtehude, nahmen südlich der Elbe 300 britische Soldaten an den Hilfseinsätzen teil, aus den Standorten Nienburg und Verden, ab dem 18. Februar. Ferner 500 Niederländer, stationiert in Bergen-Hohne, vom selben Datum an. Schließlich 16 Belgier mit 35 Booten; sie waren aus dem Raum Köln gekommen und hatten ihren Dienst am 20. Februar begonnen.[30] 600 Briten seien auf dem Hamburger Gebiet insgesamt zum Einsatz gekommen, meldete die WELT am 21. Februar 1962, an der gesamten Nordseeküste 2000 Mann. Der Friedrich-Bericht schätzt an britischen Soldaten in Hamburg 200 Mann – im Detail 50 Mitglieder von Hubschrauber-Crews und 150 Angehörige „anderer Verbände“. Kaum noch jemand erinnert sich an 600 Holländer, die im Rahmen von Pumpenkommandos nach Hamburg kamen, aber es handelte sich um Zivilisten.[31]

Die Hilfe der NATO-Partner war jedenfalls von größtem Nutzen, aber nun wiederum auch nicht ausschlaggebend. Sie lässt sich völlig plausibel aus den Verbindungen erklären, die zwischen den Einheiten der genannten Länder ohnehin eingerichtet waren: Aus den Kommunikationssträngen, die bei den einzelnen WBK und Korps oder beim Luftwaffenkommando Köln/Wahn zusammenliefen. An der deutschen Nordseeküste waren also keine NATO-Armadas oder -Heere unterwegs, und nirgends ist von einem Befehl oder einer Empfehlung des NATO-Oberbefehlshabers die Rede, nur in Helmut Schmidts Storys.

Es ist schwieriger, die geschilderten Strukturen halbwegs zu überblicken, als sich auf einen berühmten Politiker zu verlassen. In der NDR-TV-Doku „Hundert Jahre Helmut Schmidt“, von 2018, kommt als Zeitzeuge ein damaliger Mitstreiter des Technischen Hilfswerks zu Wort. Seine Augen leuchten: „Dass Schmidt also sämtliche NATO-Leute hergeholt hat, alle Nationen waren ja mit ihren verfügbaren

Mitteln hier am zweiten Tag schon, das war ungeheuerlich, 20.000 bis 30.000 Leute, die hier mit halfen."[32] Das Fernsehpublikum wird es dem THW-Mann glauben. Zusätzlich wohl auch, dass die Hamburger Innenbehörde aufgrund der Sturmflut-Geschehnisse gegründet worden wäre und all die Kompetenzen erhalten habe, die Schmidt sich in den Katastrophentagen „geholt" hätte – „im Einsatz". Der Filmemacher hat jenem Zeitzeugen ja ebenfalls vertraut, und auf irgendwen muss man sich doch schließlich verlassen dürfen.

Theo Sommer: „Unser Schmidt"

Wenn eine Geschichte immer erneut erzählt wird, entsteht ein Bedürfnis nach Steigerung, auch bei Profis. Helmut Schmidts Freund Theo Sommer war Chefredakteur und Herausgeber der ZEIT. Unter Schmidt hat er als Leiter des Planungsstabs im Bundesministerium der Verteidigung fungiert. 2012 wurde er Ehrensenator der Helmut-Schmidt-Universität. Sommer hat 2010 eine Hommage auf Schmidt veröffentlicht, unter dem Titel „Unser Schmidt".

200 Hubschrauber hätte Schmidt bei Norstad angefordert, schreibt Sommer. Schmidt und Norstad seien schließlich „lose befreundet" gewesen.[33] War das 1962 wirklich schon der Fall? Dazu an anderer Stelle mehr. Jedenfalls hat Sommer offengelassen, welche Zahl an Helikoptern Schmidt denn nun tatsächlich erhalten hätte.

Sommer gibt ein weiteres Rätsel auf: „Schmidt übernahm kurz entschlossen das Kommando über die 8.000 Mann in den Hilfseinheiten der Bundeswehr, die sich ihm freiwillig unterstellten." Vor dem geistigen Auge des Publikums entsteht das Bild von orientierungslosen Bundeswehrkompanien, die bald nach den Deichbrüchen tatendurstig darum betteln, endlich von einem Führer an die Katastrophen-Front kommandiert zu werden, und handele es sich dabei auch um einen Reservehauptmann in Zivil. Der Friedrich-Bericht gibt für die Sturmflutzeit insgesamt 7.800 eingesetzte Soldaten an. Doch von „Kommando" und „Unterstellung" konnte im Verhältnis zwischen Schmidt und den Bundeswehreinheiten keine Rede sein.

Apropos „kurz entschlossen": Die Panzergrenadierbrigade 17, in Hamburg-Rahlstedt, wartete noch am zweiten Tag der Katastrophe, am 18. Februar, darauf, von Schmidts Katastropheneinsatzstab – in Sommers Worten: „kurz entschlossen" – einen Einsatzraum und einen Einsatzauftrag benannt zu bekommen. Die Koordination klappe nicht, so wurde notiert: Die Soldaten der Brigade, großenteils in Hamburg wohnhaft, hörten im Radio die Hiobsbotschaften und drängten auf einen Einsatz. Die Brigade entließ Soldaten, die direkt im Überschwemmungsgebiet heimisch waren, aus dem Dienst, damit sie wenigstens in Zivil dort helfen konnten, als Privatleute.[34]

Dass dem Katastropheneinsatzstab nicht alles gelungen ist, kann dem Senator an seiner Spitze keinesfalls zum Vorwurf gemacht haben. Schmidt hat von manch anderer Seite viel Lob erfahren, aber genau deshalb war er auf die Verbreitung von Heldensagen gar nicht angewiesen.

Die selektive Rückschau auf die Sturmflut-Geschehnisse hat sich damit von der Luft auf den Boden verlagert. Hier verdient vor allem ein Teil der Feldjäger-Einsätze besondere Aufmerksamkeit. Fiel die Entscheidung dazu in einem „übergesetzlichen Notstand“?

Anmerkungen

1 Lothar Schröder: Die Sturmflut. Logbuch einer Katastrophe. TV-Dokumentation (WDR 2002), min. 21:45.

2 Zu den ersten Auslandseinsätzen siehe Patrick Merziger: Out of area. Humanitäre Hilfe der Bundeswehr im Ausland (1959–1991). In: Zeithistorische Forschungen / Studies in Contemporary History 15 (2018), S. 40–67.

3 Helmut Stubbe da Luz: „Das Grundgesetz nicht angeguckt“, „aufgeregte Hühner“ vorgefunden. Helmut Schmidt, der Retter aus der Katastrophe? In: Große Katastrophen. Menschliches Versagen in der Geschichte – wehrhafte Stadtentwicklung für die Zukunft? Begleitband zur Ausstellung in der Helmut-Schmidt-Universität 10. April bis 31. Juli 2018. Hg. v. d. Bibliothek der Helmut-Schmidt-Universität. Hamburg 2018, S. 99–153, hier S. 113 ff.

4 Siehe u.a. den Erfahrungsbericht der Luftverteidigungsdivision v. 28. Febr. 1962. Bundesarchiv (BArch) – Militärarchiv (MA), BL/7/4.

5 Ulrich Fritze: So begann die Luftbrücke nach Hamburg. In: Hamburger Abendblatt v. 22. Februar 1962. Der Artikel ist jüngst abgedruckt worden bei Hans-Werner Ahrens: Die Rettungsflieger der Luftwaffe 1956 bis 1971. Konzeption – Aufbau – Einsatz. Berlin 2019, S. 142.

6 Einsatz der Hubschrauber. Anlage 6 zum Katastrophentagebuch des Einsatzstabes/S am 16. und 17. Febr. 1962., Staatsarchiv Hamburg (StAHH) 136-1_4830.

7 Erfahrungsbericht. Katastropheneinsatz Hamburg der Heeresfliegerschule Bückeburg, ohne Datum (März / April 1962), S. 2. Archiv des Hubschraubermuseums Bückeburg.

8 BArch-MA, BL 2/372.

9 Vgl. u.a. Georg Maier / Frank W. Fischer: Die Geschichte der militärischen Flugsicherungsstellen der Deutschen Luftwaffe in der BRD 1955–1981 am Beispiel Rhein UAC und Lippe MATRAC sowie Fürsty, Eider und Weser RAPC. Voerendaal / Kreuzlingen 2018, S. 5 f., 79.

10 Vereinbarung zwischen dem Bundesminister für Verkehr und dem Bundesminister der Verteidigung über den Such- und Rettungsdienst für Luftfahrzeuge. BArch-MA, BL/1/51.

11 Zusätzlich zu dem schon bestehenden Search and Rescue manual der ICAO. Resultat dieser Bemühungen war dann die Allied Tactical Publication (ATP) 10, Search and Rescue manual.

12 Holger Scholl: Luftrettung. Edewecht / Wien 2002, S. 196.

13 Bei „Mayday“ ist in Ramstein Alarm. In: Rhein-Neckar-Zeitung (Heidelberg) v. 5. Jan. 1962. BArch-MA BL/1/50.

14 Helmut Schmidt: Verteidigung oder Vergeltung. Ein deutscher Beitrag zum strategischen Problem der NATO. Stuttgart 1961. Übers. ins Engl.: Defense or retaliation. A German view. Edinburgh u. New York 1962.

15 Vgl. Vorläufige Dienstanweisung für das Rescue-Coordination-Center bei der Militärischen Flugsicherungszentrale Hannover, 1961. BArch-MA, BL 2/1898.

16 BArch-MA, BL 2/370.

17 Richtlinien für die Durchführung des Such- und Rettungsdienstes. Entwurf vom 25. Jan. 1962, S. 17. BArch-MA, BL/2/1898.

18 BArch-MA, BL/2/667.

19 BArch-MA, BL/7/4.

20 Siehe u.a. Alfred Winderlich: SAR-Dienst zur Erfüllung humanitärer Aufgaben. Der Such- und Rettungsdienst der Bundeswehr. In: Hansa. International maritime journal 116/1979, S. 512–514.

21 Erfahrungsbericht des RCC Hannover über den Katastropheneinsatz vom 17. 2. bis 20. 2. 1962. BArch-MA, BL/7/4.

22 Ebd.

23 Vgl. den Erfahrungsbericht der 3. Luftrettungs- und Verbindungsstaffel, Faßberg, v. 12. März 1962. BArch-MA, BL/7/4.

24 So berichtete u.a. die Kreiszeitung Wesermarsch, Nordenham, am 19. Februar 1962.

25 Archiv der sozialen Demokratie, Bonn. Helmut Schmidt 5075.

26 Bericht des vom Senat der Freien und Hansestadt Hamburg berufenen Sachverständigenausschusses zur Untersuchung des Ablaufs der Flutkatastrophe. Hamburg 1962, S. 99. Vorsitzender des Ausschuss war der Hamburger Unternehmer Otto A. Friedrich.

27 Sie flogen, flogen, flogen. In: Hamburger Abendblatt v. 21. Februar 1962.

28 Helmut Schmidt: Gewissen und Verantwortung des Politikers. In: Helmut Schmidt / Peter Janich / Carl Friedrich Gethmann: Die Verantwortung des Politikers. München 2008, S. 45–77, hier S. 63.

29 Rundfernschreiben des WBK II v. 17. Febr. 1962, 16:14 h und 16:16 h, BArch-MA BW/1/60.

30 3. Panzerdivision an WBK II, 26. Februar 1962, ebd.

31 Bericht (wie Anm. 26), S. 99.

32 Jon Mendrala: Hundert Jahre Helmut Schmidt. TV-Dokumentation (NDR 2018). min 11:15.

33 Theo Sommer: Unser Schmidt. Der Staatsmann und der Publizist. Hamburg 2010, S. 289.

34 Katastrophentagebuch der 6. Panzergrenadierdivision v. 27. März 1962, S. 6. BArch-MA, BW/2/874.

2. Autos „in den Bach gestürzt“? – Ein hoheitlicher Feldjäger-Einsatz

> „Als am 16. Februar 1962 die große Flut über Hamburg hereinbrach, hat Helmut Schmidt durch sein energisches, alle Zuständigkeiten missachtendes Eingreifen an die 1.200 Menschen aus unmittelbarer Lebensgefahr gerettet und rund 18.000 vorsorglich evakuiert. Die Feldjäger der Bundeswehr unterstellte er kurzerhand der Polizei und beging damit einen Verfassungsbruch, denn das Grundgesetz hält Polizei und Armee streng getrennt.“

Werner Birkenmaier: Der Verfassungsbruch hat Menschenleben gerettet. In: Stuttgarter Zeitung v. 16. Februar 2012

Dem Schmidt-Sturmflut-Mythos wird auch in Süddeutschland gefrönt: „Alle Zuständigkeiten missachtet“ – „kurzerhand“ – „Verfassungsbruch“. Ist das nicht typisch Helmut Schmidt? Der vorangestellte Zeitungsausschnitt, zum 50. Jahrestag der Sturmflut entstanden, entspricht dem „Light“-Modell des Mythos. Diese differenzierte Variante, die Feldjäger-Version, ist größeren Teilen des Publikums gar nicht geläufig. Sie ist aber ursprünglicher. Ihre Sternstunde erlebte sie am 16. Mai 1968 im Deutschen Bundestag, zwei Wochen vor der Verabschiedung der Notstandsgesetze.

Schmidt-Sturmflut-Mythos „light“, im Bundestag

„Selbstverständlich“, negiert Helmut Schmidt die Vollversion seines Sturmflut-Mythos, selbstverständlich sei es 1962 „im Rahmen des geltenden Grundgesetzes“ voll und ganz gerechtfertigt gewesen, Bundeswehreinheiten „für vielerlei Rettungs- und Versorgungsaufgaben einzusetzen.“ Gewissermaßen „auf dem Wege der Amtshilfe“.[1]

Schmidt reagiert damit auf den Abgeordneten Wolfram Dorn. Dorn selbst hat sich von der Vollversion des Schmidt-Sturmflut-Mythos beeindruckt gezeigt. Jetzt aber, so der Freidemokrat, sei es nebensächlich, „dass Helmut Schmidt seine Kompetenzen in Hamburg quasi hatte überschreiten müssen, als er die Bundeswehr einsetzte“. Niemand im Bundestag habe Schmidt bekanntlich „für seine mutige Haltung" je einen Vorwurf gemacht. Doch müsse sich das Plenum endlich auf die Notstände politischer Art konzentrieren.

Schmidt seinerseits zeigt sich hartnäckig: Aus dem Katastrophen-Notstand müssten wichtige Schlüsse auch für einen Staats-Notstand gezogen werden. Zwei problematische Maßnahmen habe der Hamburger Senat im Februar 1962 angeordnet: „Wir waren damals durchaus in dem Bewusstsein, gegen den Artikel 143 zu verstoßen!"

Zunächst habe man Feldjäger für die zivile Verkehrsregelung eingesetzt. „Nach einer Reihe von Stunden" seien die Polizeikräfte nämlich „völlig erschöpft gewesen". Demgegenüber hätten Massen von Gaffern mit ihren PKW „die einzige Versorgungsstraße" verstopft, die zu den in Wilhelmsburg ausharrenden Menschen führte. Deshalb habe er, Schmidt, „im Fernsehen" Konsequenzen angedroht: Äußerstenfalls würden die Ordnungskräfte die Autos von Schaulustigen „in den Bach stürzen". Schmidt erläutert den Bonner Abgeordneten: So pflege man sich in Hamburg drastisch auszudrücken. Und auch diese Gewaltmaßnahme sei den Feldjägern aufgetragen worden.

Schmidts Botschaft ist klar: Bereits „bei einer Naturkatastrophe, wo es keinen Gegner gibt", könne es schnell erforderlich werden, „hart an der Grenze des Grundgesetzes mit der Bundeswehr zu operieren". Schmidt mahnt zum Weiterdenken: „Stellen Sie sich eine Lage vor, in der es sich nicht um Wasser und nicht um Kälte handelt."

Keiner der Abgeordneten legt die Worte des SPD-Fraktionsführers auf eine Goldwaage. Schmidt urteilte zuerst, der Feldjäger-Einsatz hätte gegen Artikel 143 Grundgesetz „verstoßen", im selben Atemzug aber das Gegenteil: Jener Einsatz habe sich – ebenso wie andere Maßnahmen – „hart an der Grenze" zur Verfassung abgespielt.

Zweitens lag nicht zwingend auf der Hand, dass Artikel 143 der Verfassung wichtiger war als alle anderen. Geboten Artikel 1 und 2 Grundgesetz nicht unabweisbar die Rettung akut an Leib und Leben bedrohter Menschen? Mussten Gaffer, die solche Rettung störten, nicht mit Polizeigewalt zurückgedrängt werden, oder auch mit polizei-ähnlicher Gewalt? Im letzteren Fall am besten von Kräften, die sich mit der Ausübung von Polizeigewalt prinzipiell auskannten?

Drittens hatte Schmidt soeben betont, der Hamburger Senat habe den Verstoß gegen Artikel 143 ganz „bewusst" begangen, also doch wohl schweren Herzens, um retten und helfen zu können. Hier war das Bundestagsplenum darauf angewiesen, dass Schmidt den Ablauf der Geschehnisse korrekt wiedergab: Befanden sich tatsächlich Menschenleben in Gefahr? Wäre dieses Risiko ohne den Feldjäger-Einsatz größer gewesen? Hat der Senat über Artikel 143 diskutiert?

Der SPD-Fraktionsvorsitzende tischte die Story nicht zum ersten Mal auf. Im November 1967, bei einer SPD-Bundeskonferenz in Bad Godesberg, war er mit doppelter Autorität aufgetreten, nämlich zugleich als Vorsitzender der an Ort und Stelle eingesetzten Arbeitsgemeinschaft „Rechtsstaatliche Demokratie in Notzeiten". Mit Artikel 143 Grundgesetz, warf Schmidt sich dort in die Brust, kenne er sich besonders gut aus: Sei er es nicht gewesen, der 1956 „mit Adolf Arndt und anderen" an der Redaktion genau dieser Norm mitgewirkt hätte?[2]

Abb. 14 – Adolf Arndt (1904–1974) war rechtspolitischer Sprecher der SPD im Bundestag, als die Wehrverfassung erarbeitet wurde. Foto aus dem Handbuch des Deutschen Bundestages, 1954. © Deutscher Bundestag

Adolf Arndt war der renommierteste Jurist bei den Sozialdemokraten. 1956 hatte er nicht nur als Vorsitzender des Arbeitskreises Rechtswesen seiner Partei fungiert, sondern auch als Justitiar der SPD-Bundestagsfraktion und als Stellvertretender Vorsitzender des Bundestags-Ausschusses für Rechtswesen und Verfassungsrecht. Dort lag bei Verfassungsänderungen die Federführung. Parlamentsneuling Schmidt dagegen gehörte 1956 dem Verteidigungsausschuss an.

Produzenten von Doku-Dramas hätten sich erfreut an der Szene, die Schmidt in Bad Godesberg und ähnlich dann erneut in Bonn skizzierte: „In widerlicher Weise" blockieren Gaffer die Wilhelmsburger Reichsstraße. Der Senator stößt seine Drohung aus: „Ohne Rücksicht" werde jeder Pkw, „der dort nichts zu suchen" habe, „ins Wasser geschoben". Allein, die Polizeibeamten sind ausgelaugt. Zwei volle Tage und Nächte haben sie „im Wasser gestanden". Es muss also der Morgen des 19. Februar sein, des Montags nach den Deichbrüchen. Jetzt beschließen Schmidt, aber auch andere Senatoren, zusammen „mit den anwesenden Bundeswehrkommandeuren", zwei Kompanien Feldjäger dort einzusetzen. Sie erhalten „den dezidierten Auftrag", diese Pkw notfalls mit Gewalt zu beseitigen. Die Entscheider sind mutig. Sie wissen, „dass Artikel 143 eigentlich" dieser Maßnahme entgegensteht.

Helmut Schmidt – ein Spezialist für Artikel 143 GG?

Ich habe ihn ja mit Adolf Arndt und anderen gemeinsam 1956 ins Leben gerufen, diesen Artikel. Nichts war mir mehr bewusst als Artikel 143, als wir anfingen, die Bundeswehr in der Flutkatastrophe einzusetzen.

Helmut Schmidt während der SPD Bundeskonferenz, November 1967

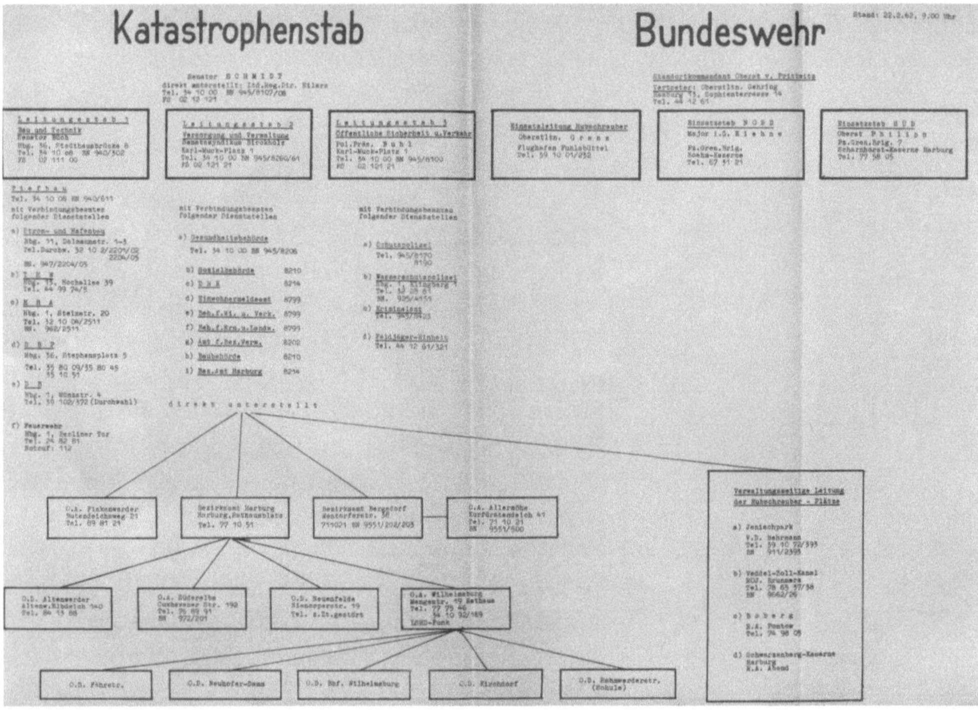

Abb. 15 – Organisationsplan für die zivil-militärische Zusammenarbeit bei der Hochwasserkatastrophe 1962: Ziviler und militärischer Bereich waren parallel aufgestellt. Bundeswehr-Befehlshaber nahmen an den Lagebesprechungen des Katastrophenstabs teil.

Das Geschehen nimmt seinen Lauf: Feldjäger schieben, rollen, kippen Autos in die dreckigen Fluten, halten die empörten Besitzer in Schach, gar mit gezogener Waffe. Andere winken derweil die Versorgungs-Lkw durch, die schon eine lange Schlange gebildet haben.

Zutreffend war immerhin Schmidts Angabe, der Feldjäger-Beschluss sei „zusammen" mit maßgeblichen Bundeswehr-Chargen erfolgt. Von einer „Unterstellung" der Bundeswehr insgesamt oder auch nur der Feldjäger, wie sie Schmidt mehrfach behauptet hat, konnte nicht die Rede sein. Katastrophenstab und Bundeswehr waren parallel zueinander organisiert – ebenengerecht.[3]

Der zu Beginn dieses Kapitels vorgestellte Presseartikel aus Stuttgart, ein halbes Jahrhundert nach der Sturmflut geschrieben, hat die betreffende Legende aus dem Schmidt-Sturmflut-Zyklus aber gleich mitverarbeitet. Schmidt ist sowohl 1962 als vor allem auch hernach verärgert darüber gewesen, dass nicht alle Akteure sich ihm in den Sturmfluttagen unterstellt hätten. Im Verlauf der Debatten über die Notstandsgesetze ist Claus Arndt mit entsprechenden Forderungen im Rechtsausschuss des Bundestags hervorgetreten, am 11. März 1965.

Hoheitliche Befugnisse: Feldjägereinsatz 1962

Die Führung der Feldjägertruppe, in Bonn, brachte am 3. März 1962 einen vorläufigen Bericht über den Hochwassereinsatz auf den Dienstweg. Der endgültige Feldjäger-Bericht wurde dann noch vom Kommando der Territorialverteidigung verfasst. Der Bundesverteidigungsminister erhielt ihn am 2. April 1962.[4]

Die Berichte warteten mit Zahlen auf: Vom 17. bis 25. Februar 1962 waren an der gesamten Nordseeküste 611 Feldjäger eingesetzt.[5] In Niedersachsen 246, in Schleswig-Holstein 43, in Bremen gar keine. Der Dienst hatte jeweils zwischen dem 17. und dem 21. Februar begonnen. Vor allem war freie Fahrt für die aus Niedersachsen selbst und noch weiter von Süden her anmarschierenden Truppen herzustellen. Der militärische Verkehr war zu regeln, wie es den Feldjägern von jeher aufgetragen war. Hier und da musste auch der zivile Verkehr beeinflusst werden – im Sinn der Rettungs- und Hilfsaktionen. Manche Einheit wartete in bestimmten Situationen vergeblich auf Unterstützung durch die Zivilpolizei, während weiter nördlich Hunderte händeringend auf Hilfe hofften.

„Völlig unverständlich“ sei es beispielsweise gewesen, so urteilten die zentralen Feldjägerberichte, dass der Regierungspräsident in Lüneburg am 17. Februar die Bundesautobahn zwischen Hannover und Hamburg habe sperren lassen – sogar für das schwere Pionierbataillon 110, das aus Minden an der Weser heranrückte. Die Einheit wurde zu einem dreistündigen Umweg gezwungen. Dass dabei nicht noch mehr Zeit verloren ging, habe allein an einer „Selbsthilfe“ durch Feldjäger gelegen. Die Polizei in Hamburg-Harburg habe sich für unzuständig erklärt, wegen der Landesgrenze. Am Abend jenes 17. Februar 1962 setzte das Wehrbereichskommando II gezielt Feldjäger zur Verkehrsregelung im Stadtteil Hamburg-Veddel ein. Es galt auch hier, jener Pioniereinheit mit ihren Schwimmbrücken den Weg freizumachen.[6] Ähnlich verhielt es sich mit dem schweren Pionierbataillon 719 aus Köln-Longerich, das in den Raum südwestlich von Hamburg-Harburg verlegt wurde, in der Nacht zum 18. Februar.[7]

Die meisten Feldjäger kamen in Hamburg zum Einsatz, nämlich 325. Das entsprach insgesamt zwei Kompanien. Die ersten 40 Militärpolizisten rückten sogleich am 17. Februar aus Kiel an, 27 aber auch schon von weiter her – aus Düsseldorf und aus Rheinbach, südwestlich von Bonn. Zum Einsatz der Düsseldorfer heißt es in der Chronik der 1. Kompanie, Feldjägerbataillon III: Vier Streifen seien „zu Verkehrsregelungsaufgaben im Hamburger Raum herangezogen“ worden und „12 Tage ununterbrochen im Einsatz“ gewesen. „Müde und abgekämpft, doch froh darüber, in Not geratenen Menschen geholfen zu haben, kehrten die Kameraden zur Kompanie zurück.“ Später hatten sie die Dankmedaille „Sturmflutkatastrophe Hamburg 1962" erhalten, dazu ein Buch: „Das dankbare Hamburg seinen Freunden in der Not".[8]

Eine „Regelung" des Zivilverkehrs im Sinn der Straßenverkehrsordnung stand der Militärpolizei nicht zu. Umgangssprachlich mochte mit „Regelung" allerlei gemeint sein, vor allem eine juristisch unbedenkliche „Warnung", wie sie am auffälligsten mit Hilfe von Blaulicht erfolgen konnte. Wenn allerdings in dienstlichen Dokumenten der Bundeswehr mehrfach unverblümt von Verkehrsregelung die Rede war, so lag der Verdacht auf eine Kompetenzüberschreitung nahe. War sie gegebenenfalls durch die Notsituation zu entschuldigen?

Am 19. Februar verstärkten sich die Feldjäger aus Kiel um weitere 50 Mann. Die Summe in Hamburg lag jetzt bei 117. Die Zahl beruhte auf den Meldungen der nachgeordneten Einheiten. Das Hamburger Standortkommando dagegen teilte Schmidts Katastrophenstab am 21. Februar 1962 mit, bislang hätten 140 Feldjäger am Einsatz teilgenommen. Zur Rettung, Versorgung und zum Transport, aber auch zur „Verkehrsregelung am Rande und innerhalb des Katastrophengebiets" sowie zur Bewachung der Versorgungs- und Verteilungsstellen.[9] Die Differenz mag sich wie folgt erklären: Die zentralen Feldjägerberichte gaben wohl nur die Soldaten an, die jeweils von außerhalb zugeführt worden waren. Deshalb möglicherweise auch die Fehlanzeige für Bremen. Als zu Hamburg gehörig wurde dann wohl die Feldjägerkompanie 3 gezählt, im Rahmen der 3. Panzerdivision, deren Hauptquartier seit 1958 in Buxtehude saß.

Gemäß der zentralen Berichte begannen weitere 172 Feldjäger ihren Dienst in Hamburg am selben 21. Februar, am vierten Tag nach den Deichbrüchen. 172 Mann, das war über die Hälfte der Gesamtzahl, zwei halbe Kompanien. Sie waren gerade aus den WBK III und IV eingetroffen, aus Unna und aus Koblenz. Schließlich traten am 22. Februar noch weitere 36 Mann aus Neumünster ihren Dienst in Hamburg an.

Die Feldjägerberichte vom März/April 1962 enthalten eine Liste der erledigten Aufgaben. An erster Stelle steht „Allgemeine Verkehrsregelung auf öffentlichen Straßen und Plätzen zur Unterstützung der Polizei bzw. als Ersatz für diese." Der Hamburger Senat habe „den Feldjägern" zu diesem Zweck „polizeiliche Befugnisse übertragen".

Die eigentlichen Feldjäger-Aufgaben folgten an zweiter und dritter Stelle: Die militärische Verkehrsregelung, innerhalb der Bundeswehr, ferner der Ordnungsdienst zur Aufrechterhaltung der Disziplin in der Truppe. An vierter Stelle wurde erneut eine fremdartige Tätigkeit genannt: „Allgemeiner (polizeilicher) Ordnungsdienst". Diverse Objekte seien „gegen Plünderungen gesichert und verkehrsregelungsmäßig betreut" worden: Provisorische Versorgungs- und Medikamentendepots, Verpflegungsausgabestellen. Auf dem Gebiet der Freien und Hansestadt

Hamburg wiederum „unter Zuerkennung polizeilicher Befugnisse durch Senatsbeschluss“.

Der vorläufige Feldjägerbericht, aus Bonn, schloss mit dem Fazit, dass in Zukunft „den Feldjägern in bestimmten Lagen für Verkehrsregelungsaufgaben polizeiliche Befugnisse zuerkannt werden müssen“. Das habe die Sturmflut bewiesen. Der Text wurde geradezu politisch: „Diese Forderung muss jetzt stärker denn je vertreten werden.“ Ausgerechnet „der Hamburger Innensenator“ habe in der Vergangenheit größte Bedenken erhoben, wenn es darum ging, Feldjägern bei der militärischen Verkehrsregelung wenigstens zu gestatten, „die polizeilichen Verkehrsregelungszeichen“ anzuwenden.

Das Thema „Allgemeine Verkehrsregelung durch Feldjäger“ war also sensibel. Der im Feldjägerbericht genannte Bedenkenträger konnte nicht Polizeisenator Helmut Schmidt sein, weil der erst seit Anfang 1962 amtierte. Schmidts Vorgänger dagegen, Wilhelm Kröger, war mit dem genannten Problem tatsächlich in Berührung geraten, spätestens 1961. Das belegen zahlreiche Fernschreiben, die der Hamburger Polizeibehörde aus Schleswig-Holstein zugegangen sind. Von der Kieler Landespolizei oder vom Wehrbereichskommando I, unter Admiral Bernhard Rogge. Motorisierte Militärmärsche wurden da angekündigt, zwischen Schleswig-Holstein und Niedersachsen, mit Durchquerung hamburgischen Gebiets. Stets spielte die Zivilpolizei die zentrale Rolle: „Polizei ist verständigt“, hieß es da, oder – weitergehend: „Bei Durchfahrt durch Hamburg wird um Polizeiunterstützung gebeten.“ Hatte es da nicht nahegelegen, von Seiten der Feldjäger anzubieten, die zivile Verkehrsregelung erforderlichenfalls selbst wahrzunehmen? Zumindest in Standardsituationen?

Die Hamburger Polizeiführung war aber wohl wenig erpicht darauf, sich von den Feldjägern Arbeit abnehmen zu lassen. 1957 bereits hatte Polizeipräsident Walther Buhl intern darauf hingewiesen, dass die Feldjäger zu einer Regelung des Zivilverkehrs in eigener Zuständigkeit nicht berechtigt seien. Erfolge solch eine Aktion gleichwohl, und zwar „ohne Kenntnis oder Zustimmung der Polizei“, dann sei sofort Meldung zu machen.[10] Immerhin war hier eine Grauzone benannt, innerhalb derer von Fall zu Fall ein Einvernehmen hergestellt werden konnte.

Behörden pflegen eifersüchtig über ihre Zuständigkeiten zu wachen. Ferner mögen alte SPD-Kämpfer, vor allem Schutzpolizeikommandeur Otto Grot und Polizeioberrat Martin Leddin, an die NS-Zeit gedacht haben. Da war die Polizei nicht nur „verreichlicht“, sondern auch von Wehrmacht und SS bedrängt worden. Jedenfalls tat sich während der Sturmfluttage hier eine Konfliktlinie zwischen der Hamburger Polizeiführung und ihrem neuen Behördenchef auf, Senator Schmidt.

Spontane und halbspontane Verkehrsregelung

In den ersten Tagen der Katastrophe bewegten sich Feldjäger also im Falle akuten Bedarfs hart an der Grenze zur Ausübung hoheitlicher Befugnisse gegenüber Zivilpersonen. Möglicherweise ist die Grenze punktuell auch überschritten worden. Einem eventuell von Zivilpersonen geleisteten „Widerstand gegen die Staatsgewalt“ hätte äußerstenfalls mit dem Schlagstock oder gar der Dienstpistole entgegengetreten werden können. Die Dienstwaffe der Militärpolizisten unterschied sich zwar nicht wesentlich von der Dienstwaffe der Beamten in ihrer Ziviluniform. Die Militärpolizei fuhr keine Geschütze auf. Allerdings mochte allein das bestimmte Auftreten bewaffneter Soldaten dazu geeignet sein, Vollmachten vorzutäuschen, die es nicht gab. Die Feldjägerberichte betonten jedenfalls, dass die Autorität der Militärpolizisten nie in Frage gestellt worden sei. Die geschilderte Praxis war vor dem Hintergrund der Katastrophe plausibel. Es gab gute Gründe, sie für ausnahmsweise zulässig zu halten – etwa auf der Grundlage der Bonner „Grundsätze für die Zusammenarbeit von Polizei und Bundeswehr“ von 1957, oder vor dem Hintergrund des Umstands, dass es sich bei den Rettungs- und Hilfsaktionen zu erheblichem Anteil der Unterstützung dienten, derer die militärische Luftrettung gedurfte – im Sinne der Internationalen Zivilluftfahrtorganisation ICAO. Ebensolche Gründe sprachen ab jetzt freilich dafür, bei nächster Gelegenheit eine eindeutige Rechtsbasis zu schaffen. Insbesondere, nachdem zu der spontan erfolgten Beeinflussung des Zivilverkehrs, jeweils an Ort und Stelle, auch noch quasi „halbspontane“ Einsätze dieser Art hinzugetreten waren – von höheren Bundeswehrstellen befohlen. Es kam dann aber sogar noch ein explizit politischer Auftrag hinzu.

Offizielle Beauftragung mit hoheitlichen Aufgaben

In Hamburg, und allein hier, sind Feldjäger auch offiziell, von ziviler Seite, für die Erfüllung hoheitlicher Aufgaben angefordert und mit den erforderlichen Kompetenzen betraut worden, sogar für etwas längere Zeit. Die Chronik der 1. Kompanie des Feldjägerbataillons II, Hannover, hält beispielsweise fest: Von „Mitte Februar bis Mitte März 1962“ habe ein Ordnungs- und Verkehrsregelungseinsatz“ stattgefunden, „im Raum Hamburg-Harburg-Artlenburg-Lauenburg“ – „mit ausnahmsweise polizeilicher Befugnis“.[11] Lauenburg liegt gute 40 Kilometer östlich Hamburgs an der Elbe. Die Brücke dort hatte zu Beginn der Katastrophe ein paar Tage lang die gesamte Last des elbüberquerenden Verkehrs zu tragen. Hier trafen militärische Verbände aus dem Süden auf privaten Verkehr aus dem Norden, nicht zuletzt auf Schaulustige. Am Südufer war die Regierung in Hannover zuständig, am Nordufer diejenige in Kiel. Es gelang nicht zu jeder Zeit, ordentliche Polizei zur Verkehrsregelung zu organisieren. Auch wurde zur Entlastung der Brücke bald ein Fährbetrieb eingerichtet und musste gesichert werden.

Es hätte in Hamburg die Möglichkeit bestanden, hoheitliche Feldjägereinsätze, wie sie in den ersten Tagen spontan und halbspontan erfolgt waren, unter der Hand weiter geschehen zu lassen, äußerstenfalls informell anzuregen. So ist es zweifellos in Niedersachsen und Schleswig-Holstein geschehen. Doch am 20. Februar 1962, drei Tage nach den Überflutungen, ereignete sich in der Hamburger täglichen Lagebesprechung das Folgende: „Senator Schmidt“, so ist im Protokoll überliefert, „teilt auf Anfrage der Bundeswehr und mit Einverständnis von Bürgermeister Dr. Nevermann mit, dass die Feldjäger ab sofort bezüglich des Verkehrs gleiche Rechte und Pflichten wie die Polizeibeamten haben.“[12]

„Bezüglich des Verkehrs“. – In der ersten Version des Protokolls findet sich diese Einschränkung noch nicht,[13] ist also von Schmidt dann ergänzt worden. Hatte man diese Präzisierung zunächst nur vergessen, oder war die Kompetenzzuschreibung ursprünglich umfangreicher ausgefallen? Jedenfalls stand die neue Rechtslage am folgenden Tag auch in den Medien.[14] Das Kommando der Schutzpolizei telegrafierte an alle Dienststellen: „Für die Zeit des Katastropheneinsatzes sind den Feldjägern die aus § 2 Straßenverkehrsordnung für die Polizei sich ergebenden Befugnisse übertragen worden“ – durch Senatsanordnung.

Der im Katastrophenstab zwischen Senator Schmidt und Bürgermeister Nevermann zustande gekommene Beschluss galt zugleich als Senatsbeschluss – gemäß Punkt 16 der Geschäftsordnung für den Hamburger Senat. Von jener Norm hatte man bereits im Falle des Handgelds Gebrauch gemacht, das an Tausende von Flutopfern ab Montag, dem 19. Februar 1962, ausbezahlt wurde. Ebenso wenig wie jenes Handgeld gingen die zivilen Kompetenzen der Militärpolizei also auf einen heroischen Alleingang des Polizeisenators Schmidt zurück.

Den Berichten der Feldjägertruppe ist zu entnehmen, dass der politisch beschlossene Verkehrsregelungs-Einsatz sogar erst am 22. Februar begonnen haben könnte, zumindest in seinem vollen Umfang. Die Masse der Feldjäger, inklusive derer aus Unna und Koblenz, die am 21. Februar eingetroffen waren, ist dann am 25. und 26. Februar wieder abgerückt, am Wochenende nach den Deichbrüchen.

„Weisungen und Zeichen“

Den Weisungen und Zeichen der Polizeibeamten und den Farbzeichen ist Folge zu leisten; sie gehen allgemeinen Verkehrsregeln und durch amtliche Verkehrszeichen angezeigten örtlichen Sonderregeln vor.

Straßenverkehrsordnung, § 2 (Stand 1962)

Die verbliebenen Militärpolizisten behielten offenbar die hoheitliche Zuständigkeit auch weiterhin.

Die 6. Panzergrenadierdivision, mit Sitz in Neumünster, hat am 22. März 1962 die Zusammenarbeit der Feldjäger mit der Hamburger Polizei ausdrücklich gelobt: Die Zuerkennung der zivilpolizeilichen Befugnisse gegenüber zivilen Verkehrsteilnehmern sei notwendig gewesen und habe sich bewährt, „weil der darin enthaltene Strafschutz den Feldjägern erst die notwendige Sicherheit beim Einschreiten“ gebe. Die Polizei habe die Feldjäger „in verkehrspolizeilicher Hinsicht als völlig gleichberechtigt betrachtet, habe sie vor dem Einsatz über § 2 der StVO belehrt und jegliche Unterstützung bei etwaigen Zwischenfällen zugesichert. Die Bevölkerung sei durch Medienberichte ins Bild gesetzt worden und hätte die Feldjäger „in allen Fällen“ respektiert.

Der Grad der Dringlichkeit

Hintergrund der Senatsanordnung vom 20. Februar war, dass die Versorgung der Menschen im Hamburger Überschwemmungsgebiet von diesem Tag an schrittweise aus der Luft auf die Achse zurückverlagert wurde. Zunächst durch die teilweise Freigabe des Verkehrs im Hafengebiet. Pkw waren verboten oder benötigten eine Ausnahmeerlaubnis. Die Fahrzeugführer mussten sich als Bedienstete der öffentlichen Verwaltung ausweisen können, als Pressevertreter oder als Führungsorgane wichtiger Versorgungsbetriebe. Am 21. Februar, ab 17 Uhr, wurde die Wilhelmsburger Reichsstraße für den Versorgungs- und öffentlichen Nahverkehr wieder freigegeben – nach vier Tagen Überschwemmung. Auf der Bundesautobahn, die parallel nach Süden über die Elbe führt, war ab sofort ein beschränkter Lkw-Verkehr erlaubt, mit einer Höchstgeschwindigkeit von 25 Stundenkilometern. All das musste kontrolliert werden.

Wie allerdings sah es mit der Dringlichkeit des hoheitlichen Feldjägereinsatzes aus? Wenn staatliche Stellen einander unterstützen, allzumal dann, wenn das Militär zivilen Behörden zu Hilfe kommt, gilt das Prinzip der Subsidiarität: „So viel wie nötig, so wenig wie möglich!“ Der Einsatz des Militärs erfolgt als letztes Mittel. Dieses Notbehelfs-Prinzip verlangte besondere Beachtung bei einem Einsatz, der keine voll belastbare juristische Basis besaß.

Schmidts eingangs zitierte Rede vor dem Bundestag, vom 16. Mai 1968, ließ darauf schließen, dass er über den Zeitraum zwischen dem 17. und dem 19. Februar sprach, zwischen Sonnabend und Montag. Die Polizei war sogar schon seit dem 16. Februar im Kriseneinsatz gewesen, also mindestens zwölf Stunden vor den Deichbrüchen des frühen Sonnabendmorgens. „Nach einigen Stunden“

seien die Kräfte der Polizeibeamten erschöpft gewesen, argumentierte Schmidt. An anderer Stelle hat er 48 Stunden benannt. Das passte zum Kernmotto des Mythos: „Man hat sich entschieden, die Menschen zu retten!“

Die Polizei ist beim Retten und Helfen am Sonnabend und Sonntag aufs Äußerste strapaziert worden. Am Sonntag, dem 18. Februar, wurde sie mehrfach durch Schaulustige gestört, teils massiv. Die Feldjäger, die zunächst ebenfalls retteten und halfen, sind deshalb auch hier – informell – im Bereich der Beeinflussung oder gar Regelung des zivilen Verkehrs tätig geworden. Politisch beschlossen wurde hoheitlicher Feldjägereinsatz am 20. Februar, am Dienstag, und er nahm seinen offiziellen Anfang am 21. Februar, in vollem Umfang wohl gar erst am 22. Februar, also am Mittwoch oder Donnerstag. Da waren vom Beginn der Deichbrüche an nicht „einige Stunden“ verstrichen, sondern vier komplette Tage, oder gar fünf. Unmittelbare Gefahr für Menschenleben bestand seit Samstagabend nicht mehr. „Die einzige Versorgungsstraße“ nach Wilhelmsburg aber, auf die Helmut Schmidt sich vor der SPD in Bad Godesberg und vor dem Bonner Bundestag berufen hat, also die Wilhelmsburger Reichsstraße, war überschwemmt. Sie konnte durch die Gaffer nicht blockiert werden.

Die Katastrophe im engeren Sinne war am 20./21. Februar überstanden. Der Bericht der hernach von Schmidt eingesetzten Hamburger Sachverständigenkommission, der „Friedrich-Bericht“, hat geurteilt: Die Unterverteilung der Aufgaben des zentralen Katastropheneinsatzstabs auf drei zivile Leitungsstäbe am 20. Februar habe „schon der Beseitigung der Folgen der Katastrophe“ gedient.[15]

Am 20. Februar, dem Tag des Hamburger Feldjäger-Beschlusses, war die Versorgung der Bevölkerung in Wilhelmsburg hinreichend gesichert – durch Hubschrauber. Am 21. Februar konnten manche Maschinen dort nicht einmal mehr ausladen, weil die Lager, die sie belieferten, randvoll waren. Genau deshalb lohnte es sich allerdings auch, diese Depots durchgehend bewachen zu lassen, und Personalprobleme mochten sich nun wiederum hier aufwerfen.

Ein Stück Entwarnung wurde am 21. Februar auch in Bonn gegeben, durch Bundesverkehrsminister Hans-Christoph Seebohm, im Verkehrsausschuss des Bundestags. Ausdrücklich in Bezug auf Hamburg geschah das und zweifellos aufgrund der von dort erhaltenen Informationen, vom Vortag: „Die schwerwiegendsten Auswirkungen der Katastrophe auf die Verkehrswirtschaft“ seien mit Ablauf des Tages „beseitigt“. Die wichtigsten Verkehrsverbindungen seien wiederhergestellt.[16]

Feldjäger oder Bereitschaftspolizei?

Die hoheitlichen Einsätze der Militärpolizei erfolgten, um die zivilpolizeilichen Kräfte zu verstärken. Alternativ bot es sich an, Bereitschaftspolizei aus anderen Bundesländern einzusetzen. Ähnlich wie der Bundesgrenzschutz waren die Bereitschaftspolizisten paramilitärisch organisiert und ausgerüstet. Hamburg selbst verfügte über vier Hundertschaften – als kleines Bundesland. In den 1950er Jahren hatte die Absicht bestanden, dass die zehn westdeutschen Länder insgesamt 10.000 Mann aufstellen sollten. Annähernd dürfte diese Zahl 1962 erreicht worden sein.

Der Hamburger Bausenator Rudolf Büch gab am 21. Februar im neugeschaffenen, nachgeordneten Einsatzstab „Bau und Technik" zu Protokoll: 445 Bereitschaftspolizisten „aus dem Rheinland" stünden bereit; es solle aber erst „bei Bedarf" auf sie zurückgegriffen werden.[17] Warum war das nicht längst geschehen? Nichts weist ferner darauf hin, dass eine Anforderung gegenüber „dem Rheinland" dann noch erfolgt wäre. Das leuchtet ein: Der Personalbedarf für die Verkehrsregelung war tags zuvor durch Feldjäger gedeckt worden.

Im Friedrich-Bericht findet sich die Zahl von 400 Polizisten aus anderen Bundesländern, die in Hamburg geholfen hätten – aus Niedersachsen und Schleswig-Holstein, aus Hessen und Nordrhein-Westfalen. Vier auswärtige Hundertschaften bei einer großen Katastrophe, das hätte mehr sein dürfen. An Transportkapazitäten hat es nicht gemangelt.

Bernhard Rogge und Helmut Schmidt

Helmut Schmidt war an der Ausstattung von Feldjägern mit Polizeirechten führend beteiligt. Der schon zitierte Wortlaut des Krisenstabs-Protokolls vom 20. Februar 1962 kann helfen, den Gang der Entscheidung nachzuvollziehen: „Auf Anfrage der Bundeswehr" sei der Beschluss gefasst worden. Die Bundeswehr wurde von Admiral Rogge aus Kiel vertreten. Rogge hat keineswegs nur „genickt" zu alledem, was Schmidt von sich gab. Rogge verfügte über sein eigenes Gewicht, und er verfocht auch politische Interessen. Wenige Wochen vor seiner Pensionierung brauchte er sich keine allzu große Zurückhaltung mehr aufzuerlegen, und zur SPD unterhielt er eine besonders gut gepflegte Beziehung.[18] Eines seiner möglichen Motive dafür ließ sich erst drei Jahre später vermuten: Rogge hatte 1945 als Befehlshaber des Flottenausbildungsverbands Ostsee in den allerletzten Kriegstagen, in einem Fall noch nach Deutschlands Kapitulation, vier

Todesurteile gegen aufsässige Soldaten bestätigt. Es mochte ihm bewusst sein, dass er eines Tages davon profitieren könnte, keine politischen Feinde zu haben. Das gegen ihn 1965 eröffnete Strafverfahren wurde bald eingestellt.

Rogge besaß zwei Motive für seine Anfrage, ein unmittelbar sachbezogenes, aber auch ein langfristig-politisches. Zum einen war ihm am 18. oder 19. Februar bei einem Erkundungsflug aufgefallen, dass die Polizei in Wilhelmsburg die Verkehrslage nur unzureichend im Griff hatte. Ein Reporter der Bergedorfer Zeitung berichtete am 20. Februar, wie verärgert Rogge über die Pkw der Schaulustigen gewesen sei. Über Funk habe er an Ort und Stelle eine Kompanie Feldjäger angefordert.[19] Zwar waren ein paar Militärpolizisten im Harburger Raum schon „hilfspolizeilich" tätig, unter der Hand. Aber Rogge wollte mehr erreichen. Wie der Reporter schrieb, auf dem Weg über das Bundesverteidigungsministerium. Gegebenenfalls hat Rogge sich wohl an den Stellvertretenden General der Führungstruppen gewandt, an Bern von Baer. Der war im Bilde: Baer hielt sich aus Anlass der Sturmflut in Hamburg auf oder war gerade von dort wieder an seinen Arbeitsplatz in Köln zurückgekehrt.

Die Menge der 172 Feldjäger aus Südwestdeutschland, die auf einen Schlag herangeführt wurde, am 21. Februar 1962, spricht Bände. Rogge und vielleicht auch Baer wollten ein Exempel statuieren, und Schmidt hatte nichts dagegen: Angestrebt wurde ein Mehr an Zuständigkeiten für die Feldjägertruppe. Deren Führung und auch dem Kommando Territorialverteidigung sind die Hamburger Einsätze hernach als so bedeutsam erschienen, dass man sich dort bemühte, an den Wortlaut der entsprechenden „Senatsbeschlüsse" zu gelangen, nicht zuletzt für den „hilfspolizeilichen Streifen- und Sicherungsdienst". Dazu ist allerdings nichts zu finden – weder in den Protokollen des Katastrophenstabs noch in denen des Senats. Durch § 2 der StVO waren aber auch die von Schmidt später im Bundestag hervorgehobenen Zwangsmaßnahmen nicht gedeckt: Autos gegen den Willen ihrer Besitzer mit Gewalt aus dem Weg zu räumen, gar „in den Bach zu stürzen", das stand auf einem anderen Blatt.

Die Militärs nahmen jedenfalls an, dass es sich bei dieser Thematik nicht unbedingt um Verfassungsrecht handele. Sie zielten auf ein im Entwurf befindliches Bonner „Gesetz über die Anwendung unmittelbaren Zwanges und die Ausübung besonderer Befugnisse durch Soldaten der Bundeswehr". Im März 1961 war ein ähnliches Normenwerk für den Bundesgrenzschutz verkündet worden. In der Tat: Das für die Streitkräfte erwartete Gesetz wurde im August 1965 verabschiedet. Aber daran, dass Feldjäger im Frieden ausschließlich für die militärische Verkehrsregelung zuständig waren, änderte sich darin nichts. Es wurde nicht etwa ein entsprechender „Notstands-Paragraph" hineingeschrieben, und schon gar nicht für Evakuierungs-, Absperrungs- oder Objektschutzmaßnahmen.

Nicht nur Rogge, sondern auch Helmut Schmidt besaß am 20. Februar 1962 ein eigenes, politisches Motiv für den Feldjäger-Beschluss. Der schon zitierten Bergedorfer Zeitung war zu entnehmen, wie verstopft auch die Hamburger Innenstadt am 18. oder 19. Februar gewesen sei – ungeachtet der offiziellen Appelle, sie nicht mit Pkw zu befahren. Andere Zeitungen haben zusätzlich mitgeteilt, dass Helmut Schmidt bereits am Sonntag, dem 18. Februar, die Absicht entwickelt hätte, sowohl den Freihafen als auch die Innenstadt für den privaten Verkehr komplett sperren zu lassen. Schmidt betrachtete die Journalisten als seine Verbündeten und hielt sie stets auf dem Laufenden. Anlass für sein Begehren waren massive Staus, in denen zahlreiche Versorgungs-Lkw stecken blieben. Das waren Lastwagen, die zwar nicht zu der vom Wasser eingeschlossenen Bevölkerung fuhren, die aber angrenzende Ortsteile versorgten. Schmidt sah sich jedoch – immer nach Zeitungsberichten – mit Bedenken nicht nur der Polizeispitze konfrontiert: Er habe sich im Senat mit seinem Vorschlag nicht durchsetzen können.[20]

Katastrophenmanager Schmidt besaß also Anlass, eine Scharte auszuwetzen: Über die Verkehrsregelung, so lautete seine Devise, bestimmt der Leiter des Einsatzstabs, Helmut Schmidt! Schmidt und Rogge haben sich am 20. Februar dann wohl zusammengetan: Rogge brachte die Angelegenheit förmlich in die Lagebesprechung ein, Schmidt hat dem Herrn Bürgermeister auffordernde Blicke zugeworfen, und Nevermann hat „genickt".

Noch am selben Tag kritisierte Schmidt die Polizeiführung vor der anwesenden Presse, und zwar „scharf": Sie sei nicht in der Lage, den Verkehr im Hafengebiet in den Griff zu bekommen. Deshalb, so las man im Abendblatt, habe Schmidt angeordnet, „zur Verkehrsregelung auch Feldjäger der Bundeswehr einzusetzen".[21]

Schmidt wollte es seiner Polizeiführung zeigen. Er wollte die Feldjägertruppe in ihrem Anliegen unterstützen, demnächst mit der Kompetenz ausgestattet zu werden, in besonderen Situationen bestimmte hoheitliche Aufgaben zu übernehmen. Schmidt wollte zugleich die Lücke füllen, die durch eine unzureichende Anforderung von Bereitschaftspolizeien anderer Länder möglicherweise kalkuliert in Kauf genommen worden war. Mit einem Hinweis auf die Katastrophalität der Lage ließ sich Schmidts kleines Komplott mit Rogge und vielleicht auch mit Baer am 20. September jedenfalls nicht mehr rechtfertigen.

Helmut Schmidt und die Gaffer

Helmut Schmidt hat am 16. Mai 1968 vor dem Bundestag allein von Maßnahmen an der Wilhelmsburger Reichsstraße gesprochen. Am 21. Februar 1962 war die Verkehrsregelung dort aufgenommen worden, nach dem Rückgang der

Fluten. Schmidt hat hervorgehoben, welche Gefahr dabei von den Schaulustigen ausgegangen sei. Aber das Gafferproblem hatte sich vor allem am 18. Februar ergeben, am Sonntag, drei Tage vorher. Als die meisten Leute nicht zur Arbeit mussten. Zum Teil auch noch am Montag und Dienstag, denn da war schulfrei.

Förmlich beschlossen worden sind Maßnahmen gegen Gaffer dann erst in den Lagebesprechungen am Freitag, dem 23. Februar 1962, fast eine volle Woche nach den Deichbrüchen.[22] Die Schaulustigen stellten ein typisches Wochenendproblem dar. Als der Sonntag des 25. Februar näher rückte, gab Senatssyndikus Birckholtz zu bedenken, ob man nicht das Hafengebiet großräumig absperren sollte. Dafür jedoch, so wurde ihm entgegnet, reichten die Polizeikräfte nicht aus. So gut wie alle Straßen dort seien ja schon wieder befahrbar.

An jenem Sonntag musste die Reichsstraße in der Tat vorübergehend gesperrt werden, „weil viele Schaulustige nach Wilhelmsburg fahren wollten". Das war für Polizeipräsident Buhl der Anlass, am 26. Februar in der Lagebesprechung zu fragen, „wie lange die Feldjäger noch zur Verfügung" stünden. Von Militärseite wurde er beruhigt. Schmidt verlangte, übermüdete Polizeibeamte im Süderelbegebiet abzulösen, durch andere Polizisten und durch Feldjäger.[23]

Für das christliche Hamburger „Sonntagsblatt" beobachtete Jürgen Dennert manche Lagebesprechung, auch die am 26. Februar 1962. Seine Eindrücke erschienen zunächst am 11. März 1962, dann noch einmal im Mai, in einem speziell Helmut Schmidt gewidmeten Artikel.[24] Schmidts vergrößerte und umbenannte Innenbehörde hatte gerade ihre Arbeit aufgenommen. Zugleich mehrten sich Stimmen, die dem Senator eine baldige Rückkehr nach Bonn prognostizierten. Dennert betonte stärker noch als zuvor Schmidts Durchsetzungswillen: Irgendwann in den Sturmfluttagen habe er dem Polizeipräsidenten Walther Buhl einen Anranzer verpasst: Schmidt sei nämlich mit einem Hubschrauber im teils noch überschwemmten Stadtteil Neuenfelde gelandet und hätte dort einen einsamen Polizeiposten angetroffen. „Seit acht Tagen" sei der nicht abgelöst worden. Schmidt hätte ihm

Abb. 16 – Auszeichnung von Feldjägern mit der Gedenkmedaille der Stadt Hamburg für selbstlosen und vorbildlichen Einsatz während der Sturmflut. Links im Bild der Kommandeur der 5. Panzerdivision (Diez an der Lahn), Generalmajor Albert Schnez. – War der Feldjäger-Einsatz ein mutiger Verstoß Helmut Schmidts gegen das Grundgesetz?

erst mal „einen Schein“ in die Hand gedrückt, „damit er was Warmes trinken konnte“. Buhl versichert dem Senator, man werde die Sache prüfen. „Nein“, poltert Schmidt, „Sie werden das nicht prüfen. Sie werden den Mann ablösen!“ Und zwar umgehend und gefälligst durch mehr als nur eine Person! Sonst, so Schmidt, würden ein paar Feldjäger losgeschickt! Und Schmidt vergewissert sich entsprechend bei dem Bundeswehr-Kommandeur für Hamburg-Süd, Oberst Messerer.

Uwe Bahnsen hat die Story 2012 in der WELT nacherzählt.[25] Die verräterische Zeitangabe „acht Tage“ hat er der Einfachheit halber weggelassen. So bekommt der Leser, noch stärker als 1962 im Sonntagsblatt, den Eindruck, die Szene hätte sich in den ersten, den schlimmsten Sturmfluttagen ereignet.

Als die Lagebesprechung am Montag, dem 26. Februar 1962, ablief, waren die Feldjäger aus Süddeutschland schon wieder abgereist. Sie haben in Hamburger Dokumenten offenbar keinen Niederschlag gefunden. Das ändert nichts am Tatbestand ihrer Präsenz: Die Koblenzer Kompanie wurde noch im selben Jahr nach Diez an der Lahn verlegt und erhielt ihre Hamburger Sturmflutmedaillen dann dorthin zugesandt.

Autos „in den Schlamm“ und „die Böschung hinunter“

Drastische Maßnahmen im „übergesetzlichen Notstand“

Drastische Maßnahmen gegen Schaulustige. – Der Hamburger Innensenator Helmut Schmidt kündigte drastische Maßnahmen gegen Schaulustige an, die am Wochenende versuchen sollten, in das Katastrophengebiet zu fahren. Polizeibeamte würden nicht zögern, die Fahrzeuge der Schaulustigen, die den Straßenverkehr verstopften, in den Schlamm zu schieben oder Böschungen hinunterzustoßen. Noch bestehe ein übergesetzlicher Notstand, erklärte Schmidt, der ein derartig hartes Durchgreifen gegen unbelehrbare Neugierige rechtfertige.

Hamburger Morgenpost v. 24. Februar 1962

Schmidts Warnung an die Adresse der Gaffer, mit der er sich im Bundestag zitierte, bezog sich also nicht auf das Sturmflut-Wochenende. Ausgesprochen am 23. Februar, nachzulesen unter anderem im Abendblatt vom 24. Februar 1962: „Die Fahrzeuge werden abgeschleppt“, drohte der Polizeisenator, „oder durch Räumkommandos von den Straßen entfernt.“ In der Hamburger Morgenpost stand darüber hinaus, Schmidt habe sogar angedroht, Pkw würden „in den Schlamm“ geschoben oder „die Böschung hinunter“ gestoßen werden. Schließlich bestehe nach wie vor ein „übergesetzlicher Notstand“. Diese Rechtsfigur musste in der Tat herangezogen werden: Autos gegen den Willen ihrer Besitzer mit Gewalt aus dem Weg zu räumen, gar „in den Bach zu stürzen“, das hatte mit der Straßenverkehrsordung nichts zu tun.

Aggressive Reaktionen konnten das Verhalten der Gaffer ganz ohne Zweifel provozieren. Der Wilhelmsburger Ortsamtsleiter Hermann Westphal hatte schon am 18. Februar gefordert, dagegen bewaffnete Polizeikräfte einzusetzen. Einzelfälle von Gewaltanwendung sind vorstellbar. Doch haben Polizisten, assistiert von Feldjägern, oder haben Feldjäger allein ab dem 23. Februar 1962 Privat-Pkw „in den Bach gestürzt“, quasi als Räumkommandos?

Der Leiter der Rechtsabteilung in Schmidts Polizeibehörde, Oberregierungsrat Hermann Schulze, sah in einem hoheitlichen Feldjägereinsatz prinzipiell kein Problem. Am 2. April 1962 plädierte er in dem Gutachten, das der Senator in Auftrag gegeben hatte, dafür, hier die Rechtsfigur der Amtshilfe anzuwenden. Er argumentierte sinngemäß wie folgt: Gewiss hätten die Feldjäger für die Steuerung der Verkehrsströme hoheitliche Befugnisse in Anspruch nehmen dürfen. Doch nicht als Kollektiv, als Einheit der Bundeswehr. Vielmehr seien sie im aktuellen Kontext eingesprungen, um an der Seite der ordentlichen Polizeibeamten des Landes bei der Verkehrsregelung zu helfen. Gewissermaßen jeweils individuell, einer zum anderen hinzutretend: Als „Hilfspolizisten“.[20]

Oberregierungsrat Schulze bezog sich – weisungsgemäß – auf die Niederschriften der Lagebesprechungen, hier also der vom 20. Februar 1962. Der Jurist hatte aber auch – aus der Presse – Schmidts Drohung zur Kenntnis genommen, Autos gewaltsam aus dem Weg zu räumen. Deshalb gestattete er sich die zusätzliche Bemerkung, dass derartige Maßnahmen, sofern tatsächlich erfolgt, unter dem Verdacht stünden, unverhältnismäßig gewesen zu sein: Es hätten doch wohl auch „weniger einschneidende“ Schritte zur Verfügung gestanden.

Schulze vermied es, auf das von Schmidt benutzte Wort vom „übergesetzlichen Notstand“ einzugehen. Er wollte den Senator wohl nicht belehren. Schmidt hatte den Begriff in politischer Unbestimmtheit benutzt: Die extreme Lage, so wollte er mitteilen, rechtfertige auch extreme Maßnahmen. Doch war kein einziges Menschenleben mehr in Gefahr. Schmidts Drohung, verbunden mit der Einladung an die Polizei, entsprechend übertriebene Maßnahmen zu ergreifen, war also unter keinem Aspekt gerechtfertigt.

Zumindest in den Zeitungsnachrichten stand von Feldjägern übrigens nichts. Am Montag nach diesem Wochenende am 26. Februar, als mehrere Medien sich über die erneut aufgetretenen Gaffer aufregten, war das ebenfalls nicht der Fall. Doch wohl kaum hätten Reporter es sich entgehen lassen, über „in den Bach gestürzte“ Autos zu berichten und Polizisten bei dieser Aktion zu fotografieren, insbesondere aber Militär-Polizisten.

Schmidt entdeckt die Grundgesetz-Problematik

Der Feldjäger-Passus in Schulzes Gutachten vom 4. April 1962 ist dick rot markiert. Genau an dieser Stelle dürfte Schmidt sich der potenziellen gesetzlichen Brisanz möglicherweise gar verfassungsrechtlichen Brisanz des Einsatzes der Militärpolizei vollends bewusst geworden sein. Er hat Schulzes Skepsis hinsichtlich der gegen Gaffer-Autos angedrohten „Räumkommandos" aufmerksam, ja wohl sogar dankbar registriert, sodann auf die gesamte Inanspruchnahme der Feldjäger übertragen und schließlich die gedankliche Verbindung zum damaligen Grundgesetz-Artikel 143 hergestellt – mit lebhafter Fantasie.

Vollmachten „in erheblichem Umfang" ausgenutzt?

[Es] sah sich der Hamburger Katastrophenstab sehr bald genötigt, die Bundeswehr mit hoheitlichen Aufgaben dem Bürger gegenüber zu betrauen [...]. So erhielten nicht nur mehrere Kompanien Feldjäger Polizeibefugnisse mit der ausdrücklichen Berechtigung, Gewalt (d.h. unmittelbaren Zwang) auch gegen Zivilpersonen anzuwenden. Die Bundeswehr musste in der Praxis diese Vollmachten auch in erheblichem Umfang ausnutzen.

Claus Arndt: Die Polizei im Notstandsfall. In: Die Polizei 59 (1968), S. 129–134, hier S. 129

Drei Wochen später, am 27. April 1962, erprobte Schmidt eine entsprechende Argumentation in einem Vortrag, zumindest ansatzweise. Das Hamburger Echo zitierte einen „freimütigen" Senator: Unter anderem hätten Soldaten Polizeibefugnisse erhalten. Der Senat habe diese Kompetenzen nicht verleihen, die Soldaten sie nicht annehmen dürfen. Schmidts Fazit: Für künftige Ausnahmezustände brauche man eine „Allparteienregierung" und Notstandsbefugnisse.[27] Hatte die Verkehrsregelung an der Wilhelmburger Reichsstraße eine Notstandsmaßnahme dargestellt? Und wie sah es mit den hoheitlichen Akten aus, die den Schaulustigen angedroht wurden, eine Woche nach den Deichbrüchen? Es kam vor allem darauf an, wie Notstand definiert wurde, von wem und für wie lange Zeit. Wo ein Notstand nicht förmlich ausgerufen wird, fällt es schwer, sein Ende zu bestimmen.

Claus Arndt ist im Mai 1968, kurz vor der Verabschiedung der Notstandsgesetze, dafür eingetreten, die hoheitliche Verwendung der Bundeswehr im Katastrophenfall ausdrücklich zuzulassen. Dabei hat er sich auf den Feldjäger-Einsatz 1962 bezogen. Der mochte gut sein für allerlei hypothetische Erwägungen. Doch hat Arndt ihn genau so übertrieben dargestellt, wie es Helmut Schmidt gefiel: Die Soldaten hätten ihre außerordentlichen Befugnisse „in erheblichem Umfang ausnutzen" müssen. Darauf weist freilich nichts hin. Dass dieser Baustein des Schmidt-Sturmflut-Mythos sogar im Bonner Grundgesetz-Kommentar weitererzählt wird, ist bereits erwähnt worden. Der Feldjägereinsatz sei „angezeigt“ gewesen, heißt es dort in vollendeter Vagheit, obwohl doch die Art dieses Einsatzes, sein genauer Zeitpunkt und der Grad seiner Dringlichkeit bislang nie unter die Lupe genommen worden sind. Auch hat der „Bonner“ Kommentator übersehen, dass es von allererster Bedeutung war, wem denn nun jener Feldjägereinsatz als „angezeigt“ erschienen war. Die Hamburger Landesregierung, namentlich Helmut Schmidt, konnte dreimal nach einem solchen Einsatz verlangen. Die Entscheidung darüber kam allein Stellen der Bundeswehr zu. Genau dort lag für den Fall einer Kompetenzüberschreitung dann auch der juristische und politische Schwarze Peter. Ob es sich um die Katastrophenhilfe durch die Bundeswehr handelte oder um den speziellen, hoheitlichen Einsatz von Feldjägern – die Logik war ein und dieselbe. Mit dem Grundgesetz hatte sich allein der Bundesverteidigungsminister zu beschäftigen.

Bundestagsabgeordnete fragen nach, 1967

Am 30. November 1967 hat der SPD-Bundestagsabgeordnete Hans Matthöfer kritisch nachgefragt, beim dritten „Notstandshearing“ der Bundestagsausschüsse für Inneres und Recht, in Bonn. Schmidts Nachfolger als Hamburger Innensenator, Heinz Ruhnau, berichtete nämlich über die Sturmflut. Ruhnau veranschlagte die Spanne zwischen dem Beginn des umfassenden Polizeieinsatzes und dem hoheitlichen Auftreten der Feldjäger mit „24 oder 48 Stunden“. Das war Matthöfer zuviel: Warum der Einsatz von Feldjägern als Hilfspolizei „so spät“ begonnen hätte, wollte er wissen. Und warum sei jener Job nicht überhaupt von der Bereitschaftspolizei anderer Bundesländer übernommen worden? Dass die eigene Landespolizei nur eine begrenzte Zeit durchhalten könne, müsse dem Katastrophenstab doch sogleich am ersten Tag klar gewesen sein.

Die SPD-Abgeordnete Annemarie Renger hat sich während jenes Notstandshearings ebenfalls zu Wort gemeldet: Wie viele juristische Verfahren denn wohl nach der Sturmflut angestrengt worden seien, vor allem auch in Hamburg, wo doch angeblich der Staat gegen Gesetze verstoßen habe. Innensenator Ruhnaus Antwort bestand aus einem einzigen Wort: „Keine.“[28]

Anmerkungen

1 Bundestags-Plenarprotokoll (BT-PlPr.) 5/175 v. 16. Mai 1968, S. 9444.

2 Bundeskonferenz der SPD 1967. Hg. v. Bundesvorstand der SPD. Bonn Bad Godesberg 1967, S. C 113.

3 Vgl. die Grafik (Abb. 15), Staatsarchiv Hamburg (StAHH), 321-3 I_7470.

4 Beide Berichte im Bundesarchiv (BArch) - Militärarchiv (MA), BW/2/1621.

5 Diese Zahl nennt auch Karl-Heinz Kreutz: Die Feldjägertruppe der Bundeswehr. Die Entwicklung einer Truppengattung von 1955 bis 2005. Hg. v. d. Kameradschaft der Feldjäger [Kdf]. Grafenau o.J. [ca. 2005], S. 43 - angeblich auf der Grundlage eines „Sammelbandes Hochwassereinsatz in Hamburg" im Archiv der KdF, vgl. ebd. S. 205. Dieser Sammelband scheint freilich derzeit nicht auffindbar, laut Auskunft von Oberst a.D. Ulrich Stumpp v. 18. Juni 2020.

6 Bericht des vom Senat der Freien und Hansestadt Hamburg berufenen Sachverständigenausschusses zur Untersuchung des Ablaufs der Flutkatastrophe (Friedrich-Bericht). Hamburg 1962, S. 37.

7 Brücke der Hilfe Köln-Küste. Ausschnitt aus unbekannter Zeitung, BArch-MA, BL/7/4.

8 Mitteilungen von Ulrich Stumpp, auf der Grundlage von Kompanie-Chroniken im Archiv der Kameradschaft der Feldjäger, E-Mail v. 17. Okt. 2019.

9 Archiv der sozialen Demokratie (AdsD), 1/HSA005075.

10 Buhls Rundschreiben vom 8. Dez. 1959 in StAHH 136-1_537.

11 Mitteilung von Ulrich Stumpp, E-Mail v. 17. Okt. 2019.

12 StAHH 136-1_4835.

13 AdsD 1/HSAA005075.

14 Vgl. u.a. Notdienst arbeitet reibungslos. In: Die Welt v. 21. Febr. 1962.

15 Friedrich-Bericht (wie Anm. 6), S. 33.

16 Protokoll der 5. Sitzung des Ausschusses für Verkehr und Fernmeldewesen des Bundestags am 21. Februar 1962. StAHH 131-1 II_3179.

17 Aktennotiz über die 1. Sitzung des Einsatzstabes für Bau und Technik, 21. Febr. 1962, S. 1. StAHH 321-3 I_7470.

18 Zapfenstreich für den „roten Admiral mit Linksdrall". In: Hamburger Echo v. 31. März 1962.

19 Feldjäger gegen Kraftfahrer. In: Bergedorfer Zeitung v. 20. Febr. 1962.

20 Noch Tausende eingeschlossen. In: Harburger Anzeigen und Nachrichten v. 20. Febr. 1962; siehe auch Dringendste Not jetzt überwunden. In: Die Welt v. selben Tag.

21 Nord-Süd-Verkehr bald wieder über die Reichsstraße. In: Hamburger Abendblatt v. 21. Febr. 1962.

22 ORR Hermann Schulze an Senator Schmidt, 4. April 1962, betr. Maßnahmen bei der Hochwasserkatastrophe, S. 2. StAHH 136-1_4835.

23 Katastrophenstab. Niederschrift über die Lagebesprechung am 26. Febr. 1962, S. 9. StAHH 321-3 I_7470.

24 Jürgen Dennert: Der Senator. In: Sonntagsblatt v. 6. Mai 1962.

25 Uwe Bahnsen: Als der „Herr der Flut" 40.000 Retter kommandierte. In: Die Welt v. 22. Jan. 2012. - Die Zahl 40.000 bezieht sich auf alle vier norddeutschen Bundesländer.

26 Schulze an Schmidt (wie Anm. 22), S. 4, 8.

27 Sven Lorenz: Für Notfälle gewappnet sein. In: Hamburger Echo v. 28. Apr. 1962.

28 Protokoll 3. öffentliche Informationssitzung des Rechtsausschusses und des Innenausschusses am 30. Nov. 1967, S. 8, 10, 18. StAHH, 136-1_13 Band 13.

3. Keine Schubladengesetze! – Die Notstandsregeln der 1960er Jahre

> „Wir haben zu wählen entweder den Rückfall in die Schubladengesetzgebung, in den sogenannten übergesetzlichen Notstand, den Rückfall in eine kontrollenlose Bevollmächtigung der Exekutive, oder wir haben zu wählen [...] die Stabilisierung des Schutzes der Grundrechte unserer Bürger, die Stabilisierung der Rechte und der Verantwortlichkeit des Parlaments und die Stabilisierung des Verfassungsgerichts — auch und gerade — in Notzeiten.“

Helmut Schmidt im Bundestag, 30. Mai 1968

Polizeibehörde Hamburg, 4. April 1962. Oberregierungsrat Schulze präsentiert sein Gutachten zu eventuellen Gesetzesverstößen während der Sturmfluttage. Schulze beginnt mit vier „Eingriffen in Rechte der Bürger“. Die Polizei hat nach dem 20. Februar 1962 streunende Hunde und Katzen abgeschossen, auf der Grundlage des Bundesseuchengesetzes. Eine Woche nach den Deichbrüchen waren Verkehrssperren errichtet worden, Platzverweise ergangen - gegen Gaffer. Äußerstenfalls, so Schulze, könne dem Staat ein Verstoß gegen deren Rechte auf Freiheit und Freizügigkeit angelastet werden, gemäß den Artikeln 2 und 11 des Grundgesetzes. Hier hat Schmidt dann später angesetzt und behauptet, im „übergesetzlichen Notstand“ Artikel 11 verletzt zu haben. Doch Schmidts Hausjurist verwies - nüchterner - auf das Polizeirecht: Die öffentliche Sicherheit und Ordnung seien gestört worden.[1]

Ferner waren ab dem 20. Februar 1962 Privatgrundstücke als Hubschrauber-Landeplätze benutzt worden, und nach dem 26. Februar hatte die Polizei landwirtschaftliche Traktoren zum Deichbau herangezogen. Hier griffen, so der Leiter der Rechtsabteilung, die §§ 903 und 904 des Bürgerlichen Gesetzbuchs.

„Übergesetzlicher Notstand“ – konkretisiert im BGB

Der Gesetzgeber kann zulassen, dass Personen in einer Ausnahmesituation gegen die eine oder andere gesetzliche Norm verstoßen. Die Idee der „übergesetzlichen“ Güterabwägung hat sich - wie schon erwähnt - unter anderem im BGB niedergeschlagen, seit 1900.

„Defensiv“- und „Aggressiv“-Notstand im BGB

§ 227 BGB (Notwehr)

(1) Eine durch Notwehr gebotene Handlung ist nicht widerrechtlich.

(2) Notwehr ist diejenige Verteidigung, welche erforderlich ist, um einen gegenwärtigen rechtswidrigen Angriff von sich oder einem anderen abzuwenden.

§ 228 BGB (Notstand)

Wer eine fremde Sache beschädigt oder zerstört, um eine durch sie drohende Gefahr von sich oder einem anderen abzuwenden, handelt nicht widerrechtlich, wenn die Beschädigung oder die Zerstörung zur Abwendung der Gefahr erforderlich ist und der Schaden nicht außer Verhältnis zu der Gefahr steht. Hat der Handelnde die Gefahr verschuldet, so ist er zum Schadensersatz verpflichtet.

§ 904 BGB (Notstand)

Der Eigentümer einer Sache ist nicht berechtigt, die Einwirkung eines anderen auf die Sache zu verbieten, wenn die Einwirkung zur Abwendung einer gegenwärtigen Gefahr notwendig und der drohende Schaden gegenüber dem aus der Einwirkung dem Eigentümer entstehenden Schaden unverhältnismäßig groß ist. [...]

§ 228 BGB, betreffend „Notstand“, erweitert den bekannten Gedanken der „Notwehr“ (nach § 227 BGB): Menschen geraten nicht immer nur durch einen Angreifer in akute Not. Es gilt gleichfalls nicht als widerrechtlich, aus der Defensive heraus eine Sache zu beschädigen, von der eine Gefahr ausgeht. Darüber hinaus, eine an sich unschädliche Sache als Mittel der Abwehr zu benutzen (aggresiver Notstand gemäß § 904 BGB).

Allerdings konnte für die Maßnahmen, die von Schulze beurteilt wurden, keine extreme Dringlichkeit mehr beansprucht werden. Vor allem aber stellte sich die Frage, wer als ein „geeigneter Täter“ gelten durfte, im Sinne der drei BGB-Paragraphen? Handelte es sich bei dem Katastropheneinsatzstab um einen Akteur im Sinne des Bürgerlichen Rechts, ähnlich einer Privatperson? Dieser Frage ging der Oberregierungsrat nicht nach. Er hob – wie erwähnt – hervor, dass das Polizeirecht sich bewährt habe. Der Polizei stand zum Erhalt der öffentlichen Sicherheit und Ordnung eine traditionsreiche Generalklausel zur Verfügung, preußischen Ursprungs. 1947 war sie sinngemäß ins Hamburgische Polizeigesetz aufgenommen worden.[2]

Die Ordnungskräfte waren im „polizeilichen Notstand“ demnach befugt, alle Maßnahmen zu ergreifen, die sich

Polizeiliche Generalklausel

Die Polizeibehörden haben im Rahmen der geltenden Gesetze die nach pflichtmäßigem Ermessen notwendigen Maßnahmen zu treffen, um von der Allgemeinheit oder dem einzelnen Gefahren abzuwehren, durch die die öffentliche Sicherheit oder Ordnung bedroht wird.

Preußisches Polizeiverwaltungsgesetz, 1. Juli 1931, § 14

„im Rahmen der Gesetze" hielten, hier also im Rahmen des BGB. Was im konkreten Fall geeignet, notwendig und zulässig sei, wurde dem „pflichtgemäßen Ermessen" der Polizei anheimgestellt.

Von größerer Bedeutung als das BGB war 1962, aber auch 1977, das Strafgesetzbuch. Dort stehen den genannten BGB-Paragraphen entsprechende Normen gegenüber – in puncto Sachbeschädigung und vor allem Körperverletzung. Es geht nicht um Entschädigung, sondern um eine von Staats wegen verhängte Bestrafung. Dann aber gibt es auch im StGB Notstandsparagraphen, sogar schon seit 1871.

„Übergesetzlicher Notstand" – konkretisiert im StGB

Zur Sturmflutzeit korrespondierte die Formel vom „übergesetzlichen Notstand" mit den damaligen StGB-Paragraphen 53 und 54. Der § 53 StGB („Notwehr") glich wortwörtlich dem Notwehrparagraphen 227 im BGB. § 54 StGB trug die nichtamtliche Überschrift „Notstand", ebenso wie im BGB die §§ 228 und 904: Straffrei, so das StGB, bleibe die Begehung einer Straftat, wenn die problematische Handlung „in einem unverschuldeten, auf andere Weise nicht zu beseitigenden Notstande" begangen worden sei, und zwar „zur Rettung aus einer gegenwärtigen Gefahr für Leib und Leben des Täters oder eines Angehörigen".

Zwischen BGB und StGB gab es einen Unterschied. Im Licht des BGB konnte das Tun eines Notstandstäters als „nicht widerrechtlich" eingestuft, also gerechtfertigt werden. Durch § 54 StGB dagegen wurde der Notstandstäter bestenfalls entschuldigt: Er beging zwar auf jeden Fall eine Straftat, durfte aber auf die Nachsicht eines Gerichts hoffen. Die Strenge im StGB war verständlich: Die BGB-Paragraphen 228 und 904 erlauben die Beschädigung von Sachen. Das StGB verbietet die „Beschädigung" von Menschen.

„Notstand"

Eine strafbare Handlung ist nicht vorhanden, wenn die Handlung außer dem Falle der Notwehr in einem unverschuldeten, auf andere Weise nicht zu beseitigenden Notstande zur Rettung aus einer gegenwärtigen Gefahr für Leib oder Leben des Täters oder eines Angehörigen begangen worden ist.

§ 54 Strafgesetzbuch, Stand 1962

Die Idee des „übergesetzlichen Notstands" hat also auf zweierlei Weise Eingang in Gesetze gefunden: Als „entschuldigender Notstand" und als „rechtfertigender Notstand". Wortwörtlich taucht der Begriff des „übergesetzlichen" Notstands" weder im BGB auf noch im StGB. Das ist logisch konsequent. Eine

„übergesetzliche" Formel kann in einem „positiven", in einem niedergeschriebenen Gesetz allein konkretisiert werden – für den juristischen Bereich, der durch dieses Gesetz definiert wird. Zwar bleibt auch die Suche nach den Attributen „entschuldigend" und „rechtfertigend" in den genannten Paragraphen ohne Ergebnis. Aber die nichtamtlichen Überschriften und vor allem der genaue Wortlaut geben hier einschlägige Orientierung.

Die abstrakte Idee vom „übergesetzlichen Notstand" ist denkbar, seitdem Menschen Gesetze machen. Es geht um eine besondere Art von Ausnahme. Dass Menschen in eine entsprechende Lage geraten können, entspricht der allgemeinen Lebenserfahrung. In einer Notsituation können sich Gesetze als unzureichend erweisen. Dieses Problem und dazu den Hinweis auf einen „übergesetzlichen" Ausweg in ein Rechtssystem zu integrieren, gar mit dem geschriebenen Gesetzesrecht zu verbinden, stellt eine immerwährende Aufgabe dar.

Als epochemachend gilt ein Spruch des Leipziger Reichsgerichts vom 11. März 1927: Vor dem Hintergrund der Suizidgefahr einer werdenden Mutter verneinten die Richter nicht nur die Schuldlosigkeit des Schwangerschaftsabbruchs, sondern sogar dessen Rechtswidrigkeit. Sie schufen ein Stück Richterrecht zur Eingrenzung des damals schon wegen seiner Strenge umstrittenen Abtreibungsparagraphen 218 StGB. Die Richter gingen über § 54 StGB hinaus und beriefen sich auf einen Notstand, der „übergesetzlicher" Natur sei.[3] In einem weiteren Urteil vom 20. April 1928 wurde die Logik vertieft. Hernach ging dieser Begriff in die juristische und dann auch politische Fachsprache ein.

Das Reichsgericht stellte freilich hohe Anforderungen. Die Anwendung der Formel vom „übergesetzlichen Notstand" auf den Einzelfall setze „neben dem Bestehen des Notstands" voraus, „dass vor der Notstandshandlung die im Widerstreit stehenden Güter wirklich pflichtgemäß abgewogen" würden. Ja, noch grundsätzlicher: Zu allererst müsse eine gewissenhafte Prüfung zu dem Resultat führen, dass der besagte Widerstreit überhaupt bestehe. Dazu bedürfe es einer entsprechenden Expertise, hier der ärztlichen Urteilskraft.[4]

War Schmidts Katastropheneinsatzstab 1962 unter irgendeinem StGB-Aspekt auf eine Entschuldigung angewiesen? Oder gar darauf, eine „übergesetzliche" Rechtfertigung zu erlangen? Zumindest hat die Rechtsabteilung der Hamburger Polizeibehörde nichts dergleichen erwähnt. Schulzes Gutachten blieb für Schmidt, der gerade begann, sich als Held in einem „übergesetzlichen Notstand" darzustellen, insofern fruchtlos. Ein paar Rosinen hat sich Schmidt immerhin aus dem Text herausgepickt. Und später ist ihm sogar noch eine Idee gekommen, wie er 1962 wahrhaftig auch einen StGB-Paragraphen verletzt haben könnte.

Plünderungen in Wilhelmsburg? – Schmidts Beispiel für einen StGB-Verstoß 1962

Als der SPD-Bundestagsabgeordnete Gerhard Jahn 1965 Zweifel daran äußerte, dass bei der Sturmflut irgendwelche Gesetze hätten missachtet werden müssen, sah er sich von Schmidt belehrt: Im Wilhelmsburger Überschwemmungsgebiet seien 1962 Einzelhandelsgeschäfte geplündert worden; er aber, Schmidt, habe der Hamburger Polizei jegliches Eingreifen untersagt, und zwar mit einem psychologischen Argument: Auch die hungernde Bevölkerung befinde sich „in einem übergesetzlichen Notstand“. Freilich sei er damit, so schrieb Schmidt an Jahn, auf eine Notlüge ausgewichen: „Mir war völlig klar, dass meine Erklärung dem tatsächlichen Sachverhalt nicht entsprach.“

Mittlerweile besaß Schmidt schon eine Idee davon, wie der Vorgang juristisch einzuordnen sein könnte: „Wenn Du willst“, lud er den Juristen Jahn ein, einen späteren Bundesjustizminister, „kannst Du das einerseits als Begünstigung im Amt, andererseits als Anstiftung auslegen.“ Ganz sicher war Schmidt sich freilich noch nicht: „Ich bitte Dich, dieses Beispiel nicht zu verwenden.“ Jahn solle aber gefälligst „vorsichtig sein bei dem Urteil, man hätte bei der Hamburger Flutkatastrophe mit den geltenden Gesetzen auskommen können“.[5]

Im November 1967 erzählte Schmidt, im Verlauf der SPD-Bundeskonferenz, die Story noch anschaulicher. In den Sturmfluttagen seien nicht allein Lebensmittelgeschäfte leergeräumt worden, „sondern zum Teil auch Juwelierläden“. Gleichwohl, so Schmidt: „Wir verboten einzugreifen, weil wir in dieser entsetzlichen psychischen Situation nun nicht noch zusätzlich weitere Psychosen sich entwickeln lassen wollten.“ Damit habe er als Senator den damaligen § 346 StGB beiseitegeschoben, sich nämlich der „Begünstigung im Amt“ schuldig gemacht. Als Begünstigte galten in diesem Argument die Plünderer. Sie hätten ihr kriminelles Treiben ungehindert fortsetzen können.

Schmidt bemerkte vorsichtshalber, er sei kein Rechtsgelehrter. Doch verfügte er über Mitstreiter genug, die ihm von dem genannten Argument hätten abraten können. § 346 StGB betraf keine Politiker, sondern Beamte, die zum Beispiel von einem vollendeten Rechtsbruch Kenntnis erhielten und gleichwohl keine Anzeige erstatteten. Schmidt dagegen hatte als Polizeisenator und Katastrophenstabschef ein Kosten-Nutzen-Kalkül anzustellen: Wofür sollten die knappen Polizeikräfte eingesetzt werden?

Die Nachrichtenlage aus den Sturmfluttagen ist gemischt. Die Bergedorfer Zeitung berichtete am 19. Februar 1962, in Wilhelmsburg hätten „mehrere hundert der eingeschlossenen Opfer“ am Sonntagmorgen große Lebensmittelgeschäfte geplündert, also bereits am zweiten Tag der Katastrophe. Die Polizei sei machtlos gewesen. Behördlicherseits habe man daran gedacht, „die Geschäfte für die notleidende Bevölkerung freizugeben".[6]

Ein Filmstreifen vom 18. Februar 1962, ausgestrahlt gegen 18 Uhr in einer Nachrichtensendung, zeigt einen Streifenwagen der Polizei, der durch einen wieder halbwegs trockenen Teil des Überschwemmungsgebiets fährt. Ein Beamter verkündet per Lautsprecher, „ohne Warnung" werde auf Plünderer geschossen. Schmidt dementierte hernach, ein solcher Schießbefehl sei nicht ergangen. Die Polizeibehörde ließ sogar verlauten, Schmidt habe „vorsorglich", sogleich am 17. Februar, eine „gegenteilige Anordnung" gegeben. Weder habe die Polizei in keinem Fall von der Schusswaffe Gebrauch gemacht, noch hätten sich „Gerüchte über angebliche Plünderungen" überhaupt bestätigt.[7] Freilich kam es hier auf eine präzise Definition von „Plünderung" an.

Der sozialdemokratische VORWÄRTS berichtete am 21. Februar 1962, Plünderern sei in Hamburg von der Polizei das Handwerk gelegt worden.[8] Senatssyndikus Birckholtz wiederum schrieb am 24. Februar an die WELT, nirgends hätten die kriminalpolizeilichen Ermittlungen „ergeben, dass tatsächlich geplündert worden" sei. Nur „hier und da" hätten Menschen „in unmittelbarer Not" Lebensmittel genommen, „wo sie sie fanden".[9] Der Hamburg-Harburger Bezirksamtsleiter Mohr, SPD, wies eine Woche nach den Deichbrüchen gegenüber dem Berliner TAGESSPIEGEL jegliche Spekulationen über Plünderungen zurück. Allein das Hochwasser habe Sachschäden hervorgerufen.[10]

Aus alledem ergibt sich ungefähr das folgende Bild: Ob anlassbedingt oder zur Vorsorge, Schmidt hat eventuelle Plünderungen am 17./18. Februar für ein nachrangiges Problem erklärt, um die Polizeikräfte nicht zu verzetteln. Das war eine politische Entscheidung und strafrechtlich ohne Belang.

Der Staat – ein „geeigneter Täter"?

Ist der Staatsapparat überhaupt dazu berechtigt, als juristische Person zugunsten eines „notstandsfähigen" Rechtsguts eine „übergesetzliche" Güterabwägung vorzunehmen und sodann auf deren Grundlage als „Täter" aufzutreten? Die Frage wurde zu Zeiten der Sturmflut von maßgeblichen StGB-Kommentaren bejaht, und das war nicht einmal ganz neu. Als konkreter Akteur kommt vor allem ein Staatsführer in Frage, mit der geballten Verantwortung auf seinen Schultern.

Der StGB-Kommentar „Schönke/Schröder", 10. Auflage 1961, schlug um den Notstands-Paragraphen 54 StGB herum weite Kreise – in den Bereich des ungeschriebenen Rechts hinein: Im rechtsgelehrten Schrifttum werde „Staatsnotwehr grundsätzlich für zulässig angesehen“. Als Schuldausschließungsgrund sähen manche Rechtslehrer ein „selbständiges“, ein „übergesetzliches“, also ein „politisches“ Motiv an. Ferner fand sich im „Schönke/Schröder“ der Satz: „Notstand kann auch vorliegen, wenn die Gefahr dem ganzen Volke gleichmäßig droht.“[11] Dann mochte der Staat in dem Vorsatz zum „Täter“ werden, dass er den Staatsangehörigen Rettung und Hilfe zukommen ließ – unter Verletzung konkurrierender Rechtsgüter.

Ähnlich las sich das im „Leipziger Kommentar“ zum StGB, Stand 1957: „Neuerdings“ werde der Begriff der „Staatsnothilfe“ viel diskutiert. „In dem engen Sinne des § 54“ komme zwar „ein Staatsnotstand kaum in Betracht, wohl aber, sofern „alle Güter als notstandsfähig“ gelten dürften, „unter den Voraussetzungen des übergesetzlichen Notstands“.[12] Hier war angedeutet, was der Gesetzgeber für den Fall zu tun hätte, dass er beschlösse, aus dem bloß entschuldigenden Notstand des § 54 StGB einen rechtfertigenden Notstand zu machen: Unter anderem war die Zahl der schutzbedürftigen Güter oder Interessen zu erweitern.

Externer und interner Notstand

Im Sinne der Formel vom „übergesetzlichen Notstand“ bezog sich „Notstand“ nicht allein auf die Gefahr für notstandsfähige Rechtsgüter. In Anknüpfung an die Sprüche des Reichsgerichts von 1927 und 1928 wurde als „Notstand“ zugleich das Problem des zum Eingreifen entschlossenen Akteurs bezeichnet: Er sehe sich in einem echten Dilemma.

Aus Schmidts Perspektive betrachtet, war der Notstand der Sturmflutopfer gewissermaßen ein externer Notstand. Sein, Schmidts, persönlicher Gewissenskonflikt als Entscheider dagegen ein interner Notstand. Der interne Notstand wurde durch den externen erzeugt. Der interne Notstand musste bewältigt werden, um dem externen Notstand abzuhelfen.

Aus den Reichsgerichtsurteilen von 1927 und 1928 leiteten StGB-Kommentare der 1950er und 1960er Jahre Bedingungen dafür ab, dass ein interner Notstand geltend gemacht werden könne.[13] Erstens: Es reiche nicht aus, dass die rettende, aber zugleich gesetzeswidrige Tat nur nützlich oder nur erforderlich sei. Vielmehr müsse sie das „letzte Mittel“ darstellen. Zweitens müsse der handelnden Person die Problematik ihres Handelns bewusst sein. Die Abwägung der Güter müsse drittens im Lichte unabweisbarer ethischer Pflichten erfolgen.

Die schiefe Ebene in den politischen Abgrund

Den Gedanken des internen Dilemmas hat Schmidt aufgegriffen, als er die Rechtsfigur des „übergesetzlichen Notstands" für sich entdeckte und mit dem Sturmflutgeschehen verband. Mit Claus Arndt stand ihm in seiner behördlichen Rechtsabteilung ein Berater und Redenschreiber zur Verfügung, der 1959 einen staatsrechtlichen Doktor erworben hatte, der stärker als Hermann Schulze politisch mitdachte und dem darüber hinaus eine politische Karriere vor Augen stand.

Claus Arndt wird Schmidt in die Logik der „übergesetzlichen" Güterabwägung eingeführt haben. Zu dieser Logik gehört auch das Gebot des Maßhaltens. Es verbietet, auf die Formel vom „übergesetzlichen Notstand" allzu oft zuzugreifen, nach puren Opportunitäts-Gesichtspunkten. Nun schrieb sich Schmidt nach 1962 aber gleich mehrere Gesetzesverstöße zu. Drohte ihm der Vorwurf, er sei zu weit gegangen? 1965 entdeckte Schmidt einen wohlklingenden Ausweg: Während der Flutkatastrophe sei eine tiefgründige Erkenntnis in ihm gereift, von fundamentaler Bedeutung für die Notstandsgesetzgebung: „Wenn man sich erst einmal zu einem Handeln entschlossen hat, das gesetzlich nicht mehr gedeckt ist, dann wird man leicht in Versuchung geführt, auf diesem Wege fortzufahren."[14] Mit anderen Worten: Verantwortungsbewusste Akteure widerstehen dieser Versuchung, weniger standhafte Politiker müssen mit Notstandsgesetzen in Zaum gehalten werden.

Helmut Schmidt und der Kategorische Imperativ

Der StGB-Kommentar von Schönke/Schröder formulierte unter anderem, in mancher Notsituation halte die Rechtsordnung „für den Täter keine Richtlinie bereit".[15] Solche und ähnliche Worte hat Schmidt später benutzt. Mangels Entscheidungshilfe, Handlungsanleitung, Theorie, habe er seine Gesetzesüberdehnungen oder -übertretungen verübt, allein gestützt auf die Prüfung seines Gewissens. Hier ergab sich eine Nahtstelle zur Ethik Immanuel Kants – über Schlüsselwörter wie „Bewusstsein", „unbedingte Pflicht" oder „Postulat [also Forderung] des Gewissens". Kants berühmter Kategorischer Imperativ richtet sich gerade auch an einen Akteur, der eine „übergesetzliche" Güterabwägung anstellt: Dieser Akteur, so Kant, solle sich probehalber vorstellen, dass aus der von ihm bevorzugten Problemlösung ein für die gesamte Rechtsgemeinschaft gültiges Gesetz würde.

Immanuel Kant über Verstands- und Gewissensfragen

Das Bewusstsein also, ob eine Handlung, die ich unternehmen will, recht sei, ist unbedingte Pflicht. Ob eine Handlung überhaupt recht oder unrecht sei, darüber urteilt der Verstand, nicht das Gewissen. Es ist auch nicht schlechthin notwendig, von allen möglichen Handlungen zu wissen, ob sie recht oder unrecht sind. Aber von der, die ich unternehmen will, muss ich nicht allein urteilen, und meinen, sondern auch gewiss sein, dass sie nicht unrecht sei, und diese Forderung ist ein Postulat des Gewissens.

Immanuel Kant: Die Religion innerhalb der Grenzen der bloßen Vernunft. Königsberg 1793, S. 271

Kants Kategorischer Imperativ

Der kategorische Imperativ ist also nur ein einziger und zwar dieser: Handle nur nach derjenigen Maxime, durch die du zugleich wollen kannst, dass sie ein allgemeines Gesetz werde.

Immanuel Kant: Kritik der reinen Vernunft. Königsberg 1781, S. 421

Den Kategorischen Imperativ, schrieb Helmut Schmidt 1996, habe er sich „zu eigen gemacht“. Soviel steht fest: Schmidt hatte 1961 in seinem NATO-Buch demonstriert, dass ihm ethische Fragestellungen nicht fremd waren: Wer als Politiker entscheide, müsse allerlei abwägen – ethisch gerechtfertigte Zwecke, zweckmäßige Mittel, zu erwartende Folgen und Nebenwirkungen. Auch von „Gesinnungsethik“ und „Verantwortungsethik“ hatte er bereits gelesen. Er war also aufnahmebereit für weitere Reflexionen und hat seinen Sturmflut-Mythos in den 1960er Jahren mit ein paar rechtsphilosophisch bedeutsamen Begriffen angereichert. Für die Zeit nach 1968, als Schmidt von der Vollversion des Mythos keine

Abb. 17 a/b – Alte Immanuel-Kant-Ausgaben in Helmut Schmidts Hausbibliothek, Hamburg-Langenhorn. Gern schmückte Schmidt sein Denken und Handeln mit Zitaten illustrer Philosophen.

Abstriche mehr machte, hieß das für ihn auch: Wenn irgendjemand in der Lage war, einen „übergesetzlichen Notstand" zu erkennen, dessen Problematik intellektuell zu durchdringen und entsprechend verantwortungsbewusst zu reagieren, dann sei genau er der Richtige dafür. Ein paar wenige Journalisten haben Schmidt gleichwohl als „Water-Kant" verulkt.

„Übergesetzlicher Notstand" und Notstandsgesetze

Am 2. Oktober 1962, in Bonn, begrüßte Helmut Schmidt die Ankündigung von Bundesinnenminister Hermann Höcherl, ein neuer Notstandsgesetz-Entwurf stehe jetzt unmittelbar bevor. Schmidt unterstrich die Dringlichkeit: Sonst seien „im Ernstfall Bundesregierung, Landesregierungen, ja selbst sehr viel niedrigere Behörden einfach gezwungen, aus einem übergesetzlichen Notstand heraus zu handeln".

Am 31. Oktober 1962 wurde der Höcherl-Entwurf der Öffentlichkeit vorgestellt. Als Konsequenz aus der Sturmflut waren jetzt auch Katastrophen und schwere Unglücksfälle ausdrücklich genannt, in einem Atemzug mit dem Inneren Notstand im Sinne eines Bürgerkriegs. Im November 1962 fanden erste Gespräche zwischen CDU und SPD über die Möglichkeit einer Großen Koalition statt. Damit rückte die erforderliche Zweidrittelmehrheit im Bundestag näher.

Am 24. Januar 1963 beriet der Bundestag. Höcherl erläuterte, es solle vermieden werden, die verantwortlichen Organe der Staatsführung in „untragbare Gewissenskonflikte" zu stürzen. Diese Gefahr bestünde aber, wenn ihnen keine andere Wahl bliebe „als die zwischen der untätigen Duldung des Untergangs oder der Berufung auf einen übergesetzlichen Notstand mit all seinen flexiblen Möglichkeiten".[18]

Der CDU-Abgeordnete Matthias Hoogen verwies auf ein Paradox: Das Fehlen einer Notstands-Regelung sei ebenfalls eine Notstands-Regelung, „bis zum übergesetzlichen Notstand hinauf". Irgendetwas müsse zur Bewältigung der Krise schließlich getan werden. „Irgendetwas" – auch der SPD-Abgeordnete Friedrich Schäfer wollte solche Beliebigkeit vermeiden: Eine deutsche Regierung solle nicht in die peinliche Lage geraten, aus einem nicht näher definierten „Pflichtbewusstsein" gegenüber der Allgemeinheit heraus Dinge zu tun, für die dann ein „übergesetzliche Notstand" beansprucht werden müsse.

In diesem Zusammenhang konnte Helmut Schmidt jetzt mitreden. Eine „untätige Duldung des Untergangs" war nicht seine Sache. Alles das, was während der Sturmflutkatastrophe erlebt worden sei, so Schmidt, sei in Krieg und Bürgerkrieg in gesteigerter Form zu erwarten.

„Maunz/Dürig“ über Katastrophenhilfe der Bundeswehr

Im März 1964 waren die „herrschenden“ Kommentatoren Maunz/Dürig bis zu Artikel 143 Grundgesetz vorgestoßen, in der 7. Ergänzungslieferung ihres Loseblatt-Werks: Klar, Katastrophen seien eine Sorte von Notstand. Es komme zentral aber auf den Begriff der Streitkräfte an. Und deshalb auf eine Definition von „Notstand“ im Sinne des „Streitkräfte“-Begriffs. Die Bundeswehr würde in einem Katastropheneinsatz nicht „als Waffenträger“ in Anspruch genommen, sondern als rein „technischer Hilfsdienst“. Sie komme dann nicht als „innenpolitisches Machtinstrument“ in Frage. Es wäre ein Unding, wenn der Bundeswehr verboten wäre, „was nach § 330c Strafgesetzbuch als individuelle Hilfspflicht“ jedemnann vorgeschrieben sei.

Gleichwohl, so Maunz/Dürig, müsse der „im Prinzip unbewaffnete“ Katastropheneinsatz der Bundeswehr in der Verfassung „durchnormiert“ werden“ – zur Klarstellung. Schnell könne es dazu kommen, dass zum Beispiel Absperrmaßnahmen gegen „störende oder gar marodierende Massen“ notwendig würden. Die Armee müsse dann bewaffnet sein – nach Polizeiart. Das aber sei aktuell unzulässig. Anfang 1965 erschien die 7. Auflage des Grundgesetz-Kommentars „Giese/Schunck“; er schloss sich „Maunz/Dürig“ ausdrücklich an, revidierte also seinen bisherigen Standpunkt.

Unterlassene Hilfeleistung

Wer bei Unglücksfällen oder gemeiner Gefahr oder Not nicht Hilfe leistet, obwohl dies erforderlich und ihm den Umständen nach zuzumuten, insbesondere ohne erhebliche eigene Gefahr und ohne Verletzung anderer wichtiger Pflichten möglich ist, wird [...] bestraft.

§ 330c StGB (Stand 1962)

Die rechtstheoretische Frage, ob der ganz überwiegend rettende und helfende Bundeswehreinsatz bei der 1962er Sturmflut insgesamt grundgesetzkonform gewesen sei, war jetzt endgültig vom Tisch. Bis zur Verabschiedung der Notstandsgesetze hat Schmidt darauf offenbar Rücksicht genommen.

Die Rechtsfigur des „übergesetzlichen Notstands“ im Bundestag, 1962–1968 (I)

Ein Dutzend weitere Mal ist der Begriff des „übergesetzlichen Notstands“ bis 1968 in Bundestagsdrucksachen noch aufgetaucht. Tiefschürfende Überlegungen, zu welchem Anteil es jeweils um die Abwägung von Rechtsgütern, Zwecken, Interessen und Pflichten gehe, wurden da nicht angestellt. Politiker sind keine Grundgesetz-Kommentatoren. In einzelnen Fällen beriet man über den Parkraum für im Dienst befindliche Ärzte sowie über Geschwindigkeitsgrenzen für Fahrzeuge von Polizei und Feuerwehr. Überwiegend ging es aber um den staatspolitischen Zusammenhang, und zwar zunehmend gegen Ende der Notstands-Debatten, 1967/1968.

Parallel zur Notstandsgesetz-Debatte: Der „rechtfertigende Notstand" kommt ins StGB

Zunächst aber noch ein letzter Blick auf das Thema „übergesetzlicher Notstand" in der Periode, die der Sturmflut voranging. Am 3. November 1960 hatte die Bundesregierung dem Bonner Parlament den Entwurf eines neuen Strafgesetzbuchs zugeleitet. Unter vielem anderen sollte das geschriebene Recht künftig nicht nur den „entschuldigenden Notstand" normieren, entsprechend dem alten § 54 StGB, sondern zusätzlich auch den gewichtigeren „rechtfertigenden Notstand". Mit dessen Logik wollte man der weitgefassten Rechtsfigur des „übergesetzlichen Notstands" deutlich näherkommen. Dabei, so stand es im Gesetzentwurf, folge das Strafrecht einem Weg, der im BGB schon vorgezeichnet sei.

Notstandsgesetze und „rechtfertigender Notstand": Den Innen- und Rechtsexperten im Deutschen Bundestag dürfte die im Rückblick auffällige Parallelität der gesetzgeberischen Vorhaben auch damals schon bewusst gewesen sein. „Notstands"-Szenarien lagen in der politischen Luft: Es herrschte der Kalte Krieg. Vom 20. April desselben Jahres 1960 datierte der bereits erwähnte erste, der „Schröder-Entwurf", für eine Notstandsverfassung – der Vorgänger des Höcherl-Entwurfs. Die Idee, dass die Rechtsfigur des „übergesetzlichen Notstands" politische Bedeutung bekommen könnte, war unter Juristen und Politikern seit langem bekannt.

Ein Verfassungs- und Gesetzgeber kann für Extremsituationen vorsorgen, indem er hauptsächlich fünf Fragen beantwortet: Erstens: Welche Situationen sollen als extrem eingestuft werden? Zweitens: Welches Staatsorgan stellt den Eintritt einer Extremsituation verbindlich fest? Drittens: Welche außerordentlichen Kompetenzen soll der Staatsapparat dann erhalten? Viertens: Welchen außerordentlichen Beschränkungen müssen sich die Staatsbürger unterwerfen? Und schließlich: Welche Kontrollmechanismen sollen staatlichen Machtmissbrauch verhindern helfen? Hier folgen nur ein paar Worte zur ersten Frage.

Welche Situationen sollen als extrem eingestuft werden? Der Legislative stehen grundsätzlich zwei Methoden zur Verfügung. Die erste besteht darin, möglichst viele Szenarien vorsorglich aufzuzählen. Die 1968 verabschiedeten Notstandsgesetze beziehen sich vor allem auf Kriege und Bürgerkriege. Die Berücksichtigung von Katastrophen war erst im Höcherl-Entwurf erfolgt, 1963, nach der Sturmflut. Diese erste Methode zur Bestimmung von Notstands-Szenarien stützt sich wesentlich auf die Erfahrung.

Die zweite Methode besteht in der Formulierung einer Generalnorm für sämtliche Notlagen: Einzelne Schreckens-Szenarien können zwar Erwähnung finden, aber sie bleiben dann exemplarisch. Der Staatsapparat ist grundsätzlich frei darin, wann er und worin er eine extreme Gefahr feststellt. Eine solche Generalklausel kann dem Staatsapparat eine Notfall-Intervention erleichtern. Doch harren die weiteren Fragen dann immer noch einer Antwort, vor allem die nach den Kontrollmechanismen. Eine niedergeschriebene Generalklausel bleibt deshalb stets nur vorläufig. Davor, dahinter oder darüber bleibt die Ursprungsidee vom „übergesetzlichen Notstand" erhalten – umfassend, als ewiger Bestandteil von Gerechtigkeits-Konzeptionen, als Super-Generalklausel.

In den 1960er Jahren betonten sowohl Innen- als auch Rechtspolitiker einerseits, Notstandssituationen müssten detailliert gesetzlich vorweggenommen werden – im Rahmen einer Notstandsverfassung; andererseits wurde zugleich – flankierend – noch eine zweite Art von Prävention betrieben: Die Formel vom „übergesetzlichen Notstand" sollte im geschriebenen Recht eine stärkere Position erhalten. Sie wurde in die Form einer General- und Auffangklausel gegossen.

Die Begründung des StGB-Entwurfs warf ein Licht auf den Gang der Rechtsentwicklung: Es gelte, das geschriebene Recht dem Wandel anzupassen, der in der Gesellschaft allgemein, insbesondere aber im Richterrecht eingetreten sei. Komme es doch „überaus häufig" vor, „dass jemand Lagen ausgesetzt ist, in denen er ein Rechtsgut nur dadurch schützen kann, dass er ein anderes verletzt". Die Verhältnisse der modernen Gesellschaft und das menschliche Zusammenleben auf zunehmend engem Raum hätten „die Quellen und die Möglichkeiten solcher Konfliktlagen erheblich" vermehrt. Da dürfe der Gesetzgeber „an einer für das Strafrecht so wesentlichen Erscheinung" wie der Rechtsfigur des „übergesetzlichen Notstands" nicht länger vorbeigehen.

Der StGB-Entwurf aus dem Haus des Justizministers Fritz Schäffer betonte, „in Übereinstimmung mit der Rechtsprechung zum übergesetzlichen Notstand werde jetzt jedes Rechtsgut als notstandsfähig anerkannt". Allein zur besseren Anschauung seien „die wichtigsten Rechtsgüter, wie Leben, Leib, Freiheit, Ehre und Eigentum" ausdrücklich im vorgeschlagenen Paragraphen aufgezählt worden. Diese Rechtsgüter besaßen strafrechtliche Relevanz. Wichtiger war jetzt jedoch: StGB-Paragraphen sollten zugunsten eines jeden Rechtsguts verletzt werden dürfen, das als fundamental wichtig und zugleich als fundamental gefährdet erschien. – Der ältere „entschuldigende Notstand" wurde beibehalten, in einem gesonderten Paragraphen 35.

„Rechtfertigender Notstand", 1975

StGB § 34

Wer in einer gegenwärtigen, nicht anders abwendbaren Gefahr für Leben, Leib, Freiheit, Ehre, Eigentum oder ein anderes Rechtsgut eine Tat begeht, um die Gefahr von sich oder einem anderen abzuwenden, handelt nicht rechtswidrig, wenn bei Abwägung der widerstreitenden Interessen, namentlich der betroffenen Rechtsgüter und des Grades der ihnen drohenden Gefahren, das geschützte Interesse das beeinträchtigte wesentlich überwiegt. Dies gilt jedoch nur, soweit die Tat ein angemessenes Mittel ist, die Gefahr abzuwenden.

§ 35 („Entschuldigender Notstand")

Wer in einer gegenwärtigen, nicht anders abwendbaren Gefahr für Leben, Leib oder Freiheit eine rechtswidrige Tat begeht, um die Gefahr von sich, einem Angehörigen oder einer anderen ihm nahestehenden Person abzuwenden, handelt ohne Schuld.

Der endgültige Text des § 34 StGB wurde erst 1969 beschlossen, ein Jahr nach der Verabschiedung der Notstandsverfassung. In Kraft trat er nicht vor dem 1. Januar 1975. Er unterschied sich am Ende von dem Entwurf des Jahres 1960 nur geringfügig. Wenn in den 1960er Jahren das Schlüsselwort „übergesetzlicher Notstand" fiel, wird den Experten in Politik und Rechtswesen die zu erwartende Neuerung des „rechtfertigenden Notstands" wohl schon gegenwärtig gewesen sein.

Die Rechtsfigur des „übergesetzlichen Notstands" im Bundestag, 1962–1968 (II)

Zurück zum weiteren Gebrauch der Formel vom „übergesetzlichen Notstand" im Bundestag. Am 13. Juni 1967 brachte die FDP-Fraktion den Entwurf eines Gesetzes „zur Beschränkung des Post-, Brief- und Fernmeldegeheimnisses" ein, zwecks einer Einschränkung des Artikels 10 Grundgesetz: „In Fällen schwerster Kriminalität" könne „die Überwachung des Fernmeldeverkehrs vielleicht die einzige aussichtsreiche Methode zur Sachverhaltsaufklärung" darstellen. Doch solle den Strafverfolgungsbehörden nicht „zugemutet" werden, dabei „auf übergesetzliche Rechtfertigungsgründe wie den Grundsatz der Güterabwägung" auszuweichen.

Am 10. Mai 1968 bezeichnete Bundesjustizminister Gustav Heinemann es als notwendig, die sogenannten Schubladengesetze zu beseitigen. Frühere Bundesregierungen, schon vor der Großen Koalition, hatten sie auf Geheiß der Alliierten erarbeitet, um auf Notstands-Situationen vorbereitet zu sein. Sie waren als „Verschlusssache" geheim gehalten, 1966 aber publik geworden – ausgerechnet auf dem Weg über den Staatssicherheitsdienst der DDR.[20] Heinemann fand die Papiere „in ihren Ausmaßen [...] deprimierend": Ihre Grundlage, so führte er aus, „war die Inanspruchnahme eines sogenannten übergesetzlichen Notstandsrechtes wie auch von Vollmachten der Westmächte". An einem „Tage X" sollten „die Schubladen aufgemacht", die Notstandsnormen „von hoher Hand in Kraft gesetzt werden."[21]

Abb. 18 a/b – Proteste gegen die Notstandsgesetze. © BArch, B 145 Bild-00005089 / Engelbert Reineke / Helmut Schmidt am 30. Mai 1968 im Bundestag: „Kein Rückfall in die Schubladengesetze, kein Rückfall in den sogenannten übergesetzlichen Notstand!" © BArch, B 145 Bild-00017211 / Jens Gathmann

Der SPD-Abgeordnete Martin Hirsch schloss sich am 16. Mai 1968 an: Nach „der Vernichtung der Schubladentexte" müsse nunmehr verhindert werden, dass jemals eine Bundesregierung unter Berufung auf alliierte Vorbehaltsrechte oder übergesetzlichen Notstand sich zum Diktator aufschwingen könne. Wenn das Projekt der Notstandsverfassung scheitere, so Hirsch, „dann bleiben die alliierten Vorbehaltsrechte bestehen, dann quellen die Notstandsschubladen bald wieder über von Geheimtexten".[22]

Die Notstandsgesetze wurden von ihren Fundamental-Kritikern als der verfassungsmäßig geebnete Weg in eine künftige Diktatur verteufelt. Helmut Schmidt bestand am 30. Mai 1968 auf seiner Position, dass es sich um das Gegenteil handele: Angesichts einer Gefährdungslage von außergewöhnlicher Art dürfe der Staatsapparat nicht untätig bleiben. Mangels geeigneter Rechtsgrundlage müsse dann auf die Generalklausel des „übergesetzlichen Notstands" zurückgegriffen werden – aber Schmidt sprach nicht von einem „Rückgriff", sondern von einem „Rückfall", den es zu vermeiden gelte. Am selben 30. Mai 1968 erhielten die Notstandsgesetze die erforderliche Zweidrittelmehrheit im Bundestag.

Um Skeptiker zu beschwichtigen, wurde Artikel 20 GG erweitert – durch das Widerstandsrecht. Es handelt sich – wie bereits erwähnt – um eine Generalklausel im Sinne des „übergesetzlichen Notstands". Sie rechtfertigt Notwehrhandlungen sämtlicher Staatsangehöriger gegenüber „jedem", der die freiheitlich-demokratische Grundordnung beseitigen will – „wenn andere Abhilfe nicht möglich ist". Weder sind denkbare Verfassungsfeinde aufgezählt noch irgendwelche verfassungsfeindlichen Handlungen. Für die pauschal gerechtfertigten Notwehrakte werden keine Beispiele angeführt. Ohnehin bleibt die Widerstands-Generalklausel überwiegend symbolisch. Die Staatsbürger müssen sich erst einmal organisieren, um in ihrem Sinn überhaupt erst einmal kampagnefähig zu werden.

Die Erweiterung des Amtshilfe-Artikels 35 GG

Helmut Schmidt hatte sich bemüht, der Sturmflut-Katastrophenabwehr, seiner Katastrophenabwehr, eine hohe politische Bedeutung zu verschaffen.

Dem Gesetzgeber wiederum kam es 1968 auf eine Entpolitisierung der Katastrophenhilfe an. Deshalb wurden Katastrophen und schwere Unglücksfälle demonstrativ an anderer Stelle im Grundgesetz berücksichtigt als der Äußere und der Innere Notstand. Für den Äußeren Notstand, also den Verteidigungsfall, gelten seither Artikel 115a bis 115l. Die Vorsorge für eine „drohende Gefahr für den Bestand oder die freiheitliche demokratische Grundordnung des Bundes oder eines Landes" trifft Artikel 91. In Artikel 87, Absatz 2, ist Ersatz für den Verlegenheitsartikel 143 aus dem Jahr 1956 geschaffen worden: Streitkräfte dürfen außer im Krieg nur zu Zwecken eingesetzt werden, für die sie in der Verfassung ausdrücklich vorgesehen sind. Dem hat der Gesetzgeber just durch die Ergänzung des Artikels 35 GG entsprochen. Der Vollständigkeit halber sei bemerkt, dass die Fassung von 1968 dann ihrerseits noch einmal erweitert worden ist, 1972: Der Bundesgrenzschutz darf – abgesehen vom Katastrophenfall – die Polizei auch bei der Wiederherstellung von Sicherheit und Ordnung unterstützen

Ausdrücklich wurde im Amtshilfe-Artikel grünes Licht für eine Inanspruchnahme der Streitkräfte im Katastrophenfall gegeben. Neu ist freilich allein die Möglichkeit eines Einsatzes der Streitkräfte als Streitkräfte im engeren Sinn des Wor-

Amtshilfe-Artikel 35. Die Ergänzung von 1968

(1) [...]

(2) Zur Hilfe bei einer Naturkatastrophe oder bei einem besonders schweren Unglücksfall kann ein Land Polizeikräfte anderer Länder, Kräfte und Einrichtungen anderer Verwaltungen sowie des Bundesgrenzschutzes und der Streitkräfte anfordern.

(3) Gefährdet die Naturkatastrophe oder der Unglücksfall das Gebiet mehr als eines Landes, so kann die Bundesregierung, soweit es zur wirksamen Bekämpfung erforderlich ist, den Landesregierungen die Weisung erteilen, Polizeikräfte anderen Ländern zur Verfügung zu stellen, sowie Einheiten des Bundesgrenzschutzes und der Streitkräfte zur Unterstützung der Polizeikräfte einsetzen. [...]

tes, nämlich für hoheitliche Zwecke. Selbst dies ergibt sich nicht schon auf den ersten Blick aus dem Wortlaut dse Artikels, sondern eigentlich erst in Anbetracht seiner Entstehungsgeschichte.

Für einen nach Polizeiart bewaffneten Einsatz des Militärs in Katastrophenfällen musste also seit 1968 kein „übergesetzlicher Notstand“ mehr reklamiert werden. Für Extremsituationen anderer Art stand die potenziell brisante Super-Generalklausel dem bundesdeutschen Staatsapparat auch nach der Integration der Notstandsverfassung ins Grundgesetz zur Verfügung. Wer will, kann sic als Bestandteil der staatlichen Souveränität betrachten.

Die Existenz des § 34 StGB erleichtert es dem Staatsapparat, die Formel vom „übergesetzlichen Notstand“ heranzuziehen. Die Hemmschwelle ist herabgesetzt. Die Adjektive „übergesetzlich“ und „rechtfertigend“ sind nach dem Inkrafttreten des § 34 StGB, Anfang 1975, manchmal miteinander verbunden worden: Vom „übergesetzlichen rechtfertigenden Notstand“ wurde dann gesprochen. Dieser Umstand war geeignet, den wichtigen Unterschied zwischen der Rechts- und der Gesetzesformel zu verwischen, zwischen der positivierten Generalklausel und der stets dahinter fortexistierenden Super-Generalklausel.

Die Anstellung „übergesetzlicher“ Güterabwägungen durch den Staatsapparat unterliegt Konjunkturen. Der einschlägige Aufschwung in den Jahren 1975–1977 entsprach der Intensität des linksextremistischen Terrorismus jener Jahre. Unausweichlich wurde in jener Zeit erneut klar, dass sich ein Spannungsverhältnis auftut zu einem zentralen Prinzip des Rechtsstaats – dem „Vorbehalt des Gesetzes“. Dieses Spannungsverhältnis kann verringert werden, ist aber prinzipiell unaufhebbar.

Anmerkungen

1 ORR Hermann Schulze an Senator Schmidt, 4. April 1962, betr. Maßnahmen bei der Hochwasserkatastrophe, S. 2. Staatsarchiv Hamburg (StAHH) 136-1_4835.

2 Erst am 14. März 1966 wurden durch das Hamburger Gesetz zum Schutz der öffentlichen Sicherheit und Ordnung sowohl das Preußische Polizeiverwaltungsgesetz von 1931 „in der geltenden Fassung“ aufgehoben als auch das Polizeigesetz von 1947. Siehe auch: Bernhard Scheer / Hans Trubel: Preußisches Polizeiverwaltungsgesetz vom 1. Juni 1931 mit [...] rechtsvergleichenden Hinweisen auf das geltende Polizeirecht der Länder der Bundesrepublik. 6. Aufl. Hamburg 1961, S. 129 f.

3 72. Ärztliche Schwangerschaftsunterbrechung. Notstand. In: Entscheidungen des Reichsgerichts in Strafsachen 61/1928, S. 242-258.

4 37. Abtreibung. Notstand. Ebd. 62/1929, S. 137–140, hier S. 138. Zusammenfassend Eberhard Schmidt: Das Reichsgericht und der „übergesetzliche Notstand“. In: Zeitschrift für die gesamte Strafrechtswissenschaft 49 (1929), S. 350–411.

5 Helmut-Schmidt-Archiv 930, H.S. / G. Jahn.

6 Über 30 Stunden mit nassen Kleidern auf den Dächern. In: Bergedorfer Zeitung v. 19. Febr. 1962.

7 Wir schießen nicht auf Plünderer. In: Hamburger Morgenpost v. 19. Febr. 1962.

8 Er leitete den Katastropheneinsatz. In: Vorwärts v. 21. Febr. 1962.

9 Johannes Birckholtz an Die Welt, 24. Februar 1962, StAHH 131-1 II_3179. Birckholtz schrieb privat, aber mit Durchschlag an Nevermann und Schmidt.

10 „Geplündert hat bei uns nur die Sturmflut“. In: Der Tagesspiegel v. 25. Februar 1962.

11 Strafgesetzbuch. Kommentar. Begründet von Adolf Schönke, fortgeführt von Horst Schröder. 10., neubearb. Aufl. München/Berlin 1961, S. 308.

12 Strafgesetzbuch. Leipziger Kommentar. 8., neubearb. Aufl. Berlin 1957. Erster Band, S. 347, 427.

13 Schönke/Schröder (wie Anm. 11), S. 329 ff.

14 Senator Helmut Schmidt: Notstandsgesetze – Ja oder Nein. Hg. v. d. Staatlichen Pressestelle, 9. März 1975.

15 Schönke/Schröder (wie Anm. 11), S. 308.

16 Helmut Schmidt: Weggefährten. Erinnerungen und Reflexionen. Berlin 1996, S. 122.

17 Helmut Schmidt: Verteidigung oder Vergeltung. Ein deutscher Beitrag zum strategischen Problem der NATO. Stuttgart 1961, S. 200, aber auch 11–15, 241.

18 Bundestags-Plenarprotokoll (BT-PlPr.) 4/56 vom 24. Jan. 1963, S. 2491.

19 Bundestags-Drucksache (BT-Drs.) 3/2150; ein erneuter Regierungsentwurf (E 1962), BT-Drs. 4/650 v. 4. Okt. 1962, ist in den hier interessierenden Punkten fast wortgleich ausgefallen.

20 Rolf Zundel: Polizeistaat auf Abruf. Der Skandal der Schubladengesetze. In: DIE ZEIT v. 5. August 1966; DDR veröffentlicht Bonner Schubladengesetze. Hg. v. Nationalrat der Nationalen Front des Demokratischen Deutschland. Berlin o.J. [1966].

21 BT-PlPr. 5/173 v. 10. Mai 1968, S. 9266.

22 BT-PlPr. 5/175 vom 16. Mai 1968, S. 9469.

1977 – Hanns Martin Schleyer und die „Landshut"-Insassen: retten oder befreien?

> Im Handeln der sozialliberalen Regierung gegen den Terrorismus lassen sich drei Phasen erkennen. Während die Terrorismusbekämpfung zunächst noch von einem reformpolitischen Programm zur Inneren Sicherheit umrahmt war, verselbständigte sie sich ab Ende 1974 zur reaktiven Krisenbewältigung unter dem Primat der Strafverfolgung, bevor sich ab 1978 Ansätze eines Strategiewechsels [...] bemerkbar machten.

Johannes Hürter: Anti-Terrorismus-Politik der sozialliberalen Bundesregierung 1969–1982. In: Die bleiernen Jahre. Staat und Terrorismus in der Bundesrepublik Deutschland und Italien 1969–1982. München 2010, S. 9–20, hier S. 19

2007 war Helmut Schmidt eingeladen, seine Nachdenklichkeit und seinen Scharfsinn in Marburg zu demonstrieren. Der Fachbereich Philosophie der Philipps-Universität ehrte den Altbundeskanzler mit einem Doktor Ehrenhalber und schmückte zugleich auch sich selbst mit dem berühmten Laureaten. Schmidt hielt eine „Chris-

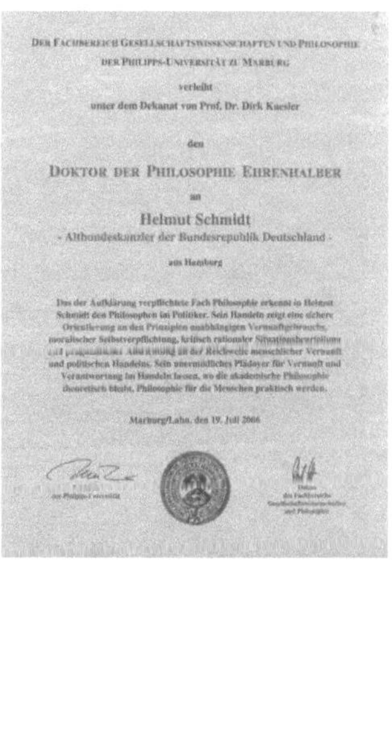

Der Fachbereich Gesellschaftswissenschaften und Philosophie der Philipps-Universität zu Marburg

verleiht

unter dem Dekanat von Prof. Dr. Dirk Kaesler

den

Doktor der Philosophie Ehrenhalber

an

Helmut Schmidt

- Altbundeskanzler der Bundesrepublik Deutschland -

aus Hamburg

Das der Aufklärung verpflichtete Fach Philosophie erkennt in Helmut Schmidt den Philosophen im Politiker. Sein Handeln zeigt eine sichere Orientierung an den Prinzipien unabhängigen Vernunftgebrauchs, moralischer Selbstverpflichtung, kritisch rationaler Situationsbeurteilung [illegible] der Reichweite menschlicher Vernunft und politischen Handelns. Sein unermüdliches Plädoyer für Vernunft und Verantwortung im Handeln lassen, wo die akademische Philosophie theoretisch bleibt, Philosophie für die Menschen praktisch werden.

Marburg/Lahn, den 19. Juli 2006

Abb. 19 – „Eine sichere Orientierung" haben die Marburger Philosophen dem Altbundeskanzler bescheinigt. Schmidt seinerseits beklagte, dass er in bestimmten politischen Grenzsituationen „keine Entscheidungshilfe in der Philosophie" gefunden habe.

tian-Wolff-Vorlesung". Daraus ist schon zitiert worden. Schmidt sprach über den Mangel an hilfreicher Orientierung in politischen Grenzsituationen – bezogen auf Philosophie, Religion und ganz generell auf Theorien.

Damit wies Schmidt – zu Recht – nicht zuletzt auf die Grenzen der Philosophie hin. In der Laudatio des Fachbereichs wurde dem Geehrten attestiert, einem solchen Mangel gegenüber doch aber in nennenswerter Weise gewappnet gewesen zu sein. Er habe als Politiker „eine sichere Orientierung" bewiesen, und zwar „an", aber zugleich doch wohl auch mit den vier Prinzipien

1. des „unabhängigen Vernunftgebrauchs",
2. der „moralischen Selbstverpflichtung",
3. der „kritisch rationalen Situationsbeurteilung" und
4. der „pragmatischen Ausrichtung an der Reichweite menschlicher Vernunft und politischen Handelns".

„Unabhängigkeit" – „Selbstverpflichtung" – „Situationsbeurteilung" – „Pragmatismus". Die Begriffe dienten der Umschreibung des Charakteristikums, das Schmidt gern für sich beanspruchte. Er wollte mehr sein als der entschiedene „Macher", „Manager" oder „Technokrat". Ein scharfer Intellekt sei hinzugekommen, so ist Schmidt in der Tat von vielen Menschen bescheinigt worden, sowie ein fundierter ethischer Standpunkt. Schmidt hat sich eine philosophische Hausbibliothek zusammengestellt, mit einem Kernbestand aus Werken von vier Philosophen, die zu großer Prominenz gelangt sind: Marcus Aurelius, Immanuel Kant, Max Weber und Karl Popper. Die Reihenfolge entspricht dem Zeitstrahl und auch – wenn man so will – den Prinzipien eins bis vier, die in der Marburger Lobrede aufgezählt sind; die Zahl vier ist möglicherweise nicht zufällig ausgewählt worden.

Marc Aurel mag für „unabhängigen Vernunftgebrauch" stehen. Kant, mit seiner Pflichtethik, sodann Weber mit der klassisch gewordenen Unterscheidung zwischen „Gesinnungsethik" und „Verantwortungsethik" können zwanglos mit dem Punkt „moralische Selbstverpflichtung" verbunden werden. Zu Popper passen sowohl die „kritische Rationalität" als auch die zu Bescheidenheit und Gelassenheit Anlass gebende Erinnerung an die „Reichweite menschlicher Vernunft", und hier mag dann erneut der Stoiker Marc Aurel herangezogen werden: Bescheidenheit sei empfohlen, Eiferertum zu vermeiden, Selbstvervollkommnung anzustreben. Alternative Zuordnungen mögen freilich nicht weniger plausibel ausfallen.

Zum Helmut-Schmidt-Kult gehört die Annahme, dass jedes Mal, wenn der Protagonist Begriffe wie Pflicht, Vernunft, Verantwortung oder Reform von sich gebe, dahinter ein Stück Reflexion über einschlägige Texte Marc Aurels, Kants, Webers oder Poppers stünde.[1] Der eine oder andere Journalist hat sich nicht damit begnügt, Schmidt als geistreichen Plauderer zu loben, sondern ihn bereits zum Philosophen deklariert.[2] Der Marburger Titel des Doctor honoris causa leistet solcher Übertreibung Vorschub.

Helmut Schmidt im Orientierungs-Vakuum?

Sollte Helmut Schmidt 1962 die Bundeswehr zur Katastrophenabwehr in Anspruch nehmen oder auch nur ein paar Kompanien Feldjäger? Sollte Schmidt 1977 zur Rettung von zunächst einer todbedrohten RAF-Geisel, bald darauf von zusätzlichen 91 Geiseln, den Forderungen der Terroristen nachkommen? In beiden Fällen habe er sich, so liest man bei ihm, eine Richtschnur oder Vorschrift gewünscht – wenn schon nicht aus Verfassung und Gesetz, dann doch aber aus einem allgemeineren theoretischen Bereich. Allein, eine solche „Handlungsanleitung" sei nicht in Sicht gewesen. So habe er sich in einem internen Notstand befunden, habe zum Zweck der Güterabwägung sein Gewissen zermartern müssen.

Ein Teil des Publikums mag sich Helmut Schmidt vorstellen, wie er zur Bibel greift und in den Büchern seiner Leib- und Magenphilosophen blättert, während sich andere Menschen in einem externen Notstand befinden – in der Gefahr nämlich, durch Wasser und Kälte zu sterben oder von Terroristen vernichtet zu werden. Doch kann die Entstehung des Schmidt-Sturmflut-Mythos zeigen, wie Entscheidungen manchmal im Nachhinein, gewissermaßen post-faktisch, mit einer Begründung versehen werden, an die zur „Tatzeit" noch kein Gedanke war.

Es führt kein Weg darum herum: Die philosophischen Motti, die in Marburg aufgelistet worden sind, „unabhängiger Vernunftgebrauch" etc., bleiben weitgehend formal: Sie enthalten mehrere Unbekannte. Stets kann es von Nutzen sein, sich rechtzeitig vorzustellen, ob und wie bestimmte Entscheidungen im Licht solcher Motti in Frage gestellt werden könnten. Die vier Prinzipien bilden Instrumente eines umfassenderen kritischen Werkzeugkastens. Insofern bieten sie gewiss auch Orientierung. Keineswegs aber lässt sich aus ihnen eine Entscheidung für einen konkreten Problemfall einfach nur ableiten, nach der Logik des „Wenn..., dann...".

Mit den abstrakten Grundwerten der liberalen, pluralistischen Demokratie verhält es sich nicht völlig anders: „Menschenwürde", „Freiheit", „Gleichheit", „Solidarität" oder „Gerechtigkeit" sind vielfältig interpretierbar. Eine Verfassung, eine Partei, ein Politiker mögen dreimal die Würde des Menschen an die erste Stelle der Wertetabelle setzen: Dadurch mag sich die Zahl an Alternativen in einem konkreten Entscheidungsfall verringern, jedoch wohl kaum bis zur „Eins" hinab.

Für einfach strukturierte Situationen kann eine solcherart vollständige Reduktion vielleicht durch ein Gesetz oder gar eine Verordnung erreicht werden.

Gravierende Krisen aber zeichnen sich definitionsgemäß durch einen Grad von Heftigkeit und Komplexität aus, der die Resilienz des betroffenen Gemeinwesens gravierend strapaziert, seine Widerstandsfähigkeit und sein Gesundungspotenzial. Dafür gibt es dann keine Patentrezepte.

Orientierungs-„Landschaften", Orientierungs-„Instrumente"

In ein theoretisches Vakuum wird man gleichwohl auch in einer einschneidenden Krise nicht zwangsläufig verschlagen. Größer dürfte das Risiko sein, sich angesichts mehrerer Orientierungs-„Instrumente" schwer damit zu tun, eine geeignete Auswahl zu treffen oder eine passende Kombination herzustellen.

Die elementare Logik des Sichzurechtfindens erfordert – modellhaft – einen Menschen, der sich in einer Orientierungs-„Landschaft" bewegt und betätigt, der aber sein Orientierungs-Ziel oder den genauen Weg dorthin erst vage vor Augen hat. Der Orientierungs-Suchende bedient sich der einen oder anderen Orientierungs-Instrumente.[3] Für einen gereiften Menschen, für einen erfolgreichen Profi, für einen Experten und Könner auf einem bestimmten Tätigkeitsfeld, stellt sich diese „Landschaft" als detailliert erschlossen dar. Ein solcher Akteur hat sich in ihrem Rahmen schon in der Vergangenheit Ziele gesetzt. Er hat sie meist auch mit angemessenem Aufwand erreicht – sonst stände er nicht da, wo er steht. Vielleicht hat er gar an der Gestaltung dieser „Landschaft" mitgewirkt. Er hat also Erfahrung als „Landschafts-Architekt", eignet sich zum „Landschafts-Führer", ja zum „Landschafts-Bewahrer". Im Lauf der Zeit hat er die eine oder andere Methode der Orientierung entwickelt. So kann er neu auftretende Herausforderungen auch dann oft integrieren und bewältigen, wenn sie heftig ausfallen. Sie mögen die gegebene „Landschaft" krisenhaft verändern, aber nicht ganz und gar umstürzen. Die bisher bewährten Orientierungsinstrumente sind daher nicht nutzlos. Sie müssen auf neue Weise genutzt, angepasst oder ergänzt werden.

Für den Fall, dass ein Krisenmanager sich der von ihm benutzten Orientierungsinstrumente nicht gewahr wird, dass er sie vergisst oder gar leugnet, können sie doch aber im Nachhinein oft rekonstruiert werden: Auch der entschiedenste und tatkräftigste „Macher", und sollte er sich noch so sehr auf die Bewältigung eines gegebenen Einzelfalls konzentrieren, bliebe handlungsunfähig ohne irgendeine Orientierung allgemeiner Art – mögen die dafür herangezogenen Theorien auch tatsächlich nicht dort zu finden sein, wo er sie erklärtermaßen vermisst.

Helmut Schmidt hat in seinen Memoiren eingeräumt, ihm seien „nach Lektüre mancher Psychologiebücher“ späte Zweifel an seiner mehrfach vorgebrachten Behauptung gekommen, er habe seine politischen Ämter „niemals angestrebt“: Unbewusst sei dies vielleicht doch der Fall gewesen.[4] Die Lektüre von Psychologiebüchern kann in ähnlicher Weise das Bewusstsein dafür schärfen, wie das eigene Gedächtnis bestimmte Tatsachen verzerrt und wie bestimmte Motive oder andere Orientierungsinstrumente verkannt werden.

Der „übergesetzliche Notstand“ als Orientierungsinstrument

Helmut Schmidt, der „Herr der Flut“, kannte sich 1962, wie er selbst betont hat, in der Politik und Verwaltung Hamburgs aus, kaum weniger aber auch, nach achtjähriger Tätigkeit in Bonn, auf der Bundesebene. Er war Experte auf dem Feld der Innen-, Sicherheits- und Verteidigungspolitik. Er hat sich 1962 nach eigenen Angaben durchaus am Grundgesetz orientiert, wenn auch angeblich in der Weise, dass er da besser nicht hineingeguckt hätte: Ihm wäre schon klar gewesen, dass er nicht hinreichend unterstützt finden würde, was ihm vorschwebte, nämlich „die Menschen zu retten“.

In Wirklichkeit war Schmidt 1962 gar nicht darauf angewiesen, „übergesetzlich“ abzuwägen. Mit Artikel 143 GG musste die Bundesregierung sich auseinandersetzen. Die erforderlichen Grundrechtseinschränkungen waren vom Polizeirecht gedeckt. Eine strafrechtliche Problematik hat sich ihm nicht entgegengestellt. Schmidt befand sich mit seinem Entschluss, „die Menschen zu retten“, in guter und zahlreicher Gesellschaft. Alle Akteure benutzten fast dieselben Orientierungsinstrumente. Verfassungsartikel oder höhere ethische Prinzipien zählten nicht dazu; Normenkonflikte ergaben sich nicht. Es lag weitgehend auf der Hand, was in einer real gegebenen Landschaft zu tun war, wenn sie von Hochwasser überschwemmt war.

Auch eine gemeinhin als unpolitisch betrachtete Katastrophe spielt sich aber in einer politischen „Landschaft“ ab. In der Politik orientiert man sich unter anderem an wahren Erkenntnissen oder an gemeinnützigen Maximen, vor allem aber an den geschriebenen und ungeschriebenen Regeln des Wettstreits oder gar Kampfes um den Erwerb und Erhalt von Macht. Aus genau diesem Grund hat Schmidt hernach sein angeblich zentrales Orientierungsinstrument erfunden: Die Gegebenheit des „übergesetzlichen Notstands“ hätte ihn 1962 halb dazu gezwungen, halb aber auch in die Lage versetzt, trotz seines Diensteids gegen die Verfassung und gegen diverse Gesetze zu verstoßen.

Auf solcherart „übergesetzliche" Güterabwägung, so hat Schmidt noch nachdrücklicher betont, habe er ebenfalls, ja sogar gesteigert, in den Jahren des linksextremistischen Terrors ausweichen müssen und dürfen, 1975 und 1977. Dabei handelt es sich um die Periode, über die der Historiker, der hier zu Beginn zitiert worden ist, ein hartes Urteil gefällt hat: Die Bundesregierung sei ziemlich einseitig auf „reaktive Krisenbewältigung" konzentriert gewesen, „unter dem Primat der Strafverfolgung". Vorher und nachher dagegen seien Ansätze zu einem „reformpolitischen Programm" für die innere Sicherheit deutlicher bemerkbar gewesen. Kurz vor dem Terrorjahr 1975 war Schmidt seinem Parteigenossen Willy Brandt als Bundeskanzler gefolgt, im Mai 1974. In dieser Personalie die alleinige Ursache für die Entstehung des genannten Paradigmenwechsels auszumachen, wäre aber natürlich zu simpel. Extreme Herausforderungen trafen auf einen Kanzler, der sich einbildete, mit Theorie und Praxis des „übergesetzlichen Notstands" schon einmal, 1962, souverän umgegangen zu sein. Durch das mittlerweile im StGB positivierte Orientierungsinstrument „übergesetzlicher Notstand" sah Schmidt sich veranlasst und legitimiert, äußerstenfalls auf diejenige innere Instanz zurückzugreifen, die ihn nach seiner Einschätzung zu solch souveränen Entscheidungen befähigte: Auf seine gewissensgebundene politische Lebenserfahrung.

Erfahrung und Gewissen sind emotional verankerte „Pakete" aus Theorien. Sie prägen die Einstellungen eines Menschen, also – in deren Summe – seine Persönlichkeit. Schmidt mag seine Entscheidungen nicht aus der Gesetzeslage abgeleitet haben. Aber die gegebene Gesetzeslage und – umfassender – Rechtslage waren ihm bekannt. Sie bildeten einen Bestandteil seiner Erfahrung. Sein Gewissen bezog sich nicht zuletzt auch darauf.

Die Formeln vom „übergesetzlichen" und – neuerdings, seit 1975 – vom „rechtfertigenden Notstand" zählten zur Rechts-, ja Gesetzeslage hinzu.

Die Notstandsverfassung von 1968 konnte durch Stadtguerilla-Gruppen zwar rein hypothetisch aktiviert werden. Doch in Wirklichkeit war die RAF zu keiner Zeit in der Lage, „die öffentliche Sicherheit und Ordnung" in einer Weise zu gefährden, gemäß Artikel 35 Grundgesetz, dass die Polizei nicht dagegen angekommen wäre. Schon gar nicht bedrohte die RAF „den Bestand oder die freiheitliche demokratische Grundordnung des Bundes oder eines Landes", gemäß Artikel 91 Grundgesetz. Grundrechts-Einschränkungen waren durch Artikel 35 und 91 ohnehin nicht abgedeckt. Dagegen standen der „übergesetzliche" und der „rechtfertigende" Notstandsbegriff für allerlei „extreme Situationen" zur Verfügung oder schienen sich gar anzubieten – gewissermaßen als Joker.

Ist ein „Notstands“-Etikett erst einmal hergestellt, können bestimmte Situationen von bestimmten Akteuren oder von irgendeiner „Jury“ mit diesem „Label“ versehen werden. Sie landen in einer entsprechenden „Schublade“. Aus dieser Kategorisierung wird dann die Berechtigung dafür abgeleitet, irgendwie situationsangemessen zu handeln, und bedeute dies im gegebenen Einzelfall auch einen Verstoß gegen die Gesetzeslage. Doch wer entscheidet verbindlich darüber, was einen extremen Einzelfall ausmacht? Handelt es sich bei dem Akteur um eine Privatperson, die den Staatsgewalten unterworfen ist, dann muss dieser „Täter“ auf ein günstiges Gerichtsurteil hoffen.

Stellt die Formel vom „übergesetzlichen Notstand“ ein zulässiges und geeignetes Orientierungsinstrument aber auch für Politik und Verwaltung dar? Die Antwort darauf darf eigentlich nicht allein aus der Sicht staatlicher Akteure erfolgen, die durch akute Probleme herausgefordert und entsprechend tatendurstig sind. Doch wer ist aufgerufen, wenn „extremen Situationen“ mit entsprechend „schnellen Entscheidungen“ begegnet werden muss?

§ 34 Strafgesetzbuch – ein „Notverordnungs“-Paragraph?

Artikel 48 in der Verfassung von Weimar

(2) Der Reichspräsident kann, wenn im Deutschen Reich die öffentliche Sicherheit und Ordnung erheblich gestört oder gefährdet wird, die zur Wiederherstellung der öffentlichen Sicherheit und Ordnung nötigen Maßnahmen treffen, erforderlichenfalls mit Hilfe der bewaffneten Macht einschreiten. Zu diesem Zwecke darf er vorübergehend die in den Artikeln 114, 115, 117, 118, 123, 124 und 153 festgesetzten Grundrechte ganz oder zum Teil außer Kraft setzen.

Die Funktion der 1968 ins Grundgesetz eingefügten „Notstandsartikel lag auf der Hand: Sie sollten all dasjenige weitgehend reglementieren und legitimieren, was der Staatsapparat künftig gegen bestimmte, extreme Herausforderungen für Gesellschaft und Staat unternehmen könnte. Doch ist es unmöglich – wie Helmut Schmidt zu Recht betont hat – alle Eventualitäten von vornherein aufzulisten. Entsprechend gibt es keinen „Numerus clausus der Rechtfertigungsgründe“.[5] Deshalb war die Rechtsfigur des „übergesetzlichen Notstands“ auch nach der Verabschiedung der Notstandsverfassung keineswegs überholt.

1948/49, als das künftige Grundgesetz von seinen „Vätern" und „Müttern" redigiert wurde, war die Formel vom „übergesetzlichen Notstand" nicht in einen Artikel gegossen worden. Warnend wurde damals – und wird bis heute – auf den „Notverordnungsartikel" 48 in der Weimarer Verfassung hingewiesen. Ab 1919 hatte der Reichspräsident vorübergehend den Ausnahmezustand erklären, Notverordnungen erlassen, das Militär einsetzen und die in solchen Fällen „störenden" Grundrechte außer Kraft setzen dürfen: Freiheit der Person, Freiheit der Meinung, der Versammlung und der Vereinigung, Unverletzlichkeit der Wohnung, Postgeheimnis, Recht auf Eigentum. Ein Ausführungsgesetz, das die Details geklärt hätte, ist nie zustande gekommen, der Artikel also nach politischem Gutdünken angewandt worden.

Wie fast alles, was Menschen ersinnen und tun, war der Notverordnungsartikel 48 eine zweischneidige Angelegenheit. Wenn die Geschichte Weimars einen anderen Verlauf genommen hätte; wenn es dabei geblieben wäre, dass der sozialdemokratische Reichspräsident Friedrich Ebert in den Anfangsjahren der Ersten Republik vom Artikel 48 Gebrauch gemacht hätte, vollendete 136 Mal übrigens und nicht zuletzt, um extremistische Unruhen und Putschversuche zu neutralisieren; wenn dem Artikel 48 und seinen Anwendern also vor allem eine stabilisierende Wirkung im Sinne einer wehrhaften Demokratie hätte nachgesagt werden können, dann hätte der Bonner Parlamentarische Rat vielleicht einen Notstandsartikel ins Grundgesetz eingeführt, und zwar einen umfassenden – mit allen seinen Vor- und Nachteilen. Den Entwurf für eine solche Generalklausel gab es, aber er ist Entwurf geblieben.

„Notverordnungen" im Grundgesetz?

Ein Entwurf von 1948

(1) Bei drohender Gefahr für die öffentliche Sicherheit und Ordnung im Bundesgebiet kann die Bundesregierung mit Zustimmung des Bundesrats (Senats) im Rahmen der Bundeszuständigkeit Notverordnungen mit Gesetzeskraft erlassen. [...] Die Verordnungen treten außer Kraft, wenn sie nicht binnen vier Wochen vom Bundestag oder seinem ständigen Ausschuss bestätigt werden.

Grundgesetz-Entwurf von Herrenchiemsee, 25. August 1948, Artikel 111

1975 trat der „rechtfertigende Notstand" im StGB in Kraft – zu Gunsten eines Akteurs, der „in einer gegenwärtigen, nicht anders abwendbaren Gefahr für Leben, Leib, Freiheit, Ehre, Eigentum oder ein anderes Rechtsgut eine Tat begeht, um die Gefahr von sich oder einem anderen abzuwenden". Der neue § 34 StGB ist bereits vollständig zitiert worden. Er konkretisiert die Rechtsformel vom „übergesetzlichen Notstand" in einer Intensität, die im deutschen Gesetzesrecht ganz neu war. Der StGB-Kommentar von Schönke/Schröder, Stand 1976, war sogar geeignet, den Eindruck eines vollständigen Übergangs zu erwecken: Der jetzt gesetzlich fixierte „rechtfertigende Notstand“ gebe genau und vollständig das wieder, was „bisher mangels einer ausdrücklichen Normierung als ‚übergesetzlicher Notstand‘ bezeichnet“ worden sei.[6]

Die Rechtsidee vom „übergesetzlichen“, besser „überverfassungsgesetzlichen Notstand“ stellt eine Allround-Formel dar. Sie geht aus gutem Grund davon aus, dass das System des geschriebenen Rechts unvollkommen ist. Kann, darf diese umfassende Rechtsidee in den Paragraphen eines einzelnen, „einfachen“, also Nichtverfassungs-Gesetzes, hineingepackt werden? Der Wortlaut des § 34 StGB und entsprechender StGB-Kommentare ist geeignet, diesen Eindruck zu erwecken: Die klassischen Rechtsgüter, „Leben“, „Leib“, „Freiheit“ etc. würden lediglich deshalb erwähnt, so kommentierte der „Schönke/Schröder“ 1976, um der „besseren Veranschaulichung“ zu dienen. Damit sei keineswegs verlangt, dass die „anderen“ Rechtsgüter ihrerseits strafrechtlich geschützt sein müssten: Es genüge, war da nachzulesen, „jedes rechtlich geschützte Interesse, gleichgültig, von welchem Teil der Rechtsordnung es diesen Schutz erfährt.“[7] Demzufolge darf ein Akteur, mit § 34 StGB „unterm Arm“, quasi freischwebende Güterabwägungen in anderen Rechtsbereichen vornehmen, wobei weder das am Schluss bevorzugte, noch das hintangestellte Gut strafrechtlich von Bedeutung sein muss.

Die größte Aufmerksamkeit hat § 34 StGB tatsächlich dadurch erlangt, dass juristische Personen sich auf ihn berufen haben – direkt oder indirekt. Genauer gesagt: Solche natürlichen Personen, die innerhalb staatlicher Institutionen eine Funktion erfüllten und in deren Namen Verantwortung trugen. Das ist besonders auffällig in den Jahren 1975 bis 1977 geschehen. Dabei handelt es sich bei § 34 StGB aber keineswegs um einen Bestandteil des Pakets von Antiterrorgesetzen, die zwischen 1974 und 1978 verabschiedet wurden. Vielmehr geht der Wortlaut des Paragraphen – wie schon erwähnt – auf die Entwürfe für ein neues StGB vom Beginn der 1960er Jahre zurück.

„Die herrschende Meinung ist abzulehnen“ – § 34 StGB und staatliche Eingriffe

Nach herrschender Meinung soll § 34 StGB auf hoheitliche Eingriffe in Individualrechtsgüter anwendbar sein, wobei hinsichtlich des Umfangs der Anwendbarkeit im Einzelnen unterschiedliche Auffassungen vertreten werden. [...] Die herrschende Meinung ist abzulehnen. Man hat [...] zunächst zu differenzieren: Auf staatliches Eingriffshandeln in In-

Ist also 1975 an einer Stelle, die auf den ersten Blick unverdächtig erscheint, nämlich im StGB und keineswegs im Grundgesetz, nun doch, zusätzlich zu den aneinandergereihten Notstands-Artikeln, eine Notstands-Generalklausel geschaffen worden? Eine geschriebene Norm, die unter dem Aspekt ihrer Bedeutung eigentlich ein Artikel der Verfassung sein müsste, aber aus Alibi-Gründen mit dem Mäntelchen eines bloßen Paragraphen versehen worden ist?

Bereits 1978 argwöhnte der Hannoveraner Staatsanwalt Fritz Sydow: Wenn § 34 zur Rechtfertigung staatlichen Handelns herangezogen werden könne, dann dränge sich ein Verdacht auf: „Heimlich oder versehentlich, jedenfalls unbemerkt von der gesamten Öffentlichkeit“ könnte „eines der wesentlichen Elemente des Rechtsstaats ‚für den Notfall‘ außer Kraft gesetzt worden“ sein – „nämlich der Grundsatz vom Vorbehalt des Gesetzes“.[8] Dieser Grundsatz fordert, dass Regierung und Verwaltung solche Hoheitsakte, die die Staatsbürgern etwas abverlangen, sie quasi „belasten“, nur unter einer Bedingung vornehmen werden dürften: Es muss eine gesetzliche Grundlage dafür bestehen.

dividualrechte ist § 34 StGB ohne Ausnahme unanwendbar. Dagegen ist eine Rechtfertigung durch § 34 dort unbedenklich, wo es nicht um Eingriffe in die Rechts- oder Freiheitssphäre Einzelner geht, sondern ausschließlich staatliche Rechtsgüter oder solche der Allgemeinheit betroffen sind.

Frank Zieschang: §§ 33–35. In: Strafgesetzbuch. Leipziger Kommentar. Großkommentar. Teil: 3. Hg. v. Thomas Rönnau. Berlin, Boston: 13., neu bearb. Aufl. 2019, S. 581–650, hier S. 591

Gedankenexperiment: Eine Notstands-Generalklausel für das Grundgesetz, 1981

Es fällt auf, dass die Frage, ob und inwiefern der Staatsapparat sich des Artikels 34 bedienen darf, in Politik und Rechtswesen offenbar bis heute keine abschließende, einhellige Antwort erfahren hat; davon zeugt die jüngste Ausgabe des „Leipziger“ StGB-Kommentars, von 2019.

Dabei scheint es für eine Notstands-Generalklausel nur einen einzigen angemessenen Platz zu geben – im Grundgesetz. Der Juraprofessor Ernst-Wolfgang Böckenförde hat 1981 einen solchen Ausnahmezustands-Artikel in einem Gedankenexperiment entworfen – in einer Festschrift für den sozialdemokratischen Rechtspolitiker Martin Hirsch: Eine Verfassung dürfe zu dieser Aufgabe nicht schweigen, sonst werde es immer erneut passieren, dass Politiker auf Hilfskonstruktionen wie den § 34 StGB zurückgriffen. Die maßgeblichen Entscheider von 1977, Werner Maihofer, Hans-Jochen Vogel und vor allem Helmut Schmidt, wurden hier von dem Verdacht freigesprochen, einem autoritären Staatsverständnis verpflichtet zu sein. Böckenförde entschied sich vielmehr für eine Formulierung, die auf den ersten Blick Schmidts Auffassung nahekam, er habe sich als Bundeskanzler in einer schicksalhaften Verstrickung befunden. Die Berufung auf einen

„übergesetzlichen Notstand", so Böckenförde, hätte „in der gegebenen Situation etwas Unentrinnbares gehabt".

Böckenförde war 1967 der SPD beigetreten; die Partei hat ihn dann 1983 zum Mitglied des Bundesverfassungsgerichts gemacht.

Böckenfördes akademischer Entwurf für einen umfassenden Notstandsartikel in Form einer Generalklausel bezog sich dann zwar – überraschend, aber entsprechend der Tradition – allein auf einen inneren Notstand politischer Art. Insofern stellte das Modell von 1982 eine Erweiterung der 1968 eingefügten GG-Artikel 87a und 91 dar. Es erstreckte sich nicht auf die Bandbreite all dessen, was an Extremsituationen vorstellbar war, und verdiente deshalb kaum das Prädikat einer „Generalklausel". Doch war Böckenfördes Modell gründlich durchdacht. Die Mängel des „Weimarer" Notstandsartikels 48 wollte er vermeiden. Der Träger von Ausnahmebefugnissen, so Böckenförde, sei die Exekutive, und letzten Endes liege die Entscheidungsgewalt bei dem „Ein-Mann-Organ" des Bundeskanzlers. Der Herr des Ausnahmezustands sei und bleibe jedoch das Parlament. Mit einer Zweidrittelmehrheit müsse es ihn beschließen. Nach Beendigung „eines stattgehabten Ausnahmeregimes" sei eine politische Aufarbeitung vorzunehmen.

Böckenförde hat Bundeskanzler Schmidt nicht dafür getadelt, dass dieser sich 1977 auf den „übergesetzlichen Notstand" in einer nur „vermeintlichen Ausnahmesituation" berufen habe. Aber selbst wenn Böckenfördes Modellartikel 1977 gegolten hätte, wäre er für Schmidt keine „Handlungsanleitung" gewesen. Die Maßnahmen, die Wolfgang Kraushaar in Summe als einen „nicht erklärten Ausnahmezustand" kritisiert hat, waren eine Reaktion auf Herausforderungen, die deutlich unterhalb der von Böckenförde formulierten Reizschwelle lagen. Zu keiner Zeit stellte der RAF-Terror eine „unmittelbar bestehende, auf andere Weise nicht zu beseitigende, außergewöhnliche Gefahr für den Bestand der freiheitlich-demokratischen Grundordnung" dar. Im Fall des Kontaktsperregesetzes zeigte sich zwar, wie einfach es in angespannten Situationen sein

Der Bundestag als „Herr des Ausnahmezustands"

Im Falle einer unmittelbar bestehenden, auf andere Weise nicht zu beseitigenden außergewöhnlichen Gefahr für den Bestand der freiheitlich-demokratischen Grundordnung oder die Gewähr der Rechtsordnung in der Bundesrepublik kann der Bundestag mit Zustimmung des Präsidenten des Bundesrats, bei Gefahr im Verzug auch der Bundestagspräsident mit Zustimmung des Präsidenten des Bundesrats, für das Bundesgebiet oder Teile davon den Ausnahmezustand erklären. Der Beschluß des Bundestags bedarf einer Mehrheit von zwei Dritteln seiner Mitglieder.

Ernst-Wolfgang Böckenförde: Ausnahmerecht und demokratischer Rechtsstaat. In: Die Freiheit des Anderen. Festschrift für Martin Hirsch. Hg. Hans Jochen Vogel / Helmut Simon / Aldalbert Podlech. Baden-Baden 1981, S. 259–272, hier S. 266

konnte, eine Zweidrittelmehrheit im Bundestag zu organisieren; aber wäre das den führenden Funktionären im Rahmen des „Allparteien“-Bündnisses auch dann gelungen, wenn es um die förmliche Erklärung eines Ausnahmezustands gegangen wäre, wie Böckenförde ihn dann rein theoretisch skizzierte?

Die ungeschriebene Generalklausel des „übergesetzlichen Notstands“ konnte jedenfalls im genannten Sinn „unterschwellig“ in Anspruch genommen werden – als im StGB-Paragraphen 34 positiviert, also geschrieben, und auf diese Weise zugleich auch popularisiert, nämlich zunehmend breiteren Kreisen, auch öffentlich-rechtlichen Akteuren, zum Gebrauch anheimgestellt.

Nicht zuletzt aus diesem Grund war Böckenförde darin zuzustimmen, dass eine Abschließbarkeit des staatsrechtlichen Notstandsproblems auch mit einer General- und Auffangklausel im Rahmen der Verfassung nicht zu erreichen ist. Andere Gründe treten hinzu: Immer erneut, also unabschließbar wird beispielsweise darüber nachzudenken sein, welche Kriterien für das Parlament gelten sollen, wenn es vor der Frage steht, ob ein Ausnahmezustand förmlich festzustellen sei.

So bleibt die Rechtsformel vom „übergesetzlichen Notstand“ ungeachtet aller verfassungs- und gesetzgeberischen Mühe im Hintergrund bestehen – unvermeidlicher, da stets denkbarer Weise, einerseits unverzichtbar, andererseits trefflich zu missbrauchen.

Die Formel vom „übergesetzlichen Notstand“ im Bundestag, 1968–1982

Zwischen dem Sommer 1968, nach der Verabschiedung der Notstandsgesetze, und dem Ende des Jahres 1982, als Schmidt den Kanzlerbungalow verließ, ist das Stichwort „übergesetzlich“ rund 30 Mal im Zentrum der westdeutschen parlamentarischen Demokratie gefallen, im Bonner Bundestag. Meist war „übergesetzlich“ mit „Notstand“ verbunden, manchmal mit „Recht“.

Teils wurde ein „übergesetzlicher Notstand“ für relativ banale Sachverhalte in Anspruch genommen. Immer noch kursierte zum Beispiel die Idee vom „Erntenotstand“. Bereits in den Jahren um die 1962er Sturmflut herum waren fast jährlich Soldaten der Bundeswehr zum „Erbseneinsatz“ ausgerückt, und niemand hatte den damaligen Grundgesetzartikel 143 dagegen ins Feld geführt. Jetzt hieß es: Bei „unvorhergesehenen Wetterumstürzen“ könne in der Landwirtschaft ausnahmsweise auch eine längere Beschäftigung von Kindern gerechtfertigt sein als im Jugendarbeitsschutzgesetz vorgesehen – „im Rahmen des sogenannten übergesetzlichen Notstands“.[9]

Politisch gewichtiger zielte Claus Arndt Ende 1975 mit einer rhetorischen Frage auf das immerwährende Problem deutscher Rüstungsexporte. Die Gesetzlage war eigentlich klar: Nur mit Genehmigung der Bundesregierung dürfen „zur Kriegsführung bestimmte Waffen [...] hergestellt, befördert und in Verkehr gebracht werden“, so heißt es in Artikel 26 Grundgesetz. Seit 1961 gab es für die Details das Außenwirtschaftsgesetz und das Kriegswaffenkontrollgesetz[10] Doch unter der Kanzlerschaft Helmut Schmidts wurden für deutsche Waffenexporte „die Schleusen geöffnet“, wesentlich unter dem Aspekt der Arbeitsplatzsicherung.[11] Nicht alle SPD-Politiker waren damit einverstanden.

Claus Arndt verdient hier einen kurzen Exkurs: Arndt jun. hatte zwar als junger Regierungsrat in den 1960er Jahren einige Legenden aus dem Schmidt-Sturmflut-Mythos verbreiten helfen. Aber bereits im Mai 1968 war von ihm in der Zeitschrift „Die Polizei“ ebenfalls zu lesen: Der freiheitliche Rechtsstaat des Grundgesetzes kenne „ebenso wenig die Anerkennung eines ‚übergesetzlichen Notstands‘ im Verfassungsrecht wie die Billigung des Satzes ‚Not kennt kein Gebot‘“. Beides wären „klare Verfassungsbrüche“.[12] Claus Arndt hat sich dabei auf Äußerungen seines Vaters Adolf Arndt berufen, unter anderem von 1962.

Claus Arndt ist 1968 in den Bundestag eingetreten, hat ihm bis 1972 angehört, ist sodann innerhalb der Hamburger Verwaltung aufgestiegen. Seit 1974 war er erneut im Bundestag – als Nachrücker auf der Hamburger

Staatsräson oder Verfassungsräson?

Herr Staatssekretär, können Sie bestätigen, dass die Verfassungsordnung der Bundesrepublik Deutschland nur eine Räson kennt, nämlich die Verfassung, und dass es ihr gegenüber keinen übergesetzlichen Notstand oder irgendeinen anderen Rechtfertigungsgrund gibt, um Gesetz oder die Verfassung zu umgehen oder – wie es so schön heißt – sich zu „tarnen“?

Claus Arndt im Bundestag, 4. Dezember 1975

A ARNDT (HAMBURG)

ARNDT (Hamburg), Dr. Claus
Regierungsdirektor
2050 Hamburg 80,
Fanny-David-Weg 61

Hamburg
Landesliste
SPD

Abb. 20 – Claus Arndt im Amtlichen Handbuch des Deutschen Bundestags, Sechste Wahlperiode, 1969. © Deutscher Bundestag

SPD-Kandidatenliste. Zum Zeichen, dass er sich einigermaßen unabhängig fühlte von den Parteigrößen Schmidt oder auch Wehner, erzählte Arndt gern die Anekdote, wie er – Anfang der 1970er Jahre – den ihm angetragenen Posten eines Bonner Staatssekretärs abgelehnt habe, und zwar entgegen Schmidts entrüsteter Frage, für wen er sich eigentlich halte und wie es um sein Pflichtbewusstsein bestellt sei.[13]

Zurück in den Bundestag. Mehrfach in den 1970er Jahren stand der „Abtreibungsparagraph" 218 StGB auf der Tagesordnung. Genau gegen ihn war die Formel vom „übergesetzlichen Notstand" in neuerer Zeit ursprünglich entwickelt worden. 1976 wurde nach jahrelangen Debatten diejenige Indikations- und Fristenlösung verabschiedet, die dann bis in die 1990er Jahre hinein Bestand hatte. Ferner ging es mal um Fragen der Organspende und -transplantation, mal um die ärztliche Schweigepflicht bei festgestelltem Kindesmissbrauch; mal um den Einsatz von Arzneimitteln, die eigentlich erst noch gründlich erprobt werden müssten, mal – wie auch schon in den Vorjahren – um die Überschreitung von Geschwindigkeitsobergrenzen im Straßenverkehr.

Diese Beispiele bezogen sich vornehmlich auf eine Inanspruchnahme der Formel durch Privatpersonen. Auch hier stellte sich die Frage, ob die Notstandsklausel nicht ab und zu aus Bequemlichkeit genutzt wurde – zur Überwindung von gesetzlichen Hindernissen oder zur Füllung gesetzlicher Lücken. Ungleich bedeutsamer stellte sich dieses Problem für Maßnahmen des Staatsapparats.

1978 wurde mit dem Juraprofessor Hans Peter Bull der erste Bundesdatenschutzbeauftragte ernannt. Bald stellte Bull „Datenübermittlungen aus dem Bereich der Sozialverwaltung hinaus an andere Behörden" fest, beispielsweise an die Polizei, an Staatsanwaltschaften oder Verfassungsschutzbehörden. Sie beruhten nicht auf einer ausdrücklichen gesetzlichen Mitteilungspflicht, sondern wurden im Bedarfsfall vorgenommen. Am 28. September 1978 geißelte der SPD-Abgeordnete Norbert Gansel, dass diese Praxis von den beteiligten Behörden „durch übergesetzliche Rechtsgüterabwägung gerechtfertigt" werde.[14]

Im Kontext der Terrorabwehr von Bedeutung waren zwei Maßnahmen: Lauschangriffe zum Zweck von Ermittlungen sowie Kontaktsperren für bestimmte Häftlinge, die als Drahtzieher für Terrorakte verdächtigt wurden. Im Januar/Februar 1976 wurde der Physiker Klaus Traube vom Bundesamt für Verfassungsschutz einem Lauschangriff unterzogen – unter technischer Amtshilfe durch den BND, dem Aktionen im Inland untersagt sind. Traube, Atomwissenschaftler, unterhielt persönliche Kontakte zu dem Terroristen Hans-Joachim Klein, der sich an der Geiselnahme im Wiener OPEC-Gebäude am 21. Dezember 1975 beteiligt hatte. Traube wurde deshalb verdächtigt, er könne beabsichtigen, Terroristen mit radioaktivem Material zu versorgen.[15]

Abb. 21 – Innenminister Maihofer hat Probleme wegen des Lauschangriffs gegen den Atomphysiker Klaus Traube, am 16. März 1977 im Bundestag. Kanzler Schmidt blieb hier im Hintergrund. Wusste er nichts davon? © BArch, B 145 Bild-00115305 / Lothar Schaack

Innenminister Werner Maihofer, wegen des Lauschangriffs attackiert, berief sich zum einen auf eine Einschränkung des Grundrechts auf Unverletzlichkeit der Wohnung, die im betreffenden Artikel 13 GG sogleich mitgeliefert wurde: Sein Ministerium habe einer „gemeinen Gefahr" vorbeugen wollen, auch „einer Lebensgefahr für einzelne Personen". Er musste sich entgegenhalten lassen, dass jener „gemeinen Gefahr" allein durch die Polizei hätte vorgebeugt werden dürfen, nicht aber von Seiten der „Dienste". Zusätzlich führte Maihofer „die Güterabwägung des rechtfertigenden Notstands" an. Doch der CDU-Abgeordnete Walter Wallmann argwöhnte, es sei dem Innenminister gar nicht darum gegangen, „eine Gefahr abzuwenden"; vielmehr habe er vornehmlich „Erkenntnisse gewinnen" wollen.[16] Deshalb scheide die Figur des rechtfertigenden Notstands, des „früheren übergesetzlichen Notstands", hier aus.

Gegen die RAF-„Herbst-Offensive" 1977 starteten Regierung und Verwaltung erneut Lauschangriffe, zusätzlich wurde am 29. September das „Kontaktsperregesetz" in Nullkommanichts durch den Bundestag gezogen. Mit der Sperrung der Kontakte zwischen RAF-Häftlingen und ihren Verteidigern sollte vermieden werden, dass Terroraktionen aus dem Gefängnis heraus gesteuert würden. Die Kontaktsperre war bereits angewendet worden, bevor das Gesetz dafür gemacht wurde. Begründung: „Rechtfertigender Notstand" im Sinne des § 34 StGB. Wie Bundesjustizminister Vogel ergänzte, auch im Sinne der §§ 228 und 904 BGB. Das Prinzip vom „Vorbehalt des Gesetzes" musste zurückstehen. Einzelne Gerichte spielten freilich nicht mit. Auch deshalb lag der Bundesregierung daran, das notwendige Gesetz schnell nachzuschieben.

Hubert Weber, SPD, Jurist, begrüßte die gesetzliche Fixierung: Sie vermeide „eine Ausuferung, die die Generalklausel des § 34 des Strafgesetzbuches nicht verhindern" könne. Die Bundesrepublik befinde sich „nicht in einem Staatsnotstand". Es sei deshalb auch verkehrt, „den übergesetzlichen Notstand durch die Gerichte strapazieren" zu lassen. Weber verwies auf einen kurz zuvor, am 23. September 1977, ergangenen Beschluss des Bundesgerichtshofs: Es entspreche „einem allgemeinen Rechtsgedanken, dass die Verletzung eines Rechts in

Kontaktsperre im Sinne von § 34 StGB und §§ 228, 904 BGB

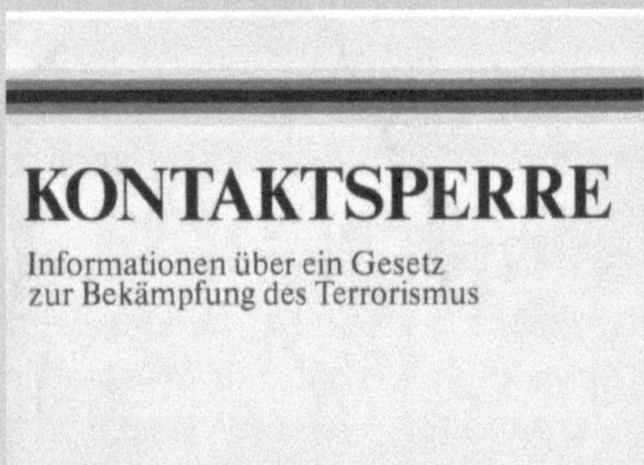
KONTAKTSPERRE

Informationen über ein Gesetz zur Bekämpfung des Terrorismus

Nach den Kölner Morden und der Entführung von Hanns Martin Schleyer ist eine besondere Gefahrenlage entstanden, die es zwingend geboten erscheinen ließ, zur Abwehr einer gegenwärtigen Lebensgefahr die Kontakte bestimmter Untersuchungs- und Strafgefangener mit der Außenwelt und untereinander vollständig zu unterbrechen. [...]

Die Justizverwaltungen haben sich dabei überwiegend auf den Rechtsgedanken gestützt, der in § 34 des Strafgesetzbuches und §§ 228 und 904 BGB seinen Niederschlag gefunden hat.

Nach Auffassung der Bundesregierung ist es unabweisbar, für diese Maßnahmen so schnell wie möglich eine eindeutige gesetzliche Regelung zu schaffen. Dafür sind insbesondere drei Gründe maßgebend.

Erstens. Die Auffassung, ob § 34 in Anspruch genommen werden kann, ist nicht einheitlich. Es gibt eine nicht unerhebliche Gegenmeinung. [...]

Wir bedürfen zweitens für Maßnahmen dieser Art einer wirksamen und einheitlichen gerichtlichen Kontrolle.

Wir bedürfen zum dritten der Gewähr, dass derartige Maßnahmen im Geltungsgebiet des Strafgesetzbuches und der Strafprozessordnung von allen Bundesländern einheitlich gehandhabt werden.

Bundesjustizminister Hans-Jochen Vogel im Bundestag, 29. September 1977

Kauf genommen werden" müsse, wenn es allein auf diese Weise möglich sei, „ein höheres Rechtsgut zu retten."[17] Dieser Rechtsgedanke, so der Abgeordnete Weber, sei freilich soweit wie möglich in Gesetzesform zu gießen und dadurch zu präzisieren.

Die Juristin Herta Däubler-Gmelin erläuterte den Standpunkt einer Gruppe von SPD-Abgeordneten, die sich der Stimme enthielten: Gewiss, die Verfassungsmäßigkeit eines staatlichen Handelns, das sich allein auf den Gedanken des übergesetzlichen Notstands stütze, sei „mehr als problematisch" – der zitierte Beschluss des BGH hin oder her. Aber bei der Eile, mit der das Gesetz verfertigt worden sei, habe man versäumt, die rechtsstaatlich beste Lösung herauszuarbeiten.

Am 6. Oktober 1977 wurde das Kontaktsperregesetz durch Bundeskanzler Helmut Schmidt verteidigt: Wenn staatliche Maßnahmen, die erst einmal ebenso notdürftig wie bequem mit „rechtfertigendem Notstand" legitimiert worden waren, jetzt eine positiv-rechtliche Reglementierung erführen, bedeute dies einen Fortschritt, nämlich nicht allein eine Legitimation der ergriffenen Maßnahme:

„Übergesetzlicher Notstand“ – ungeschriebene Regeln oder positives Gesetz?

Wir haben leider die bestürzende Erfahrung machen müssen, dass einige Rechtsanwälte nicht als Organ der Rechtspflege handeln, sondern dass sie ihre zahlreichen Rechte dazu benutzen, nach dem Vorbild der Franks und der Freislers den Rechtsstaat zu unterminieren und, wenn es geht, zu beseitigen. Dennoch war das Kontaktsperregesetz ein schwerwiegender Eingriff, den sich niemand leicht machen konnte. Man konnte z. B. auch die Frage stellen, ob es nicht diesem besonderen Charakter des Gesetzes besser entsprochen hätte, es stattdessen bei den bisher ungeschriebenen Regeln des übergesetzlichen Notstandes zu belassen, statt diese Ausnahme zu normieren, wie wir es getan haben.

Helmut Schmidt im Bundestag, 6. Oktober 1977

Zugleich verringere sich der Ermessensspielraum des Staatsapparats wenigstens für die Zukunft. Schmidt zeigte aber auch ein gewisses Verständnis für jene Politiker, die es vorgezogen hätten, bei der dehnbaren Formel vom „übergesetzlichen Notstand“ zu bleiben. Damit wäre der Staat immer noch weit entfernt gewesen vom „Vorbild der Franks und der Freislers“, jener berüchtigten NS-Juristen, die Schmidt hier in einem Atemzug mit „einigen Rechtsanwälten“ der RAF-Terroristen nannte.

Bis zum Ende der Kanzlerschaft Helmut Schmidts ist die Formel vom „übergesetzlichen Notstand“ im Bundestag dann nur noch einmal angeführt worden. Am 20. März 1980 legte der 1978 eingesetzte Untersuchungsausschuss zur Abhöraffäre „Strauß-Scharnagl“ dem Bundestagsplenum seinen Bericht vor.[18] Auch er hatte sich mit Abhörpraktiken der deutschen Geheimdienste beschäftigt. Die Ausschussmitglieder machten sich über die unvermeidbare Spannung zwischen geheimdienstlicher Effektivität und streng rechtsstaatlicher Handhabung keine Illusionen. Aber sie beharrten darauf: „Weder Dienstanweisungen noch die Rechtsfigur der Amtshilfe oder die weite Auslegung des übergesetzlichen Notstandes“ könnten „eine Grundlage für Eingriffe in Grundrechte der Bürger bilden“.[19]

Mit welcher Berechtigung aber waren die Formeln vom „übergesetzlichen“ und vom „rechtfertigenden Notstand“ 1977 in Anspruch genommen worden, als die Regierung Schmidt sich der RAF-Herbstoffensive gegenübersah? Verdiente die Situation das Notstands-„Label“? Reichten andere Orientierungsinstrumente nicht aus? In den folgenden drei Kapiteln geht es – wie schon angekündigt – zum ersten um das Ausmaß des Überraschungseffekts, den die Entführungsakte 1977 auslösten. An zweiter Stelle um die Frage, ob sich hier erneut Legenden gebildet haben, in Anknüpfung an den Schmidt-Sturmflut-Mythos. Und schließlich wird zu ergründen versucht, woran Schmidt sich 1977 tatsächlich orientiert hat.

Anmerkungen

1 Vorschub wird dieser Neigung manchmal verliehen von Henning Albrecht: „Pragmatisches Handeln zu sittlichen Zwecken". Helmut Schmidt und die Philosophie. Bremen 2008 (Studien der Helmut und Loki Schmidt-Stiftung, Bd. 4), z.B. im Kapitel „Gegen den Terror" S. 124 (betr. Popper) und S. 126 (betr. Mark Aurel). Als eine „glänzende Studie" hat Theo Sommer Albrechts Buch beurteilt (Unser Schmidt. Der Staatsmann und der Publizist. München: Ungekürzte Ausg. 2011, S. 310).

2 Sternstunde Philosophie. Helmut Schmidt im Gespräch mit Roger de Weck. Schweizer Rundfunk und Fernsehen (SRF), 13. Nov. 2005; Volker Gerhardt: Ethik des Handelns. In: Die Welt v. 23. Dez. 2008. Helmut Schmidt – Politiker, Publizist und Philosoph. Fotostrecke. In: Manager-Magazin online v. 10. Nov. 2015.

3 Anregende Bemerkungen dazu v. Hermann Lübbe in: Philosophie als Beruf. Hg. v. Joachim Schickel. Frankfurt a.M. 1982, S. 86–94.

4 Helmut Schmidt: Außer Dienst. Eine Bilanz. München 2008, S. 149.

5 Strafgesetzbuch. Kommentar. Begründet von Adolf Schönke, fortgeführt von Horst Schröder. 18., neubearb. Aufl. v. Theodor Lenckner u.a. München 1976, S. 397.

6 Ebd., S. 450.

7 Ebd., S. 453.

8 Fritz Sydow: § 34 StGB – kein neues Ermächtigungsgesetz! In: Juristische Schulung 18 (1978), S. 222–225.

9 Bundestags-Drucksache (BT-Drs.) 7/4544 v. 5. Jan. 1976, S. 4.

10 Gerhard Potrykus: Gesetz über die Kontrolle von Kriegswaffen. Ausführungsgesetz zu Artikel 26. Abs. 2 des Grundgesetzes. Kommentar. Köln u.a. 1962.

11 Waffenexport: „Ungeheuer viele Möglichkeiten". In: Der Spiegel 42/1985 v. 14. Okt., S. 17–25, hier S. 24; siehe zu Details Michael Brzoska: Rüstungsexportpolitik. Lenkung, Kontrolle und Einschränkung bundesdeutscher Rüstungsexporte in die Dritte Welt. Frankfurt a.M. 1986, z.B. S. 62 ff.

12 Claus Arndt: Die Polizei im Notstandsfall. In: Die Polizei 59 (1968), S. 129–134, hier S. 129.

13 BT-Plenarprotokoll (PlPr.) 8/107 v. 28. September 1978, S. 8480.

14 Peter Asmus: Das Ergebnis: Eine Absage an Bonn. Nachbarn, wie sie keiner kennt: Claus Arndt. In: Hamburger Abendblatt v. 24. Dez. 1975.

15 Der Minister und die Wanze. In: Der Spiegel 10/1977 (v. 28. Febr.), S. 19–29.

16 BT-PlPr. 8/17 v. 16. März 1977, S. 960, 963.

17 BGHSt 27, 260, S. 262 ff. Max Putzer: Gerichte, Terror und Verfahren. Eine rechtsvergleichende Untersuchung zur Gewährleistung justizieller Grundrechte anhand verfassungsgerichtlicher und höchstrichterlicher Rechtsprechung in Deutschland und Israel. Tübingen 2015, S. 110 ff.

18 Abgehört hatte die DDR-Staatssicherheit, vgl. Strafjustiz und DDR-Unrecht. Dokumentation. Hg. v. Klaus Marxen / Gerhard Werle. Bd. 4: Spionage. Berlin 2004, S. 501.

19 BT-Drs. 8/3835 vom 20. März 1980, S. 7.

4. „Eine sich hinziehende Tragödie": Die Vorgeschichte der Geiselnahmen

> „Vier Tote, Bürger unseres Staates, verlängern seit heute Abend die Reihe der Opfer von blindwütigen Terroristen, die – wir waren uns stets darüber im Klaren – noch nicht am Ende ihrer Energie sind."

Helmut Schmidt in der Tagesschau, am 5. September 1977, dem Tag der Schleyer-Entführung

Abb. 22 – Rote Armee, Bewaffneter Kampf, Olympia 1972. Schriften aus dem linksextremistischen Spektrum, 1971, sechs Jahre vor der RAF-Herbstoffensive. Schmidt amtierte als Bundesverteidigungsminister.

Die Terrorattacken, denen sich Staat und Gesellschaft der Bundesrepublik 1977 gegenübersahen, fügten sich in ein Kontinuum ein. „Drei Legislaturperioden" dauerte es an, hat Schmidt selbst resümiert. Sechs Regierungen waren damit konfrontiert: Zunächst, schon unter sozialdemokratischer Beteiligung, das Kabinett Kiesinger (Große Koalition, 1966–1969); da fungierte Schmidt als SPD-Fraktionsvorsitzender. Sodann die Kabinette Brandt I und Brandt II, Schmidt I und schließlich Schmidt II (1976–1980).

Terrorismus – geläufig seit 1968

1977 stellte sich die vom Terror geprägte politische Orientierungslandschaft dem Staat einigermaßen übersichtlich dar. Bis zu einem nennenswerten Grad war sie erschlossen. Zum einen aufgrund der Erkenntnisse verschiedener Behörden: Seit 1967 wurde beispielsweise ein Amtlicher Ereigniskalender des Terrorismus geführt, und auf die 1971 eingerichtete Sonderkommission Baader-Meinhof war beim Bundeskriminalamt 1975 die Einrichtung der Abteilung TE (Terrorismus) gefolgt, mit mehr als 200 Bediensteten. Hinzu kamen die politischen Erfahrungen fast eines kompletten Jahrzehnts.

Im Epochenjahr Neunzehnhundertachtundsechzig, noch bevor die Bonner Notstandsgesetze verabschiedet worden waren, hatte die Vorgeschichte der Rote Armee Fraktion begonnen – mit den bekannten Kaufhausbränden. Seither hielten Terroranschläge an, seither wurden Terroristen gejagt, vorläufig inhaftiert, vor Gerichte gestellt, verurteilt und sodann rechtskräftig inhaftiert – übrigens bei Weitem nicht nur in der Bundesrepublik. 1968 fungierte Schmidt als SPD-Fraktionsvorsitzender, mit besonderer Expertise auf dem Gebiet der Sicherheitspolitik. Seit langer Zeit war er auf Notstandsszenarien spezialisiert. Er musste für die Terror-Problematik nicht eigens sensibilisiert werden.

1970 ließ Helmut Schmidt als „Der Bundesminister der Verteidigung" seine aus Steuergeldern finanzierte PR-Broschüre verbreiten, worin er unter anderem als erfolgreicher Krisenmanager dargestellt wurde. Ins selbe Jahr fiel – gemäß der üblichen Zeiteinteilung – die Geburtsstunde der RAF, nämlich im Zusammenhang mit der Befreiung des inhaftierten Kaufhausbrandstifters Andreas Baader. Einige Mitglieder der westdeutschen Stadtguerilla ließen sich in Palästinenser-Camps an Waffen ausbilden. Drei Banküberfälle füllten der RAF gewissermaßen die Vereinskasse.

1972 wurde Helmut Schmidt in kurzem Abstand zunächst „Superminister" für Wirtschaft und Finanzen, im Juli; bald darauf – im Kabinett Brand II – Finanzminister. Zuvor aber noch trug die RAF ihre „Mai-Offensive" vor – durch eine Reihe von Bombenanschlägen, unter anderem gegen Einrichtungen des US-Militärs und gegen das Springer-Verlagsgebäude in Hamburg. Einige führende Köpfe der RAF konnten aber auch festgenommen werden.

1972 fanden zudem die Olympischen Spiele in München statt. Die palästinensische Terrorgruppe „Schwarzer September“ überfiel das Quartier der israelischen Mannschaft und nahm elf Geiseln. Sie kamen allesamt ums Leben, ferner ein Polizist und vier Terroristen, als Polizei und Bundesgrenzschutz einen Befreiungsversuch auf dem Münchener Flughafen starteten, der ganz und gar missglückte. Bald darauf wurde die Grenzschutzgruppe 9 gegründet, GSG 9, mit dem Spezialauftrag der Terrorbekämpfung.

Im Mai 1974 legte Schmidt seinen Eid als Bundeskanzler ab. Zwar hatte er jetzt den Überblick über das gesamte Spektrum der Politikfelder zu bewahren, doch die wichtigsten RAF-Geschehnisse konnte er dabei kaum übersehen. 1974 gingen inhaftierte RAF-Terroristen in den Hungerstreik, zum dritten Mal seit 1973. Der Untersuchungshäftling Holger Meins starb daran, im November 1974. Deutsche Polizisten, vielfach nervös geworden bei der Terroristen-Fahndung, erschossen einen Unbeteiligten; das war schon der dritte seit 1972.

1975 erklärte die britische Zeitung „Financial Times“ Helmut Schmidt zum „Mann des Jahres 1975“. Im selben Jahr wurde aber auch der Berliner CDU-Politiker Peter Lorenz von Terroristen entführt und gegen ein paar ihrer Komplizen ausgetauscht, die sich in Untersuchungshaft befanden.

Die Brisanz der Baader-Meinhof-Prozesse

Mit Baader-Meinhof ist die Sache nicht ausgestanden. Es gibt Nachfolger und Nachahmer. [...] Die bei uns bevorstehenden Baader-Meinhof-Prozesse werden mit Sicherheit große internationale Kampagnen der Sympathisanten auslösen. Sogenannte Anwälte des Rechts werden aus aller Welt in die Bundesrepublik Deutschland angereist kommen und uns ihre Philosophie verkünden.

Helmut Schmidt im Bundestag, 13. März 1975

Bald danach, am 13. März 1975, verwies Helmut Schmidt im Bundestag auf die Gefahr weiterer Attacken. Er erteilte dem Gedanken, dass sich die staatlichen Reaktionen auf den Terror auch durch Kontinuität auszeichnen sollten, eine Absage, denn Lorenz‘ Austausch hielt er im Prinzip für verfehlt: In jeder konkreten Situation sei „immer wieder neu zu entscheiden“. Die Baader-Meinhof-Prozesse in Stuttgart-Stammheim, so warnte Schmidt, würden wohl kaum ungestört verlaufen.

Nur sechs Wochen später, am 24. April 1975, erhielt Schmidt die unerbetene Gelegenheit, zum Lorenz-Austausch einen Gegenakzent zu setzen. Terroristen stürmten die bundesdeutsche Botschaft in Stockholm und brachten ein Dutzend Bedienstete in ihre Gewalt. Doch ihre Austauschforderung erhielt eine

Absage. Zwei Geiseln wurden ermordet, dann verloren die Verbrecher – wie es scheint – die Kontrolle über einige ihrer Sprengkörper und konnten überwältigt werden.

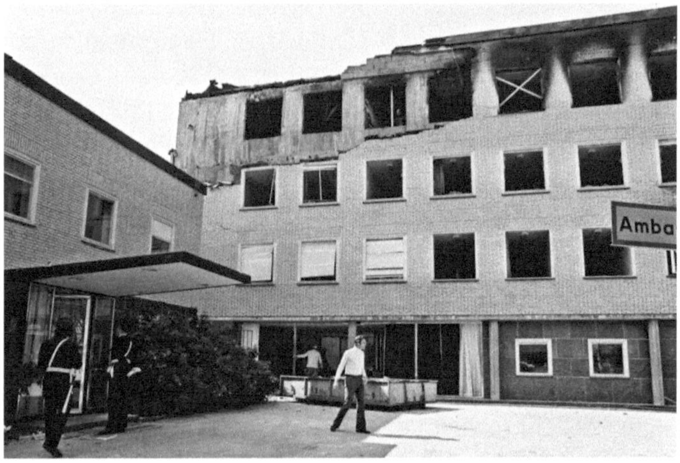

Abb. 23 – Die Botschaft der Bundesrepublik in Stockholm, ausgeräuchert nach einer Attacke der westdeutschen Stadtguerilla. Ermordet wurden die Attachés Andreas von Mirbach und Heinz Hillegaart. © BArch, B 145 Bild-00002151 / o.Ang.

Im Oktober 1976 wurde Schmidt als Bundeskanzler wiedergewählt. Im selben Jahr veröffentlichte er die Schrift „Als Christ in der politischen Entscheidung": Aus christlicher Überzeugung lasse sich „unmittelbar" keine Anleitung für eine bestimmte Gewissensentscheidung ableiten. Der Beschluss im Fall „Stockholm" stelle den bislang schwersten in seiner politischen Laufbahn dar. Immerhin sei die Sache „relativ glücklich" ausgegangen.[1]

Der RAF-Terrorismus büßte an Brisanz nichts ein. Im Mai 1976 brachte sich die Terroristin Ulrike Meinhof in der Justizvollzugsanstalt Stuttgart-Stammheim ums Leben – Anlass genug, um die Kontrollmechanismen im angeblichen „Hochsicherheitstrakt" einer Überprüfung zu unterziehen. Es mangelte ferner nicht an Anlässen dafür, der Sympathisanten-Szene gesteigerte Aufmerksamkeit zu widmen sowie den Auslandsverbindungen der Stadtguerilla. Im Juni 1976 entführten palästinensische und deutsche Terroristen eine Air-France-Maschine nach Entebbe, in Uganda, um unter anderem auch deutsche Komplizen aus deutschen Gefängnissen freizupressen. Die Szenerie, innerhalb derer sich 1977 der „Deutsche Herbst" abspielte, war also keineswegs neu, nämlich hauptsächlich gekennzeichnet durch Morde, Geiselnahmen und Flugzeugentführungen; durch Krisenstäbe, Strafrechtsverschärfungen und Fahndungen. Alles das war meist auffälliger als die außenpolitische Dimension. Immerhin stand sie den politischen Entscheidern deutlicher vor Augen als der breiteren Öffentlichkeit. Die wiederum befand sich vielfach in erhitzter Stimmung, und es gab Journalisten und Politiker, die durch gelegentliche Kriegsrhetorik auffielen.

Geiselnahmen und Austauschüberlegungen

Austausch von Geiseln gegen einsitzende Terroristen? Die Diskussion wurde vielfältig geführt. Prognosen fielen schwer: Würde ein unnachgiebiger Staat, der Geiseln opferte, künftig von Erpressungsversuchen verschont bleiben? Oder würden sich weitere Entführer nur dazu angestachelt fühlen, gewissermaßen die Preise zu erhöhen? Dann wäre das Opfer umsonst gebracht, die Zahl künftiger Opfer potenziell vergrößert worden. Machte sich der Staat, der einen Gefangenenaustausch ablehnte, gegenüber einer daraufhin ermordeten Geisel des Delikts der „Unterlassenen Hilfeleistung“ schuldig, nach § 13 StGB? Im Bundesjustizministerium wurde das 1975 erwogen, im Fall Lorenz, aber verneint.[2]

Im Bonner Innenressort verwies man 1975 zugunsten eines Austauschs von Lorenz nicht nur auf die Artikel 1 und 2 Grundgesetz, sondern zusätzlich auch auf die Formel vom „rechtfertigenden Notstand“ – nämlich zur Rechtfertigung dafür, dass einsitzende Terroristen aus der Haft entlassen würden.[3] Logische Voraussetzung dafür war freilich, dass der Staatsapparat als „tauglicher Täter“ für einen Akt der „Gefangenenbefreiung“ in Frage kam, gemäß § 120 StGB. Das war wohl kaum der Fall. Offensichtlich handelte es sich hier nicht um die unbefugte Befreiung von Gefangenen, sondern um eine offiziell-hoheitliche Freilassung, also um einen politischen Akt. Die Terroristen, die freigepresst werden sollten, befanden sich in der Obhut einiger Bundesländer. Deren Regierungen zeigten sich moderat.

Es gab Ende Februar / Anfang März 1975 einen Krisenstab in Berlin und einen doppelten in Bonn: Dort agierte im Kern der „Großen Beratung“ ein „Kleiner Kreis“ aus Mitgliedern des Schmidtschen Küchenkabinetts und weiteren Sozialdemokraten. Das Geschehen konzentrierte sich im Kanzler-Bungalow. Schmidt konnte sich am 2. März 1975 mit seiner Priorität einer harten Linie nicht durchsetzen, machte sie aber möglicherweise auch nur halbherzig geltend. Sich gegen den Widerstand der vier betroffenen Ministerpräsidenten durchzusetzen, fehlte es ihm an formaler Kompetenz, in jenem Moment vor allem wohl an tatsächlicher Macht. Das muss ihn gewurmt haben.

Es war ein Berliner Wahlsonntag. Die CDU wollte ihren Spitzenkandidaten nicht im Stich lassen, die Berliner SPD folgte dem Votum des Regierenden Bürgermeisters dort: Klaus Schütz ging es gegen den Strich, seinen politischen Herausforderer zu opfern. Als über das Schicksal der Geisel zu entscheiden war, gegen Mitternacht, lag das Wahlergebnis vor: Lorenz hatte nicht zuletzt auch einen Solidaritätseffekt erzielen können: „Seine“ CDU war stärkste Fraktion geworden im Abgeordnetenhaus, er selbst unter diesem Aspekt Wahlsieger.

Schmidt hat später vielfach erzählt, er habe Lorenz‘ Austausch wesentlich auch deshalb zugestimmt, weil er gerade durch ein akutes Unwohlsein geschwächt gewesen sei. Gegenüber dieser Version sind Zweifel angebracht.[4] Schmidt dürfte sich kalkuliert, vielleicht gar demonstrativ, vorübergehend aus der „Großen Beratung" entfernt haben – unter formelhaftem Verweis auf ein Unwohlsein.

Berlins Bürgermeister hatte die drei Westalliierten im Rücken; ein Flugzeug für freigepresste Terroristen ließ sich auch auf diese Weise organisieren, allerdings nur für die Strecke bis Frankfurt. Bonn unternahm Unerlässliches, um die Auszutauschenden irgendwo auf der Welt landen zu lassen. Allerdings war diese Art von Amtshilfe kaum zu verweigern. Unter staatsrechtlichem Aspekt betrieb die Bundesregierung vor allem Koordination.

Schmidt besaß noch ein weiteres Motiv dafür, nicht auf eine harte Linie zu dringen. Er hatte Lorenz im Wahlkampf verspottet: Der CDU-Kandidat übertreibe das Problem der Inneren Sicherheit; er tue so, als ob er persönlich bedroht wäre. Ferner hegte der Kanzler noch bis in den Vormittag des 3. März hinein die Hoffnung, dass die unter der Hand fortgesetzte Fahndung nach den Entführern doch noch zu einem Erfolg führen könnte.[5]

An jenem Morgen aber, wohl beim Frühstück, spätestens im Verlauf der letzten „Großen Beratung", so hat Schmidt später mehrfach angegeben, da habe er sich Rechenschaft darüber abgelegt, dass er an einer Fehlentscheidung mitgewirkt hätte: Das solle ihm kein zweites Mal passieren. Dieser zukunftsträchtige Beschluss wäre dann gefällt also worden, bevor absehbar war, ob die freigelassenen RAF-Terroristen erneut Tod und Zerstörung bringen würden.

In der Bundestagsdebatte am 13. März 1975 dankte der Bundeskanzler formelhaft all jenen, die sich um die Befreiung von Peter Lorenz Verdienste erworben hatten. Die Bundesregierung habe nur „Mitverantwortung" übernommen in einer Angelegenheit, die ganz überwiegend Ländersache gewesen sei.[6] Bundesjustizminister Hans-Jochen Vogel relativierte, die Entscheidung für Lorenz sei nicht aufgrund eines Gesetzes gefallen, sondern eine „staatspolitische Entscheidung" gewesen; sie hätte auch anders ausfallen können. Bundesinnenminister Maihofer dagegen warb ausdrücklich für den Bonner Beschluss: Es entspreche der Vernunft, dem Leben eines einzelnen den Vorrang zu geben. Die Freilassung von Terroristen sei zwar bitter; aber ein geopfertes Leben sei ein für alle Mal dahin, während eine eventuell lädierte Staatsraison durch „gemeinsame Anstrengungen" wieder repariert werden könne.[7]

Als nur ein paar Wochen nach „Lorenz" die deutsche Botschaft in Stockholm von Terroristen gestürmt wurde, also eine Einrichtung des Bundes, da folgte der Bonner Große Krisenstab Schmidts „Härte"-Kurs: Kein Eingehen auf eine Forderung von Terroristen, auf überhaupt keinen Fall die Freilassung von Komplizen. Die Diskussion erfolgte wohl eher pro forma; die zögerlichen FDP-Minister Genscher und Maihofer hatten Schmidts Entschlossenheit nichts entgegenzusetzen. Der SPIEGEL vernahm auf Umwegen: CDU-Chef Helmut Kohl sei spätestens in dem Moment auf die harte Linie eingeschwenkt, als der Düsseldorfer Regierungschef Heinz Kühn, SPD, zu erwägen gab, ob sich nicht ein prominenter Politiker als Ersatz-Geisel zur Verfügung stellen sollte. Für den 4. Mai 1975 waren Landtagswahlen in Nordrhein-Westfalen anberaumt:[8] Wollte Kühn sich vornehmlich aufopfern oder nur – als baldiger Kandidat – politisch absahnen?

Die angestellte Güterabwägung ähnelte derjenigen, die zuvor in Bezug auf Lorenz vorgenommen war: Die eine Waagschale enthielt todgeweihte Geiseln, die sich als Beamte in einem ähnlichen Treueverhältnis zum Staat befanden wie Lorenz als Politiker. Was legten Schmidt und die Zustimmenden in die andere Waagschale? Handelte es sich um die Gesamtheit der Bundesbürger, oder vielmehr um die Autorität des Staatsapparats? Beide Güter konnten freilich miteinander verbunden werden. Am 25. April 1975 hielt Schmidt der deutschen Öffentlichkeit vor Augen, womit man habe rechnen müssen: Baader, Meinhof & Co. wären zwar zunächst einmal ausgeflogen worden, aber sicherlich zurückgekehrt. „Wie jedermann weiß, wären wir dann vielleicht schon nach kurzer Zeit am Ende aller Sicherheit gewesen."[9] Was die im Fall „Lorenz" freigelassenen Stadtguerilleros betraf, traf Schmidts Rückkehr-Prophezeiung dann zwar zu. Aber eine Prognose wurde deshalb noch nicht daraus, und der Ausdruck „am Ende aller Sicherheit" war pure Rhetorik. Heute weiß man: In drei Jahrzehnten fielen der RAF 34 Menschen zum Opfer. In Stockholm waren mit einem Schlag elf Personen bedroht.

Gegenüber dem SPIEGEL hat Schmidt die Stockholm-Entscheidung kurz darauf als „mutig" bezeichnet. „Mutig" – das hieß doch wohl, dass ein Sicheinlassen auf die Forderungen der RAF die nächstliegende und weniger riskante Lösung gewesen wäre. Den Terroristen, so Schmidt sehr maskulin, habe jedoch einmal gezeigt werden müssen, dort in Stockholm, wer über den stärkeren Willen verfüge.[10]

Stockholm 1975. Härtekurs – „ein mutiges Ergebnis"

SPIEGEL: Herr Bundeskanzler, Sie sind der erste deutsche Regierungschef, der eine Entscheidung über Leben oder Tod zu treffen hatte. Es hat drei Tote gegeben in Stockholm, und es hätte mehr Blut fließen können. Warum war Ihnen dieses Risiko nicht zu hoch?

Helmut Schmidt: Sie haben recht, man musste das Risiko für das Leben einer Reihe von Menschen, die dort in diesem Botschaftsgebäude als Geiseln gehalten wurden, abwägen. Man musste auf der anderen Seite abwägen, dass die Gefährdung des Lebens für eine viel größere Zahl von Personen dann eingetreten wäre, wenn wir tatsächlich auf die Forderungen dieser Verbrecher eingegangen wären und 26 Gewaltverbrecher aus deutschen Gefängnissen in die Freiheit entlassen hätten. Wenn man beide Rechtsgüter gegeneinander abwägt, dann mag man auch zu anderen Ergebnissen kommen. Die Bundesregierung jedenfalls ist zu dem mutigen Ergebnis gekommen, dass die Aufrechterhaltung der Schutzfunktion des Staates Vorrang haben musste.

„Denen musste es mal gezeigt werden." SPIEGEL-Gespräch mit Bundeskanzler Helmut Schmidt. In: DER SPIEGEL 18/1975 (v. 28. April), S. 26

Der SPIEGEL urteilte: „Dass es glimpflich abging, war gleichwohl Glücksache": Die Täter wurden von Kriminalisten als Anfänger eingestuft, als „Anarchisten aus dem fünften Glied". Schmidt führte als ausschlaggebenden Entscheidungsgrund seinen „Instinkt" an.[11] Von einem Mangel an theoretischer Hilfe, von Gewissensnot, von Schuld, von tragischer Verstrickung fiel – soweit ersichtlich – im Jahr 1975 auch an anderer Stelle noch kein Wort.

Der Mut, den Schmidt lobte, lief im Wesentlichen darauf hinaus, der schwedischen Seite den Schwarzen Peter zuzuschieben. Bonn hob die Exterritorialität der Botschaft auf. Der erste Tote darin, Militärattaché Andreas von Mirbach, starb nicht, weil Bonn keinen Austausch vollziehen wollte. Er starb, weil die schwedische Polizei in Stockholm, mit den deutschen Terroristen und den deutschen Geiseln allein gelassen, sich zunächst weigerte, das Erdgeschoss des Botschaftsgebäudes zu verlassen. Die Bundesregierung war nach außen hin so mutig, mit den Terroristen nicht zu verhandeln, obwohl eine Telefonverbindung ins Botschaftsgebäude bestand. Hinter den Kulissen wurden aber zwei Ministerialbeamte nach Stockholm geflogen, wurden zugleich auch Flugzeuge bereitgestellt, zumindest in Berlin und Stuttgart, um dort einsitzende RAF-Häftlinge zum Flughafen Frankfurt transportieren zu können. Wie ernsthaft ein solcher Plan B erwogen wurde, darüber muss spekuliert werden. Sicher scheint: Nachdem der Handelsattaché Heinz Hillegaart erschossen worden war, um einem Ultimatum der Terroristen Nachdruck zu verleihen, hatten nicht nur die verbliebenen neun Botschaftsangehörigen ein unerhörtes Glück, sondern auch der mutige Kanzler. Der Ausgang des Anschlags galt vor dem Hintergrund dessen, was ebenfalls hätte passieren können, verbreitet als hinnehmbar, und „die Passivität der Bundesregierung wurde später als strategische Unnachgiebigkeit interpretiert."[12]

1977, angesichts der Entführung Schleyers und der „Landshut", gab es wohl kaum neue Argumente. Es war zwar strenggenommen noch kein Ansatz zu einer Kontinuität entstanden: Einmal war bisher ausgetauscht worden, im Fall Lorenz, ein zweites Mal nicht. Aber der zweite Fall lag ein bisschen weniger weit zurück, und Schmidt war – auch damals schon kaum übersehbar – „instinktiv" entschlossen, die in Stockholm begonnene Linie fortzuführen. Doch galt sie auch für Massen-Geiselnahmen, in Flugzeugen?

Flugzeugentführungen – eine nichtabreißende Serie

Im September 1970 hatten Mitglieder der „Volksfront zur Befreiung Palästinas" (PFLP) drei Flugzeuge auf einen „revolutionären Flugplatz" in der Nähe von Amman in Jordanien entführt, ein weiteres auf den Flughafen Kairo. In Bonn tagte ein Krisenstab, weil sich zwei Deutsche unter den Geiseln befanden. SPD-Bundesgeschäftsführer Hans-Jürgen Wischnewski, der von 1966 bis 1968 als Minister für wirtschaftliche Zusammenarbeit fungiert hatte, erhielt Gelegenheit, sich in Amman als Sonderbotschafter hervorzutun. Die Geiseln wurden gegen in Europa einsitzende PFLP-Terroristen ausgetauscht.[13]

Am 22. Februar 1972 war ferner eine Boeing 747 der Lufthansa, auf den Namen „Baden-Württemberg“ getauft, von Palästinensern nach Aden entführt worden, im Jemen. Mit einem Lösegeld von 5 Millionen US-Dollar hatte die Bundesregierung das Problem aus der Welt schaffen können, das galt als Rekordsumme.[14]

1972 wurden drei überlebende Olympia-Attentäter inhaftiert, aber bald darauf freigepresst: Schon am 29. Oktober 1972 entführte ein palästinensisches Kommando die Lufthansa-Maschine „Kiel“. Ein Münchener und ein Bonner Krisenstab traten ins Werk. Während der gekidnappte Jet nach einigem Hin und Her mit fast leerem Tank auf dem Flughafen der jugoslawischen Stadt Zagreb wartete, zögerten die Krisenstäbe damit, die drei freigepressten Olympia-Attentäter mit einer zweiten Maschine von München aus dorthin zu transportieren und gegenüber der kroatischen Regionalregierung Klarheit zu schaffen: War eine Betankung der „Kiel“ erwünscht? Schon drohten die Entführer mit einer Sprengung des Jets. Zwei streng genommen Unbefugte retteten die Situation durch Zivilcourage: Lufthansa-Chef Herbert Culmann setzte sich persönlich ins Cockpit des schon bereitstehenden Zubringer-Flugzeugs, und der deutsche Generalkonsul in Zagreb, Kurt Laqueur, unterschrieb eine Tankgenehmigung.

SPIEGEL-Chefredakteur Günter Gaus kommentierte: Die Regierung dürfe angesichts der terroristischen Herausforderung nicht allein auf die Staatsräson pochen. Sonst könnten, ja müssten, einzelne, auch nichtstaatliche Akteure einen „übergesetzlichen Notstand“ in Anspruch nehmen – zum Zweck der Rettung von Menschenleben, so wie Culmann dies getan habe.[15]

Zu dem erwähnten Durcheinander im Fall der „Kiel“ passt eigentlich nicht die später aufgestellte These, dass Bonn mit den Entführern kollaboriert hätte: Der Bundesregierung sei es darum gegangen, das Problem palästinensischer Häftlinge in deutschen Gefängnissen ebenso preiswert wie gesichtswahrend loszuwerden. Zumindest, so wurde von Seiten Israels mit Verbitterung geurteilt, habe die Regierung Brandt gegenüber der PFLP eine Art „Appeasement“-Politik betrieben, ähnlich den lauen Beschwichtigungsversuchen, mit denen sich England und Frankreich in der zweiten Hälfte der 1930er Jahre gegenüber dem aggressiven Hitler-Regime begnügt hätten: Das habe Hitlers Erfolg begünstigt und letzten Endes den Holocaust.[16] Israels Premierministerin Golda Meir, ohnehin maßlos enttäuscht über die Bundesrepublik in puncto „Olympia“, beschwerte sich bei Bundeskanzler Willy Brandt. Der hatte unter anderem die Bundestagswahl vor Augen, die drei Wochen später stattfinden sollte. Helmut Schmidt war derzeit „Superminister“, allerdings für Wirtschaft und Finanzen zuständig. Wohl noch weit weniger als manch anderen Ministern hat es ihm gefallen, dass die Regierung das üble Spiel der Terroristen mitspielte – unter anderem aus Rücksicht auf die vom Tod bedrohten Geiseln.

Am 17. Dezember 1973 richteten PFLP-Terroristen auf dem Flughafen von Rom zunächst ein Massaker an, bevor sie den Lufthansa-Jet „Worms“ auf Umwegen nach Kuwait entführten, mit acht italienischen Geiseln. Dort nahm die Aktion allerdings ein aus Sicht der Entführer fruchtloses Ende. Der Name des Drahtziehers hinter den Flugzeugentführungen der PFLP war bekannt: Ihr Mitgründer, der Arzt Wadi Haddad, zeichnete dann auch 1977 für die Entführung der „Landshut“ verantwortlich. Mehrere RAF-Mitglieder kannten ihn persönlich, seit ihrer paramilitärischen Ausbildung in einem Lager nahe der Stadt Aden.

Am 27. Juni 1976 entführten zwei deutsche und zwei palästinensische Terroristen eine Air-France-Maschine, die von Tel Aviv aus in Richtung Paris gestartet war.[17] 258 Passagiere befanden sich an Bord. Losgepresst werden sollten Häftlinge in diversen Ländern, darunter in der Bundesrepublik. Die Maschine landete schließlich in Uganda, auf dem Flughafen von Entebbe. In einer Flughafenhalle wurden die Geiseln in Juden und Nichtjuden aufgeteilt – ausgerechnet von den beiden deutschen Verbrechern. Die Nichtjuden wurden freigelassen. Dann erfolgte die Erstürmung des Airports durch ein israelisches Kommando, das auch einige ugandische Militärflugzeuge zerstörte: Der dortige Diktator Idi Amin stand im Verdacht, die Entführer begünstigt zu haben – ein Hinweis auf die außenpolitische Dimension der Flugzeugentführungen. GSG-9-Kommandeur Ulrich Wegener war von der Bundesregierung nach Uganda geschickt worden, für Beobachtungen an Ort und Stelle. Die israelische Aktion „Thunderbolt“ hat Bundeskanzler Helmut Schmidt sicherlich stark imponiert.

Im später sogenannten Deutschen Herbst 1977, als die Bundesregierung nach der Schleyer-Entführung ein Ultimatum der Geiselnehmer nach dem anderen verstreichen ließ, rechnete man in den Bonner Krisenstäben ganz selbstverständlich damit, dass – wie der SPIEGEL einen Anonymus zitierte – „eine Sache von außen“ hinzukommen würde. Ein Massen-Kidnapping liege in der Luft, so vernahm das Magazin aus informierten Kreisen. In ihren Planspielen sahen die Sicherheitsexperten dabei den Einsatz palästinensischer Terroristen voraus – Seite an Seite mit Deutschen aus dem Untergrund.[18] Nicht zuletzt vor dem Hintergrund der GSG-9-Option: Die Behörden werden entsprechende Schubladenpläne erarbeitet haben, zur Vorlage bei einem eventuellen Krisenstab.

Krisentreffen und Krisenstäbe

In der Bundesrepublik ist „die Erfüllung der staatlichen Aufgaben“ zunächst einmal „Sache der Länder“ – gemäß Artikel 30 Grundgesetz. Auf Bundesebene wird erledigt, was die Ressourcen der Länder überschreitet. Vielfältige Formen des kooperativen Föderalismus sorgen für eine engmaschige Politikverflechtung über die Bund-Länder-Grenzen hinweg. Die Regierungen der Länder und des Bundes veranstalten „Treffen“ und halten „Konferenzen“ ab; manche Konferenzen sind als „ständig“ institutionalisiert. Zahlreiche Bund-Länder-Vereinbarungen sind entstanden. Aus gegebenem Anlass werden Gipfeltreffen auf der Ebene des Bundeskanzlers und der Ministerpräsidenten veranstaltet. Gemeinsame Krisenstäbe können einberufen oder neu gebildet werden. Wer hinzugeladen wird, entscheidet sich von Fall zu Fall. Die genannten Gremien stehen nicht in der Verfassung. Die Beratungsergebnisse können in Bund und Ländern schnell umgesetzt werden, unterhalb der Ebene von Gesetzen, durch Verordnungen.

Manches von solcherart Vorgängen hat das Publikum 2020/2021 einmal wieder über die Medien verfolgen können, anlässlich der Corona-Krise. Der Staatsapparat ist in solchen Situationen zwar prinzipiell auch weiterhin durch gewaltenteilende Arrangements aufgelockert und in sich ausbalanciert. Aber er tritt noch stärker als sonst mit seinem urtümlichen Kern hervor, der modernen Exekutive. Die Parlamente treten zurück, das Justizwesen sieht sich einerseits teils stark beschäftigt, kann andererseits mit dem Tempo der Politik aber kaum mithalten.

Zur Politikverflechtung kann stets das Parteiensystem beitragen. Arrangements der Gewaltenteilung zwischen Exekutive, Legislative und Judikative, aber auch zwischen Bund und Ländern, werden dann durch maßgebliche Parteifunktionäre überspielt, die für innerparteiliche „Geschlossenheit“ sorgen. In den 1970er Jahren umfasste das Parteienspektrum nur drei Formationen. Sie besetzten unter anderem auch das Bundesverfassungsgericht – paritätisch: CDU/CSU, SPD und FDP. Der in Gipfeltreffen oder Krisenstäben über Bund-Länder-Grenzen oder Partei-Gräben hinweg entwickelte politische Wille konnte damals und kann heute teils formal, teils informell in die Kabinette, Parlamente und Gerichte der Länder und des Bundes eingespeist werden.

Bereits 1968 war in Bonn auf Betreiben der NATO ein „Ministergremium für besondere Lagen“ institutionalisiert worden, angesichts der internationalen Krise um den Prager Frühling. Auch die Fraktionsvorsitzenden waren damals bereits miteingeschlossen. An diese Struktur vermochte Bundeskanzler Schmidt 1975 angesichts der Lorenz-Entführung zwanglos anzuknüpfen: Es gab einen in den Medien sogenannten Großen Krisenstab in Bonn, also bei der bloß koordinierenden Bundesregierung, sodann einen Kleinen Krisenstab in Berlin,[19] also bei der zentral betroffenen Landesregierung. Ob der Kanzler nun eher moderierte oder eher lenkte, das hing von seiner Macht ab und von seiner Taktik.

Nach dem Austausch von Peter Lorenz erläuterte Bundeskanzler Schmidt die Rechtslage: Das Bonner Kabinett habe die eigentlich zuständigen Landesregierungen sowie weitere Amts- und Mandatsträger „an einen Tisch gebracht". Doch stellte allein die Initiative dazu ein Stück politischer Führung dar. Manche erwarteten vom Bundeskanzler auch eine Einflussnahme auf den Inhalt der Entscheidungen. Seit der Sturmflut gehörte es zum Image und auch zur Identität ausgerechnet Helmut Schmidts, vor Zuständigkeitsgrenzen in einem „Notstand" nicht zurückzuscheuen.

„Mitverantwortung" ohne Zuständigkeit

Die Bundesregierung und ich selbst haben im Falle Lorenz politische Verantwortung, politische Mitverantwortung, übernommen, obwohl wir nach dem Grundgesetz weder für die Freilassung der Häftlinge noch für den Einsatz der Polizei in Berlin und an anderen Orten Weisungsrechte hatten oder gesetzliche Verantwortung trugen. Weil wir politische Mitverantwortung tragen wollten, haben wir die vier zuständigen Landesregierungen, die Vorsitzenden der vier großen demokratischen Parteien und die Vorsitzenden der drei Bundestagsfraktionen an einen Tisch gebracht und haben an diesem Tisch die Entscheidungen gemeinsam beraten und getragen.

Helmut Schmidt im Bundestag, 13. März 1975

Im Anschluss an die Lorenz-Entführung ging man an die Einrichtung eines „Lagezentrums für kritische Lagen" im Kanzlerbungalow. Die soeben benutzten Arrangements wurden gemäß den soeben damit gemachten Erfahrungen für künftige Fälle umstrukturiert.[20] Ein Trend zur Zentralisierung des Krisenmanagements auf der Bundesebene deutete sich an. Dazu passte, dass der Karlsruher Generalbundesanwalt und das Wiesbadener Bundeskriminalamt, das BKA, angesichts des Terrorismus an Gewicht gewannen. Das geschah schrittweise, zum Teil in Verbindung mit der einschlägigen Verschärfung des StGB. Das BKA untersteht dem Bundesinnenminister, der Generalbundesanwalt dem Bundesminister für Justiz. Zentrale Krisentreffen und Krisenstäbe legen Wert darauf, von zentralen Behörden unterstützt zu werden.

Strengere Normen in Strafrecht und Strafverfolgung

Wenn auf neu auftretende Verbrechens-Varianten hin eine Verschärfung der Gesetzeslage erfolgt, werden potenzielle Täter zunächst nur mäßig beeindruckt sein, Terroristen vielleicht sogar noch angestachelt in ihrem Eifer. Aber der Staatsapparat kann auf diese Weise sein Problembewusstsein steigern, sich gegenüber der Bevölkerung beweisen, und im besten Fall denkt er zugleich an Vorsorge.

Im Oktober 1971 erhielt das StGB einen neuen Paragraphen 316c, der seither Angriffe auf den Luft- und Seeverkehr bedroht – in Anknüpfung an das Haager „Übereinkommen zur Bekämpfung der widerrechtlichen Inbesitznahme von Luftfahrzeugen“, von 1970. Im Dezember 1971 wurde das StGB um § 239b erweitert, betreffend Geiselnahmen. Im Dezember 1974, in Voraussicht des zentralen RAF-Prozesses in Stuttgart-Stammheim, schnürte der Bundestag ein „Anti-Terror-Paket“: Mit den teils hemmungslos provozierenden, teils sogar kriminellen Aktionen mancher Terroristen und mancher ihrer Verteidiger tat der Staat sich schwer. Jetzt war es möglich, Verteidiger auszuschließen und gegen Angeklagte notfalls auch in ihrer Abwesenheit zu verhandeln. Bundesjustizminister Vogel, der sich von den Hardlinern der Union in die Defensive gedrängt sah, wies am 13. März 1975 im Bundestag auf eine Spitzenposition hin: Keiner der westlichen Nachbarstaaten verfüge über eine so weitgehende Möglichkeit, Verteidiger auszuschließen, wie seit kurzem die Bundesrepublik.[20]

Die Innenministerkonferenz vom 11. April 1975 dehnte die Zuständigkeit des BKA auf die zentrale Steuerung der Bekämpfung des Terrorismus aus. Das war nur ein erster Schritt. Bundesinnenminister Maihofer präzisierte am 28. Oktober 1977, bald nach Schleyers Tod: „Nach der Gesetzeslage könnte sich das Bundeskriminalamt“ auch weiterhin „darauf zurückziehen, Terroristen zu identifizieren und sie zu öffentlicher Fahndung auszuschreiben“, die Ergreifung der Täter aber den Ländern überlassen. Deshalb müsse das Gesetz über das „Bundeskriminalpolizeiamt“ auf einen neuesten Stand gebracht werden.[21]

Am 18. August 1976 wurde dem StGB-Paragraphen 129 (Bildung krimineller Vereinigungen) ein § 129a hinzugefügt, betreffend die „Bildung terroristischer Vereinigungen“. Polizei und Justiz, so Bundesjustizminister Vogel, hätten „sich erst auf die neue [...] Kampfesweise der Terroristen einstellen müssen.“ Vogel hatte Zahlen parat: „128 terroristische Gewalttäter befinden sich in Haft, 34 verbüßen erkannte Freiheitsstrafen, 94 sind in Untersuchungshaft, 103 sind rechtskräftig verurteilt, gegen 76 weitere ist Anklage erhoben.“[22] Es handelte sich bei § 129a um ein „Organisationsdelikt“. Der Generalbundesanwalt war erstinstanzlich zuständig. Da lag eine Parallele zur Stärkung des BKA.

Fahndungsmethoden und Rechtsstaatsprinzip

Eine unter Druck befindliche Exekutive wird stets darüber nachdenken, ob kriminalistisch oder politisch bedeutsame Erkenntnisse nicht ausnahmsweise auch mit verbotenen Mitteln beschafft werden sollten: Hernach könne solcherart Vorgehen dann immer noch aufgearbeitet werden; zunächst aber gelte es, die Krise „mit allen zur Verfügung stehenden Mitteln" zu bewältigen.

1972 wurde auf Anordnung von BKA-Chef Horst Herold die Zelle der Terroristin Gudrun Ensslin in Essen verwanzt. Bundesinnenminister Genscher, FDP, darüber informiert, ließ die Technik dort wieder ausbauen.[23] Aber wo sonst waren Wanzen möglicherweise noch zusätzlich installiert?

Am 15. Februar 1975 beschlossen die Innenminister der Bundesländer im Verlauf ihrer turnusgemäßen Konferenz, „Maßnahmen zur Häftlingsüberwachung" in Stuttgart-Stammheim und anderswo durchzuführen, auf Empfehlung der Landeskriminalämter. Das Bonner Innenministerium war auf der Tagung vertreten, das Bundeskriminalamt war involviert.[24] Innenminister war jetzt Werner Maihofer, ebenfalls FDP, linksliberal eingestellt, aber wenig durchsetzungsfähig. Er wehrte sich nicht gegen Lauschangriffe. Für deren Durchführung wurde Amtshilfe vom Bundesnachrichtendienst und vom Bundesamt für Verfassungsschutz bezogen. Die bundesdeutschen Geheimdienste werden im Bundeskanzleramt koordiniert. Damals war Schmidts Staatssekretär Manfred Schüler dafür zuständig, die zentrale Figur in Schmidts Küchenkabinett.

Zwei Jahre lang blieben die Abhörmaßnahmen verborgen. Dann sahen sich die beiden verantwortlichen Minister in Stuttgart, für Inneres und für Justiz zuständig, zu einer Einräumung gezwungen: Während zweier relativ kurzer Perioden, 1975 und 1977, sei ein entsprechender „rechtfertigender Notstand" konstatiert worden, im Sinne des § 34 StGB.

Die Terroristen, die 1975 gegen Lorenz ausgetauscht und zum Zweck des gemeinsamen Ausflugs nach Frankfurt gebracht wurden, unterlagen dort einer Abhöraktion in ihren Zellen. Davon waren auch Gespräche betroffen, die ihr Vertrauensmann, der vormalige Regierende Bürgermeister von Berlin, Heinrich Albertz, mit ihnen führte.[25]

Der Lauschangriff auf Klaus Traube, 1976/77 vorgetragen, hatte ein Nachspiel. Nachdem ein Whistleblower aus dem Bundesamt für Verfassungsschutz 1977 den SPIEGEL informiert hatte, versuchte Maihofer – wie schon erwähnt – einen „übergesetzlichen Notstand" geltend zu machen. Doch musste er 1978 zurücktreten.

Die außenpolitische Dimension

Die Fahndung nach den Stadtguerilleros überschritt Nationalstaatsgrenzen. Die RAF-Verbrecher waren mit dem Terrorismus auf internationaler Ebene verflochten. Darin lag eine Herausforderung auch für die Bonner Außenpolitik. In den 1970er Jahren fand zwischen diversen Staaten – weitgehend informell und geheim – eine regelrechte Antiterrorismus-Diplomatie statt. Das entsprechende Herrschaftswissen konzentrierte sich im Kanzleramt und im Außenministerium. Auch auf diese Weise wurde das politische Gewicht des Bundeskabinetts insgesamt im Bund-Länder-Verhältnis erhöht.

Als 1976 die Air-France-Maschine nach Entebbe entführt wurde, mussten Schmidt, seine Krisenstäbe und seine Regierung darüber nachdenken, ob die 1975 in Stockholm gezeigte Härte sich durchhalten ließe: Wenn Tel Aviv und Paris eingelenkt hätten, wäre Bonn außerstande gewesen, sich zu verweigern. Eine deutsche Regierung konnte unmöglich für die Opferung israelischer oder französischer Geiseln plädieren. Der Umstand, dass ausgerechnet deutsche Staatsbürger die Skyjacker anführten, kam erschwerend hinzu. Wenn das Kabinett Schmidt sich also zugunsten eines Austauschs entschieden hätte, dann keineswegs aufgrund letzter Gewissensentscheidungen; auch nicht, um den Eindruck einer Berechenbarkeit zu verhindern. Die israelische Kommando-Aktion „Thunderbolt" enthob dann die Bonner Spitze dieses Dilemmas. Hinterher tat die Regierung so, als ob es gar keines gegeben hätte.[26]

Im Deutschen Herbst wurde nicht zum ersten Mal deutlich, wie sehr es darauf ankam, dass die bundesdeutsche Außen-, Außenwirtschafts-, Entwicklungs- und Verteidigungspolitik auf globaler Ebene gut vernetzt war.[27] 1975 bereits hatte die Bonner Regierung im Nahen Osten sondiert, ob sich dort irgendein Land fände, wohin die gegen Peter Lorenz eventuell ausgetauschten Geiseln geflogen werden dürften. Es war insbesondere nicht selbstverständlich, dass ausländische Regierungen sich bereit erklärten, gewaltsame deutsche Polizeiaktionen auf ihrem Staatsgebiet zu tolerieren. Jederzeit mussten mehrere Eisen im Feuer gehalten werden, jederzeit konnte die Vermittlung durch Drittmächte erforderlich sein.

Ein kurzer chronologischer Vorgriff: Fünf Wochen nach dem Coup der GSG 9 in Mogadischu, am 24. November 1977, reiste Staatsminister Wischnewski nach Wien zu einer von der Regierung Österreichs organisierten Konferenz mit Vertretern der PLO, der Palästinensischen Befreiungsorganisation (Palestine Liberation Organization). Der PLO als einer palästinensischen Dachvereinigung, unter dem Vorsitz Jassir Arafats, gehörte auch die PFLP an, die für die „Landshut"-Entführung verantwortlich zeichnete. Der Kontakt zwischen Bonn und der PLO, die sich insgesamt allmählich vom Terror lossagte, war offenbar neu. Während der jüngsten Geiselnahme hatte er keine nennenswerte Rolle gespielt. Aber es deuteten sich Perspektiven für die Zukunft an.

Kriegsrhetorik – alltäglicher Militarismus

Es war ein Desaster der internationalen Politik, das die Begründer der RAF ursprünglich umtrieb – der ungewöhnlich „schmutzige" Vietnamkrieg. Die USA setzten in gigantischem Umfang Chemiewaffen ein. Im Vergleich dazu erschienen die üblichen Protestformen den angehenden Stadtguerilleros als lächerlich. Gegen den US-Imperialismus und gegen den NS-„Nachfolgestaat" BRD, der sich am Vietnamkrieg mitschuldig mache, müsse ungeheuer viel mehr getan werden. Die Rote Armee Fraktion verstand sich in ihrem Weltbild und Größenwahn als Avantgarde einer zukünftig umfassenden Roten Armee, die einen globalen Volkskrieg führen werde. Am Anfang stehe ein „Krieg gegen die Metropolen", innerhalb dieser Metropolen. Kriegsvokabular passte im Großen und Ganzen nicht zur Selbstdarstellung der Neuen Linken. Für linke Extremisten aber lag es oft zum Greifen nah: „Kommando-Aktionen", „Unterdrückungsstreitkräfte", „zermürbender Kleinkrieg".[28] Nicht nur auf RAF-Schriften prangten Gewehre, aus denen – laut Mao Tse-tung – alle politische Macht hervorgehen sollte.

Waffen wurde nicht bloß abgebildet, sondern sie wurden von der RAF auch abgefeuert. Das war geeignet, militaristische Denkmuster auf Seiten mancher Journalisten und Politiker wiederzubeleben. Bundespräsident Walter Scheel (seit 1974 im Amt) und Kanzler Helmut Schmidt, fielen nicht durch Bemühungen auf, solchen Auswüchsen entgegenzutreten.

Helmut Schmidt war zu seinem Nimbus als „Herr der Flut" 1962 vor allem auch durch frühe Artikel im SPIEGEL und in der FAZ gelangt, worin in gezielter Weise Kriegsvokabular benutzt wurde: „Eingekesselte Hansestadt", „Militärische

„Eingekesselt" – „militärische Lagebesprechung" – „Führer" – „Reservehauptmann" – „Oberkommando"

Schmidt-Schnauze läuft auf hohen Touren, seitdem er am frühen Samstagmorgen [...] von einem Berlin-Besuch in die vom Hochwasser eingekesselte Hansestadt eingeflogen wurde. Die Lage in der Hamburger Polizeizentrale unterscheidet sich kaum von einer militärischen Lagebesprechung.

Klaus Wagner in: Frankfurter Allgemeine Zeitung, 24. Februar 1962

Die Hansestadt Hamburg war führerlos und unfähig, einen Führer zu berufen [...] Der Führer berief sich selbst. [Es] übernahm der Innensenator und Bundeswehr-Reservehauptmann Helmut Schmidt, 43, das Oberkommando über eine – erst noch herbeizuzaubernde – Heerschar ziviler und militärischer Hilfskräfte.

Herr der Flut. In: DER SPIEGEL, 7. März 1962

Lagebesprechung“, „Oberkommando“. Auch 1977 noch blickten zahlreiche Journalisten und Politiker, die sich etabliert hatten, auf Kriegserfahrungen zurück.

Sogar die Corona-Krise 2020/2021 hat gezeigt: Im Verlauf von Krisen wird schnell auf militärische Wörter zurückgegriffen. Man führe Krieg gegen das Virus, hieß es 2020 manchmal – nicht zuletzt in Anknüpfung an die verbreitete Analogie, seit dem Zweiten Weltkrieg hätten Staat und Gesellschaft eine ähnliche Herausforderung nicht mehr erlebt. Bundespräsident Steinmeier fühlte sich im April 2020 zu dem Hinweis veranlasst, dass die Bekämpfung der Epidemie keinen Krieg darstelle, vielmehr eine „Prüfung unserer Menschlichkeit“.

Solche Appelle verhallen oft folgenlos, insbesondere dann, wenn nicht Fluten oder Viren abgewehrt werden, sondern schießwütige Verbrecher. „Pure Ahumanität“ attestierte Innenminister Werner Maihofer 1975 den Terroristen. Maihofer war Weltkrieg-II-Oberleutnant, und dieses Merkmal teilte er mit weiteren Politikern an der Staatsspitze. Manche davon haben sich angesichts der RAF-„Herbstoffensive“ militaristischer Anwandlungen nicht durchgängig erwehren mögen.

Wenn in der journalistischen, teils aber auch wissenschaftlichen Literatur darüber geurteilt wird, in welcher Rolle Bundeskanzler Schmidt sich 1977 im „deutschen Herbst“ am ehesten betätigt habe, so ist nicht nur von „Staatsmann“ oder „Philosoph“ die Rede, sondern auch von „Soldatenpolitiker“ und „Soldatenkanzler“.

„Stadtguerilla“ – War der Krieg erklärt?

Schon in einer 1971 erschienenen Anleitung unter dem Titel „Konzept der Stadtguerilla“ heißt es [...] bezeichnend: „Stadtguerilla zielt darauf, den staatlichen Herrschaftsapparat an einzelnen Punkten zu destruieren, stellenweise außer Kraft zu setzen, den Mythos von der Allgegenwart des Systems und seiner Unverletzlichkeit zu zerstören.“ [...] Am Ende dieser Verirrung stehen mit der erschreckenden Unterscheidung von Menschen und Schweinen die pure Ahumanität und die nackte Kriminalität von Raub und Mord, von Entführung und Erpressung.

Innenminister Werner Maihofer im Bundestag, 13. März 1975

Anmerkungen

1 Helmut Schmidt: Als Christ in der politischen Entscheidung. Gütersloh 1976, S. 18, 38.

2 Matthias Dahlke: „Nur eingeschränkte Krisenbereitschaft“. Die staatliche Reaktion auf die Entführung des CDU-Politikers Peter Lorenz 1975. In: Vierteljahrshefte für Zeitgeschichte (VfZ) 55 (2007), S. 641 678, hier S. 662.

3 Ebd., S. 672 f.

4 Ebd., S. 662.

5 Michael März: Die Machtprobe 1975. Wie RAF und Bewegung 2. Juni den Staat erpressten. Leipzig 2007, S. 91 f.

6 Bundestags-Plenarprotokoll (BT-PlPr.) 7/155 v. 13. März 1975, S. 10732.

7 Ebd., S. 10790, 10746.

8 „Mein Instinkt sagt mir: Nicht nachgeben“. In: DER SPIEGEL 18/1975, S. 23-33, hier S. 24.

9 BT-PlPr. 7/168 v. 25. April 1975, S. 11783.

10 Siehe auch Gabriele Metzler: „Denen musste es mal gezeigt werden“. Antiterrorpolitik als Politik der Männlichkeit. In: Europäische Geschlechtergeschichten. Hg. v. Maria Bühner / Maren Möhring. Stuttgart 2018, S. 225–233.

11 „Mein Instinkt sagt mir: Nicht nachgeben“ (wie Anm. 8).

12 Matthias Dahlke: Der blinde Fleck. Transnationaler und nationaler Terrorismus auf dem Weg zum „Deutschen Herbst“. In: Zeitgeschichte-online, Die RAF als Geschichte und Gegenwart, Hg. von Jan-Holger Kirsch und Annette Vowinckel, Mai 2007 (http://www.zeitgeschichteonline.de/zol/portals/_rainbow/documents/pdf/raf/dahlke_dbf.pdf), S. 13.

13 Hans-Jürgen Wischnewski: Mit Leidenschaft und Augenmaß. In Mogadischu und anderswo. München 1989, S. 127 ff.

14 Jumbo-Entführung. Neue Gelüste. In: DER SPIEGEL 10/1972 (v. 28. Febr.), S. 22 f.

15 Günter Gaus: Schlapper Staat? In: DER SPIEGEL 46/1972 v. 6. Nov. 1972, S. 25; Flugzeugentführung. Terroristen befreit. In: Die Zeit v. 3. Nov. 1972.

16 Felix Bohr / Gunther Latsch / Klaus Wiegrefe: Böses Blut. In: DER SPIEGEL 35/2012 (v. 27. Aug.), S. 33-36; Wolfgang Kraushaar: „Wann endlich beginnt bei euch der Kampf gegen die heilige Kuh Israel?“. München 1970. Über die antisemitischen Wurzeln des deutschen Terrorismus. Reinbek 2013, S. 595.

17 Siehe u.a. Ulrich Wegener: GSG 9 – stärker als der Terror. Hg. v. Ulrike Zander / Harald Biermann. Münster 2017, S. 69 ff.

18 Fall Schleyer: Der zweite Schlag. In: DER SPIEGEL 43/1977 (v. 17. Okt.), S. 19-27, hier S. 19.

19 Dahlke, Krisenbereitschaft (wie Anm. 2)., S. 672.

20 BT-PlPr. 7/155 v. 13. März 1975, S. 10792.

21 BT-PlPr. 8/53 v. 28. Okt. 1977, S. 4131.

22 BT-PlPr. 7/253 v. 24. Juni 1976, S. 18052.

23 Stefan Aust: Der Baader-Meinhof-Komplex. 4., erw. u. aktual. Aufl. Hamburg 2017, S. 669.

24 Ebd., S. 670.

25 Dahlke, Krisenbereitschaft (wie Anm. 2), S. 661.

26 Markus Eikel: Keine „Atempause“. Das Krisenmanagement der Bundesregierung und die Flugzeugentführung von Entebbe 1976. In: VfZ 61 (2013), S. 239–261, hier u.a. 260 f.

27 Tim Geiger: Die „Landshut" in Mogadischu. Das außenpolitische Krisenmanagement der Bundesregierung angesichts der terroristischen Herausforderung 1977. In: VfZ 57 (2009), S. 413–456.

28 Andreas Musolff: Kriegsterminologie in der Terrorismusdebatte. In: Begriffe besetzen. Strategien des Sprachgebrauchs in der Politik. Hg. v. Frank Liedtke / Martin Wengeler / Karin Böke. Opladen 1991, S.186–218, hier S. 190.

5. „Soldatenpolitiker"? – „Staatsmann"? – „Philosoph"? Ansätze zu einer Schmidt-RAF-Legende

> Die Situation [von 1977] ist mit jener während der Hamburger Flutkatastrophe nur noch partiell zu vergleichen. Damals konnte der Krisenmanager Schmidt den Schaden, den die Natur angerichtet hatte, mehr oder weniger gutmachen. Hier aber, im Umgang mit den politischen Gewalttätern, kann er selbst und auf eigene Rechnung mehr oder weniger oder auch alles falsch machen.

Sibylle Krause-Burger: Helmut Schmidt aus der Nähe gesehen. Düsseldorf/Wien 1980, S. 169

Nur eine einzige Schmidt-Biografie ist vor 1977 erschienen. Der Publizist Helmut W. Kahn legte sie 1973 vor, Untertitel: „Fallstudie über einen Populären". Kahn kritisierte vielerlei an Schmidts Verhalten und Entscheidungen. Kahn nahm auch Anstoß an der offiziellen Reklame-Broschüre von 1970 („Der Bundesminister der Verteidigung"). Gleichwohl nahm Kahn es Schmidt ab, 1962 die Bundeswehr gerufen und damit gegen das Grundgesetz verstoßen zu haben.

Alle weiteren Schmidt-Biografien stehen bereits unter dem Einfluss des Schleyer/„Landshut"-Komplexes von 1977. Da schien Schmidt erfolgreich an 1962 anzuknüpfen. Viele sahen in ihm nun endgültig den Garanten für Ordnung, Ruhe und Sicherheit. Meinungsumfragen kamen zu dem Ergebnis, Schmidt sei seit Adenauer der beliebteste Kanzler. Die Zuspitzung von Konflikten und Kämpfen auf „große" Akteure ist bequem: Ebenso wie der Heilige Georg den Drachen getötet hätte – so scheint es Teilen des Publikums – ebenso sei die RAF 1977 durch Helmut Schmidt besiegt worden, gewissermaßen im Zweikampf. Wer wollte ihm da die zwei Todesopfer anlasten, den Kapitän des gekaperten Lufthansa-Jets, Jürgen Schumann, und den entführten Schleyer? War es nicht genau Schmidt zu verdanken, dass es am Ende nur diese zwei, nicht aber rund 100 Todesopfer gegeben hatte?

„1977" wirkte auf „1962" zurück. Wer bis 1977 noch Zweifel daran gehegt haben sollte, dass durch Schmidt als „Herrn der Flut" das Bundesland Hamburg, ja die gesamte Nordseeküste, vor Schlimmerem bewahrt worden seien, der mochte solche Zweifel nunmehr ablegen. Sturmflut und RAF-Terror – die beiden Monumentalgemälde ergänzen und bekräftigen einander: Der Weltkrieg-II-Offizier bezwingt zuerst den einen „Feind" oder „Gegner", sodann den anderen. Die beiden

Geschichtsbilder weisen aber auch einige Unterschiede auf – selbst in der Grundtendenz.

Sturmflut-Schmidt: Wie aus einem Guss

Schmidts Sturmflut-Legenden und der daraus zusammengefügte Mythos wirken wie aus einem Guss. Wie ein Monolith steht auch Schmidt selbst da, als der Retter in der Not. Die Zeitgenossen bekamen vom hektischen Geschehen der drei, vier zentralen Tage des Februar 1962 nur wenig mit. Um die einschlägigen Archivalien haben sich die Historiker bisher nur oberflächlich gekümmert, mit Ausnahme von Schmidt-Anhänger Hartmut Soell.

Zu den Rettungs- und Hilfsaktionen bei der 1962er Sturmflut gab es keine nennenswerten Alternativen, schon gar nicht aus Sicht des Polizeisenators im Stadtstaat Hamburg. Durch Parteipolitik wurde das Heldenbild 1962 nicht gestört, im Gegenteil. Die Hamburger CDU äußerte offene Bewunderung für Schmidt: Endlich einmal ein vernünftiger Sozialdemokrat! Hatte der Rest des Senats nicht ganz und gar ratlos dagestanden? Die Bundes-CDU durfte spätestens nach Ablauf einiger Wochen die Hoffnung entwickeln, dass Schmidt, der bekanntlich zu den Befürwortern von Notstandsgesetzen gehörte, in der diesbezüglich teils skeptischen SPD nun noch an Gewicht gewonnen hätte.

Allein Helmut Schmidt selbst hat es unternommen, dem „Herrn der Flut" eine Nuance zu verleihen, eine psychologisch-philosophische Tiefe. Schmidt tat das um dieses Bildes wegen, aber auch, um in der Debatte um die Notstandsdebatte Eindruck zu machen: Schmerzhafte Gewissensentscheidungen hätte ihm die Grenzsituation abverlangt, als es um Leben und Tod ging, um Verantwortung und Schuld. Als fünfter Hausphilosoph hätte sich der Existenzphilosoph Karl Jaspers für Schmidt geeignet: „Ich muss sterben, ich muss leiden, ich muss kämpfen, ich bin dem Zufall unterworfen, ich verstricke mich unausweichlich in Schuld."[1]

RAF-Schmidt: Licht und Schatten

So simpel die Sturmflutsituation war, politisch gesehen, so komplex und brisant fiel „1977" aus. Angesichts der RAF-„Herbstoffensive" standen zwei Alternativen einander gegenüber. Sollte die Austausch-Forderung der Stadtguerilla erfüllt werden oder nicht? Es ist entsprechend reizvoll, in kontrafaktischer Weise darüber zu spekulieren, was passiert wäre, wenn der bundesrepublikanische

Staatsapparat bereits zwei Jahre zuvor, im April 1975, auf die Forderungen des RAF-Kommandos eingegangen wäre, das die Stockholmer Botschaft gestürmt hatte. Oder wenn der Staatsapparat Hanns Martin Schleyer 1977 zum Preis der Freilassung der RAF-Spitze gerettet hätte.

Vor dem Hintergrund der genannten Alternativen einerseits, der im September/Oktober 1977 tatsächlich getroffenen Staatsbeschlüsse andererseits, war es von Anfang an nicht unwahrscheinlich, dass das Schmidt-RAF-Geschichtsbild irgendwie gespalten konstruiert und tradiert werden würde.

Dabei steht einem betont maskulin, ja gelind militaristisch, hyperkonsequent auf die Staatsraison pochenden, einen informellen Ausnahmezustand organisierenden Weltkrieg-II-Offizier Helmut Schmidt der Staatsmann gleichen Namens gegenüber. Dieser habe mit Augenmaß eine Abwägung der Güter vorgenommen, eine harte Linie verfolgt, extreme Vorschläge aber abgelehnt. Vierfach sind hier Ansätze zu einer heroischen Überhöhung entstanden: Erneut habe sich Schmidt einem übergesetzlichen Notstand gegenübergesehen. Ohne Handlungsanleitung habe er wählen müssen (einerseits) zwischen der Rettung Hanns-Martin Schleyers und dann auch anderer Geiseln durch Austausch, (andererseits) dem Schutz der bundesdeutschen Gesamtbevölkerung vor weiteren Terrorakten. Mit seiner Entscheidung, eine gewaltsame Befreiung in Angriff zu nehmen, habe Schmidt einen beachtlichen Erfolg gehabt. Sollte er durch zwei tote Geiseln und die Inkaufnahme weiterer Todesopfer Schuld auf sich geladen habe, so handele es sich um eine unvermeidbare, eine tragische Schuld.

„Soldatenpolitiker“? – „Staatsmann“? – „Philosoph“?

Schmidt hat die „Staatsmann“-und-„Philosoph“-Version wohl nicht zuletzt als Gegengewicht zu einer bestimmten Legende des gleichfalls entstehenden RAF-Mythos gesehen: Bei der ersten Generation der RAF sei eine nennenswerte theoretische Basis vorhanden, ja sogar ein anerkennenswerter Idealismus mit im Spiel gewesen. Schmidt kritisierte demgegenüber, um die Lebensläufe und den Tod der führenden Terroristen werde viel zu viel Aufhebens gemacht. Man solle besser das Leid der Familien bedenken, die Angehörige verloren hätten, durch Baader, Meinhof & Co.[2]

Schmidt neigte dazu, als Hauptmerkmal der RAF – ähnlich wie bei anderen Terrorismen weltweit – eine ausgeprägte Menschenverachtung festzustellen.[3] Von Ulrike Meinhof hatte er schon vor ihrer Extrem-Radikalisierung wenig gehalten. 1965 sprach Schmidt auf Einladung der Hamburger Humanistischen Union: „Notstandsgesetzgebung – Ja oder Nein?“ Die Veranstalter hatten ihn ersucht, im Anschluss noch mit Kritikern zu diskutieren. Mit dem pazifistischen Juristen Heinrich Hannover, dem SPIEGEL-Redakteur Jochen Becher und – aus der KONKRET-Redaktion – Ulrike Meinhof. Das lehnte Schmidt ab: Hannover und Meinhof zähle er nicht zum Kreis derer, die „Argumenten zugänglich" seien.[4]

Seit Schmidts Bundestagsrede vom 20. Oktober 1977, worin die Schlüsselwörter „Schuld", „Zerrissenheit" und „Verstricktheit" fielen, ist das philosophisch angereicherte „Staatsmann"-Geschichtsbild von zahlreichen Medien kultiviert worden.

Der logische Unterschied zu „1962" kann unter anderem mit dem Gegensatzpaar „Offensive vs. Defensive" bezeichnet werden. Zwischen 1962 und 1968 hatte der vielbesungene „Herr der Flut" die ihm angeblich in den Tagen der Sturmflut widerfahrene Gewissensnot offensiv behauptet, um seinem Ruf als Krisenmanager und dem Projekt der Notstandsgesetze jeweils noch ein I-Tüpfelchen aufzusetzen. 1977, nach „Mogadischu", sah Schmidt sich allerlei Zweifeln ausgesetzt. Von der CDU wurde er beinahe als einer der ihren akzeptiert – wenn er nicht ein wenig zu sozialdemokratisch gewesen wäre. Kritik kam dagegen von der friedlichen Mehrheit der „Neuen Linken", vom linken Flügel der SPD, aber auch aus dem linksliberalen Spektrum. Sofern sich solcherart Kritik mit dem Ansatz verband, die RAF, zumindest deren Schlüsselfiguren, zu romantisieren, ihre Verbrechen als einen irgendwie nachvollziehbaren, wenn auch übertriebenen Widerstand gegen Krieg und Diktatur zu relativieren, konnte sich Schmidt zutiefst missinterpretiert fühlen, geradezu als Vertreter der von ihm doch so häufig abgelehnten „Gesinnungsethik": Hatte er über einem unangebrachten Staats-Fetischismus dessen Folgen vernachlässigt? – Hier schien Verteidigung angebracht: Qua Amt, als oberster Beschützer von 60 Millionen Bundesbürgern, sei er von Anfang an ganz und gar außerstande gewesen, alles zu hundert Prozent richtig zu machen.

„Versäumnis", „Schuld", „Verstrickung", „Verantwortung"

Zum Schluss, meine Damen und Herren: Wer weiß, dass er so oder so, trotz allen Bemühens, mit Versäumnis und Schuld belastet sein wird, wie immer er handelt, der wird von sich selbst nicht sagen wollen, er habe alles getan und alles sei richtig gewesen. Er wird nicht versuchen, Schuld und Versäumnis den anderen zuzuschieben; denn er weiß: Die anderen stehen vor der gleichen unausweichlichen Verstrickung. Wohl aber wird er sagen dürfen: Dieses und dieses haben wir entschieden, jenes und jenes haben wir aus diesen oder jenen Gründen unterlassen. Alles dies haben wir zu verantworten.

Die Bundesregierung wird noch Gelegenheit nehmen, alle ihre Entscheidungen, ihre Gründe – auch ihre Zweifel – öffentlich darzulegen. Zu dieser Verantwortung stehen wir auch in Zukunft. Gott helfe uns!

Helmut Schmidt im Bundestag, 20. Oktober 1977

Der „deutsche Herbst“ in Schmidt-Biografien

Verbreitete Filme, Sachbücher und Studien können daraufhin taxiert werden, welcher der Schmidt-Bild-Varianten sie für „1977“ vergleichsweise den Vorzug geben. Nicht ganz selten haben die Autoren dabei auch einen Blick auf den Schmidt-Sturmflut-Nimbus geworfen.

Eines sei „1977“ gegenüber „1962“ gleich geblieben, schrieb die Journalistin Sibylle Krause-Burger 1980: Erneut habe Alles auf „Schmidts Kommando“ gehört. Doch sei Schmidt „beileibe kein forscher Macher“ gewesen. „Kaltschnäuzigkeit und Schnoddrigkeit“ hätte er abgelegt. Zwei neue Institutionen habe er dem Staatsgefüge vorübergehend hinzugefügt, den Großen Beratungskreis und die Kleine Lage, aber kein bisschen hätte der Kanzler an diese Gremien abgegeben, weder Kompetenzen noch Verantwortung.

Der Journalist Jonathan Carr entdeckte 1985 gar eine sentimentale Seite an Schmidt: Nach „Mogadischu“ sei der Kanzler „zusammengebrochen“ und hätte Tränen gezeigt. Immerhin hat Carr nicht ganz vergessen, dass Schmidt als Politiker nicht in einen bloßen Zweikampf verwickelt war, sondern sich nach mehreren Seiten absichern musste: Zwischen der auf hartem Kurs befindlichen Union und dem linken Flügel der SPD sei es Schmidt nicht leicht gefallen, einen mittleren Weg zu beschreiten. Carr erwähnt auch die Öffentlichkeit: Am Schluss hätte der Kanzler in Aussicht gestellt, die Bundesregierung werde Transparenz beweisen und die Entstehung ihrer Beschlüsse offenlegen.

Niemand hat so viel biografische Bücher über Schmidt geschrieben wie der Journalist Martin Rupps. Mit einer Doktorarbeit über Schmidts philosophischen Background ging es los, 1997. Für seine erste Biografie, von 2002, hat Rupps von seinem Protagonisten ein Interview erhalten: Auch schon vor der Entführung des CDU-Politikers Peter Lorenz, 1975, sei er, Schmidt, dagegen gewesen, den Terroristen durch einen Austausch in die Hände zu arbeiten. Dummerweise hätte ihn im entscheidenden Moment jene missliche Erkrankung niedergestreckt. Auf dem Höhepunkt der Herbstkrise von 1977, so Rupps, habe sich Schmidt gleichwohl als innerlich zerrissen dargestellt. Mit Unterstützung bekannter Intellektueller wie Max Frisch und Heinrich Böll sei er um Vergewisserung bemüht gewesen. Rupp berief sich auf Autoritäten. Hatte der ZEIT-Journalist Theo Sommer den Kanzlerworten vom 20. Oktober 1977 nicht attestiert, sie kämen aus dem Mund eines „politischen Philosophen“? War nicht Richard von Weizsäcker davon überzeugt gewesen, dass Schmidt tatsächlich unter Gewissensqualen gelitten hatte? Nur am Rande fiel Rupps auf, dass das Stichwort „Macht“ in Schmidts Vokabular kaum vorgekommen war. Ferner, dass Schmidt keineswegs nicht in einem politikfreien Raum gehandelt hatte – angesichts des Koalitionspartners FDP, angesichts der Unions-Opposition, die immerhin in der Länderkammer stärker als die SPD war, angesichts auch von vier Landtagswahlen im Jahr 1978.[5]

Michael Schwelien war von 1980 bis 2008 Redakteur bei der ZEIT. Schweliens Schmidt-Biografie erschien 2003. Hans-Joachim Noack war von 1983 bis 2005 beim SPIEGEL tätig. Noacks Schmidt-Biografie erschien 2008. Gunter Hofmann arbeitete bis 2008 ebenfalls bei der ZEIT, zuletzt als Chefkorrespondent in Berlin. Hofmanns Schmidt-Biografie erschien 2015. Alle drei Autoren haben mit Schmidt geplaudert. Alle drei haben unkritisch den Schmidt-Sturmflut-Mythos nacherzählt. Auch in puncto „Schleyer" und „Landshut" nehmen sich ihre Sachbücher nicht viel. Innerhalb eines Zeitraums von zwölf Jahren publiziert, bilden diese Biografien bis heute den Mainstream ab. Schwelien und Noack zeigen sich ab und zu auch einmal kritisch gegenüber Schmidt, Hofmann dagegen schwärmt so gut wie durchgehend.

Noack und Hofmann sind hier bereits mit Textpassagen zitiert worden, die auf Ähnlichkeiten zwischen „1962" und „1977" hinweisen: Schmidts „Unbeirrbarkeit" imponiert Noack erneut. Auf Schmidts Fronterfahrung wird verwiesen, ebenso auf den soldatischen Hintergrund weiterer Mitglieder im „Großen Beratungskreis" und in der „Kleinen Lage". Hofmann zufolge zeigt sich Schmidt ein weiteres Mal „überlegt", „ernsthaft", „umsichtig". Gewiss, Schmidt wähnt sich im Krieg, aber – so Hofmann – diesmal, 1977, sei es der „richtige Krieg" gewesen.

Schmidts psychische Verfassung kommt mehr als einmal zur Sprache. Noack zitiert Schmidts damaligen Pressechef Klaus Bölling: Schmidt sei „die Dramatik des Geschehens wie eine Droge ins Blut" geschossen. Wenn Noack eine Parallele zu „1962" hätte aufzeigen mögen, wäre ihm ein Schmidt-Wort von 1968 zupassgekommen: „Meine glücklichste Zeit", so wurde Schmidt von dem Journalisten Ben Witter zitiert, „hatte ich während der kleinen Flutkatastrophe in Hamburg. Ich musste nach vielen Richtungen schnell und entschlossen vorgehen." Schmidt hat das Wort „glücklich" hinterher nicht mehr als passend empfunden – verständlich vor dem Hintergrund von über 300 Todesopfern. Dass die Sturmflut von ihm in jenem Interview als „klein" veranschlagt worden war, hat Schmidt dagegen nicht gereut.[6] In der Notstandsgesetz-Debatte kam es Schmidt vor allem auf die politischen Notstände an. In Relation dazu mochte eine Sturmflut als „klein" erscheinen. Schmidts Biograf Schwelien war freilich so verwirrt, dass er das Wort „klein" einfach nicht mitzitiert hat.[7]

Schwelien attestiert dem Bundeskanzler Schmidt, durch dessen Unnachgiebigkeit sei die Republik 1977 „erst richtig gefestigt" worden – als wehrhafte Demokratie. Freilich habe Schmidt eine Gratwanderung unternommen. Er habe Gesetze – immerhin in Friedenszeiten! – arg strapaziert, gewissermaßen so, als sei ein Ausnahmezustand ausgerufen worden.

Helmut Schmidt: Der Mann der Exekutive und die Tragik

So hat er sich inszeniert: Als Mann der Exekutive, als „Macher", der schon 1962 [...] während der gewaltigen Sturmflut, ins Polizeipräsidium stürmte und dort einen „gackernden Hühnerhaufen" vorfand. Da, so will es die Legende, hörte alles auf sein Kommando. [...] Nach der erfolgreichen Erstürmung der „Landshut" in Mogadischu sahen die Deutschen in Helmut Schmidt ihren Helden. Die Bilder vom Staatsakt für den ermordeten Arbeitgeberpräsidenten Hanns-Martin Schleyer gruben sich ins kollektive Gedächtnis – der in sich versunkene Schmidt neben der Witwe des Ermordeten. Der Kanzler sah sich in Schuld verstrickt. Wie sollten sich die Deutschen von dieser Tragik nicht rühren lassen?

Oliver Hoischen: Der ewige Kanzler. In Frankfurter Allgemeine Sonntagszeitung, 21. Dezember 2008

Noack lässt ähnliche Töne anklingen. Zeitweise hätten den Kanzler Zweifel geplagt, ob „ein strikt an der Verfassung orientiertes Krisenmanagement" sich „beliebig lange durchhalten" lasse. Hofmann dagegen zweifelt nicht im Geringsten an Schmidt: Der Rechtsstaat habe den Rahmen vorgegeben, das Grundgesetz uneingeschränkt gegolten.[9] Und wie stark mag sich Schmidt an ethischen Normen orientiert haben? Hofmann zitiert einmal mehr die Schlüsselworte „Versäumnis", „Schuld" „Verstrickung".[10] Noack ruft in Erinnerung, dass Schmidt sich als tragischer Held im Sinne antiker Sagen verstand.

Als Martin Rupps seiner Schmidt-Biografie 2008 einen neuen Titel verpasste, hatte sich am Inhalt wenig geändert. Auch mit diesem Buch hatte er Erfolg, und es wurde 2013 erneut aufgelegt.[11] 2015 aber, kurz nach dem Tod seines Protagonisten, zeigte Rupps sich von dessen Bann befreit: War Bundeskanzler Schmidt, „der Lotse", tatsächlich erkrankt, als er 1975 dem Austausch von Peter Lorenz zustimmte? Musste die gesamte Terror-Epoche nicht ganz grundsätzlich auf „ein Urversagen der Generation Helmut Schmidt" zurückgeführt werden? War Schmidt dann nichts Besseres eingefallen, als dieser Herausforderung gegenüber den Habitus

Abb. 24 – Panzerwagen vor dem „Langen Eugen" in Bonn. Notwendige Sicherheitsmaßnahme? Symbol für politische Abschottung? © BArch, B 145 Bild-00003052 / Detlef Gräfingholt

eines „Soldatenpolitikers" herauszukehren? Hatte nicht ausgerechnet Schmidt den „kriegerischen Diskurs" angestimmt, der zwischen „Oberleutnant Schmidt", „Oberleutnant Strauß", „Oberleutnant Wischnewski", „Leutnant Zimmermann" und „Leutnant Herold" gepflogen wurde? Mit anderen Worten: Hatten da nicht ein paar betont maskuline Politiker sich nostalgisch ihrer einstigen, vergleichsweise lächerlich-subalternen Offiziersränge erinnert und gemeinsam mit führenden Terroristen nicht bloß Räuber und Gendarm gespielt, sondern Krieg?[12]

Ähnlich wie Rupps für „1962" einen „militärischen Befehlsstand" annimmt, eine „Kommandozentrale", von der aus Schmidt ganz Norddeutschland gerettet hätte, so erscheint das 1977er Kanzleramt bei Rupps jetzt als „abgeriegelter Befehlsstand". Die traumatisierten „Landshut"-Geschädigten habe Schmidt so gut wie unbeachtet gelassen, bemängelt Rupps, ein „Betonmantel" habe die Seele des Kanzlers, ja seiner gesamten Generation, umgeben. Der „Mogadischu"-Coup aber sei vom Publikum genussvoll mythifiziert worden.[13]

Reservehauptmann Schmidt

Rupps hat sich offensichtlich an dem 2014 erschienenen Buch der Journalistin Sabine Pamperrien orientiert, das Schmidts „Vergangenheit" während des Zweiten Weltkriegs thematisiert. Die militärische Sozialisation, die er zwischen 1937 und 1945 erfahren habe, im Alter von 19 und 27 Jahren, sei „bis an sein Lebensende Dreh- und Angelpunkt von Schmidts Wertesystem", er selbst darin wie in ein Korsett eingezwängt gewesen. 1977 habe Schmidt sich als „Soldatenkanzler" aufgeführt.[14] Neu war der Gedanke nicht. Stefan Aust hat seit 1985 formuliert: „Ein Nachgeben, darin waren sich die beiden ehemaligen Wehrmachtsoffiziere Helmut Schmidt und Horst Herold einig, kam nicht in Frage."[15] Aber durch Pamperrien und dann auch Rupps ist das Soldatische an Helmut Schmidt in zuvor nicht dagewesener Art herausgestellt worden.

Kriegserfahrung und Krisenstabs-Führung

Frage: Wie kam es, dass Sie damals so beherzt die Leitung des Katastropheneinsatzes an sich gezogen haben?

Helmut Schmidt: Es waren lauter aufgeregte Hühner, und einer musste die Sache in die Hand nehmen. So kam's.

Frage: Wie verliefen Ihre Tage? Haben Sie überhaupt schlafen können?

Helmut Schmidt: Ein alter Soldat ist gewohnt, notfalls ein paar Tage nicht zu schlafen.

Frage: Hat Ihnen die Erfahrung als Soldat geholfen, eine solche Krise so beherzt zu bewältigen?
Helmut Schmidt: Mit Sicherheit.

„Wie war's, Herr Schmidt?“ Helmut Schmidt (84) im Gespräch mit Volker Herres und Joachim Knuth. NDR Fernsehen, 15. Dezember 2003

Man hat im Kriege vielerlei große Scheiße erlebt, aber man hat eben auch gelernt, in unübersichtlichen Situationen seine eigene Haut zu retten und die Haut des Kameraden zu retten. Und manche Dinge hat man machen müssen im Kriege, die in den Vorschriften nicht vorhanden waren. Das hab' ich im Krieg gelernt, ja.

Helmut Schmidt (86) im Doku-Drama „Die Nacht der großen Flut“ (NDR 2005)

Wir hatten [1977] alle genug Scheiße hinter uns und waren abgehärtet. Und wir hatten ein erhebliches Maß an Gelassenheit bei gleichzeitiger äußerster Anstrengung der eigenen Nerven und des Verstandes. Der Krieg war eine große Scheiße, aber in der Gefahr nicht den Verstand zu verlieren, das hat man damals gelernt.

Helmut Schmidt (88), zitiert von Giovanni di Lorenzo: Ich bin in Schuld verstrickt. In: Die Zeit 36/2007 v. 30. August

Die Kontinuität zu „1962“ ist unübersehbar. Schmidt, Leiter des Katastropheneinsatzstabs, hatte sich mehr als einmal, so ist teils beobachtet, vor allem freilich dann kolportiert worden, einen quasi militärischen Anstrich gegeben. 1962 konnte das immerhin mit der maßgeblichen Rolle der Bundeswehr in Verbindung gebracht werden. Schmidt gefiel es auch hernach, sich als „alten Soldaten“ darzustellen – teils spontan, teils auf Nachfrage: Ja, er habe als Krisenmanager von Kriegserfahrungen profitiert. Für die globale Ungeheuerlichkeit des Zweiten Weltkriegs insgesamt, aber auch für Schmidts befehlsgemäß erfolgten Fronteinsatz nahe Leningrad angewendet, erscheint das von Schmidt regelmäßig ausgesprochene Wort „große Scheiße“ als hilflos; in manchen Ohren mag es allein männlich-allzumännlich klingen, nach dem Motto „Was uns nicht umbringt, macht uns nur noch härter!“

Zwar trafen 1977 bewaffnete Verbrecher der Stadtguerilla auf die Polizeien der Länder und des Bundes. Zwar wurden punktuell Waffen abgefeuert. Aber völlig zu Recht hat Schmidt am 17. September 1977 im Bundestag die Auffassung zurückgewiesen, der Staat wäre in einen Krieg verwickelt: Das sei eine „absurde Vorstellung“ der Terroristen. Solche Äußerungen hätten – im Rückblick geurteilt – damals wohl häufiger fallen dürfen. Später lassen sich von Helmut Schmidt aber auch Statements finden, die weniger differenziert ausgefallen sind: Es sei 1977 „genau wie im Krieg“ gewesen, urteilte Schmidt 2013 in Bezug auf die Aktion der GSG 9, der berühmten Spezialeinheit des Bundesgrenzschutzes. Ein Befehlshaber müsse „das Lebensrisiko, oder Todesrisiko eher, der Soldaten“, die seinen

Befehlen folgten, „in Kauf nehmen."[16] Und nicht lange vor seinem Tod ergänzte er, die GSG 9 hätte in Mogadischu eine „quasi soldatische" Aufgabe erledigt, eine (freilich mit Gänsefüßchen) „‚militärische'" Aufgabe.[17]

Der Journalist Michael Sontheimer hat 2015, aus Anlass von Schmidts Tod, über die Niederlage der RAF geschrieben, sie sei nicht allein moralisch und politisch, sondern auch „militärisch" gewesen – auch militärisch. Sontheimer schrieb auf SPIEGEL-online.

Abb. 25 – Ulrich Wegener, Kommandeur der GSG 9, empfängt die Anerkennung von Kanzler Schmidt. War „Mogadischu" eine militärische Aktion? © BArch, B 145 Bild-00006950 / Engelbert Reineke

Schmidt und die RAF – ein „militärischer" Konflikt?

Helmut Schmidt hatte der RAF durch seine Unnachgiebigkeit, mit der er eine militärische Lösung suchte, die zentrale Niederlage beigegebracht. Die Gruppe war moralisch, politisch und militärisch gescheitert.

Michael Sontheimer: Der Mann, der die RAF besiegte. In: DER SPIEGEL-online v. 11. November 2015

Gleichzeitig erschien ein Schmidt gewidmetes Sonderheft des SPIEGEL mit dem nostalgischen Titel „Der letzte Staatsmann". Sturmflut und RAF-Terror werden ganz unterschiedlich behandelt. Kommentarlos ist Der SPIEGEL-Text vom 7. März 1962 wiederabgedruckt worden („Herr der Flut"), ein Ausgangspunkt und Kernstück des Schmidt-Sturmflut-Mythos. Die Legende von der Verfassungswidrigkeit des Bundeswehreinsatzes ist darin allein aus dem einfachen Grund nicht enthalten, dass Schmidt sie noch nicht in die Welt gesetzt hatte. Diese vermeintliche Lücke füllt Hartmut Palmer in einem Begleit-Artikel: Schmidt habe sich „einfach die Bundeswehr zum Zweck der Katastrophenbekämpfung selbst unterstellt".

Was Schmidts Kampf gegen den RAF-Terror angeht, halten sich der paramilitärische und der zivile Aspekt, halten sich auch Zustimmung und Kritik im SPIEGEL-Sonderheft von 2015 ungefähr die Waage: „Bitterer Sieg der Staatsräson" steht als Motto über dem Beitrag von Georg Bönisch. Schmidt wird zugutegehalten, dass die Lorenz-Entführung den Staat als erpressbar erwiesen und deshalb Nachahmung gefunden hätte. Aber die kritischen Bemerkungen sind in der Mehrzahl: Wurde die Grenze des Rechtsstaats im Stammheim-Prozess und an anderer Stelle nicht allein tangiert, sondern gar überschritten? War die GSG-9-Mission in Mogadischu nicht ein Himmelfahrtskommando?

RAF-Chroniken ohne Personenkult

Im Gegensatz zu den Schmidt-Biografien bieten die verbreiteten Sachbücher über den RAF-Terror nur wenige Analysen und Urteile über den „Soldatenpolitiker“, „Staatsmann“ oder „Philosophen“. Die umfangreichen Bücher von Stefan Aust und Butz Peters ähneln eher Chroniken. Das Geschehen wird meist von Tag zu Tag nachvollzogen. Personenkult unterbleibt – bezüglich beider konfligierender Seiten.

Stefan Aust, von 1994 bis 2008 Chefredakteur des SPIEGEL, hat einen besonderen Einfluss auf das Geschichtsbild über die herbstliche Offensive der RAF 1977 ausgeübt, durch Buch und Film. Zur Zeit der Sturmflut war Aust 15 Jahre alt und lebte auf dem elterlichen Bauernhof unweit von Stade. 2006 hat er sich nicht nur an Kühe erinnert, die 1962 vom Ertrinken bedroht waren. Aust bescheinigt dem Sturmfluthelden Helmut Schmidt die angebliche Illegalität des Bundeswehreinsatzes. Bei der Inanspruchnahme der Streitkräfte habe es sich um einen Präzedenzfall gehandelt: „Man darf nicht vergessen“, doziert Aust, „dass die damalige Regelung, die Bundeswehr dürfe nicht im Inneren eingesetzt werden [...] indirekt aus den Erfahrungen des Dritten Reichs herrührte.“[18]

Für sein Buch „Der Baader-Meinhof-Komplex“ hat Aust gründlicher recherchiert. Vier Auflagen sind seit 1985 erschienen, jeweils überarbeitet und erweitert. Eine ähnliche Sachkenntnis über die Sturmflut besaß Aust nicht. So ist es ihm wohl als plausibel erschienen, dass der zu Vielem entschlossene Krisenmanager Schmidt des Jahres 1977 anderthalb Jahrzehnte zuvor die Verfassung verletzt hätte. In seinem RAF-Buch dagegen zeigt Aust sich zurückhaltend gegenüber Schmidt: Das Bund-Länder-Verhältnis sei im „deutschen Herbst“ 1977 übereilt durcheinandergebracht worden. Bundesanwaltschaft und Bundeskriminalamt seien überfordert, die routinierten Landespolizeien empört gewesen ob der kontraproduktiven Zentralisierung. Die Abhöraktionen, so Aust, hätten nicht allein ein bis dahin ungekanntes Ausmaß angenommen. Entgegen dem G-10-Gesetz, dem Ausführungsgesetz zu Artikel 10 des Grundgesetzes, von 1968, seien die Betroffenen nach Abschluss der Maßnahmen davon nicht einmal unterrichtet worden.[19]

In Stefan Austs Lebenslauf fallen die Stichwörter „Konkret“, „Panorama“ und „Spiegel“ auf, schließlich allerdings auch, seit 2014, Die Welt. Aust, Jahrgang 1946, kannte sich persönlich im Milieu der Achtundsechziger aus, nicht zuletzt in der RAF-Szene. Der Rechtsanwalt und Journalist Butz Peters, Jahrgang 1958, war Chefredakteur von Hit-Radio Antenne Sachsen und 1997–2001 Moderator der ZDF-Sendung „Aktenzeichen XY...ungelöst". Peters' informativste Bücher über die RAF sind 2004 erschienen (Tödlicher Irrtum) und 2017 (1977. RAF gegen Bundesrepublik). Opulent fällt das Schmidt-Geschichtsbild auch bei Peters nicht aus: „Schmidt führt zackig durchs Programm. Vor mehr als 30 Jahren war der ehemalige Verteidigungsminister Oberleutnant der deutschen Wehrmacht." Schmidt und die anderen Ex-Offiziere im engeren Kreis der sogenannten Kleinen Lage seien von dem Gefühl beseelt gewesen, dass der Staat, den sie „nach all dem Grauen aus Trümmern und Ruinen aufgebaut hatten, mit allen Mitteln" verteidigt werden müsse. Der Staatsmann Schmidt habe in den Stunden der Mogadischu-Aktion sein Rücktrittsschreiben im Kopf gehabt. Schmidts Denken sei auf die Zukunft gerichtet gewesen. Die RAF aber habe den Bundeskanzler unterschätzt.[20] Ein Loblied sieht anders aus.

TV-Dokumentationen und Kinofilme: Mehr Skepsis als Bewunderung

Kein Medium spielt für die massenhafte Verbreitung von Geschichtsbildern eine so bedeutsame Rolle wie Film und Fernsehen. Die Zahl der TV-Dokumentationen und Dokudramas über Helmut Schmidt, über die Sturmflut und über den Terror der RAF umfasst mehrere Dutzend. Die Tendenz der Sturmflut-Produktionen tritt klar hervor: Helmut Schmidt, der durchsetzungsfähige Retter in der Not. Es kommt, sieht und siegt der Rebell gegen die Paragraphen, Formalitäten und Zuständigkeiten. In den Filmen über die ungleich komplexere RAF-Episode steht Schmidt weit weniger im Mittelpunkt, sofern überhaupt. Das liegt nicht nur daran, dass er sich in seiner Funktion als Zeitzeuge vielfacher Konkurrenz ausgesetzt sieht.

2007 ist auf der Grundlage von Austs „Baader-Meinhof-Komplex" eine zweiteilige TV-Doku erschienen; der zweite Teil trägt die Überschrift „Der Herbst des Terrors". Der damalige Justizminister Hans-Jochen Vogel erinnert sich: Die Diskussion darüber, ob den Forderungen der Terroristen nachgegeben werden sollte, sei am 6. September 1977 „schnell beendet" gewesen, nur Innenminister Maihofer habe kurz Bedenken angemeldet, sich dann aber „der einhelligen Meinung" angeschlossen. Schmidt wehrt sich gegen den Vorwurf, Schleyer sei gewissermaßen von vornherein zum Tode verurteilt worden: Eigentlich hätte nur „ein dummer Zufall" Schleyers Befreiung aus dem „Volksgefängnis" verhindert, die Schlamperei irgendeiner örtlichen Polizeidienststelle. Zur „Landshut"-Episode schmunzelt Schmidt, der somalische Diktator Siad Barre hätte „schöne Hilfe" für sein Land bekommen, dafür, dass er die GSG-9-Aktion zuließ. Dem Chefredakteur der WELT habe er, Schmidt, „mit schlimmen Konsequenzen gedroht", wenn er deren erste Ausgabe für den 18. Oktober 1977, worin der GSG-9-Coup bereits angekündigt wurde, nicht zurückgezogen hätte.[21] Am Ende relativiert er das Mogadischu-Risiko für Schleyer: Dass „diese Kerle den Schleyer umbringen würden", damit habe auch zuvor schon gerechnet werden müssen, jederzeit.[22] – Fazit: Schmidt hatte zu Beginn die „einhellige" Zustimmung zu einem Unternehmen herbeigeführt, auf dessen Ablauf die Politik wenig Einfluss besaß und dessen Erfolg auf Zufälle angewiesen war, unter anderem auf den Eigennutz von Militärdiktatoren und auf das Wohlverhalten von Medien.

2008 ist unter Austs Mitwirkung ein aufwendiger Kinofilm unter dem Titel seines Buchs erschienen, mit prominenten Schauspielern.[23] Es handelt sich gewissermaßen um das Gegenstück zu dem reißerischen RTL-Eventmovie „Sturmflut" von 2006.[24] Hier wie dort ist es müßig, sich über die Nähe zu den historischen Details den Kopf zu zerbrechen. Die Produzenten beanspruchten, ihre Story mit „Baader", „Ensslin" und „Meinhof" trage „Merkmale einer klassischen Tragödie".[25] Helmut Schmidt aber spielt in „Der Baader-Meinhof-Komplex" keine Rolle.

Heinrich Breloers Doku-Drama „Todesspiel", von 1997, ist der Klassiker für „1977", so wie Raymond Leys „Die Nacht der Großen Flut" es dann, 2006, für die Hochwasserkatastrophe geworden ist. Auch Breloer hat eine Trilogie vorgelegt, aus Film, Sachbuch und TV-Interview. Doch ganz anders als Ley ist er mit Schmidt stellenweise durchaus kritisch umgegangen. Schmidt zeigt sich im Interview ungehalten über Breloers Frage, ob die Entführung der „Landshut" nicht vielleicht doch Anlass für ein erneutes Überdenken seiner harten Linie gewesen sei: Im Grunde, sagt er, hätte sich die Lage dadurch doch nicht verändert. Und er wirkt erneut unwirsch, als das Reizwort von der Staatsraison fällt.[26]

In Breloers Doku-Drama tritt als dominierende, kenntnisreiche Führungsfigur der Präsident des Bundeskriminalamts, Horst Herold, auf, während Schmidt darauf angewiesen scheint, markige Parolen auszugeben. Regierungssprecher Klaus Bölling und Staatsminister Wischnewski, beide interviewt, äußern leise Skepsis an Schmidts Strategie. Schmidt erhält Unterstützung durch Friedrich Zimmermann von der CSU, aber auch von dem SPD-Parteisoldaten Hans-Jochen Vogel. Schmidt freut sich über Breloers Einschätzung, dass die Terroristen sich in ihm, dem Kanzler, getäuscht hätten.[27] Am Schluss räumt er eine erhebliche Mitschuld am Tod der Geisel Schleyer ein. Waltrude Schleyer, die Witwe, hält Schmidts Bedauern am Ende immerhin für echt empfunden, wenn der Kanzler auch zu wenig zur Rettung der Geisel unternommen habe.

Schmidt-Biograf Martin Rupps hat 2015 übrigens auch das „Todesspiel“ einer Neubewertung unterzogen. Der Film erzeuge Helden: Tatsächlich hätten „Helmut Schmidt und seine Kollegen einfach Glück gehabt.“[28]

Ruprecht Eser und Gunter Hofmann haben 2008 einen Kontrapunkt gesetzt. Sie haben im Rahmen ihrer TV-Doku „Helmut Schmidt. Der deutsche Kanzler“ eine Schmidt-RAF-Story präsentiert, die ganz und gar unkritisch ausfällt: Die Entscheidung für den Austausch von Lorenz (1975) war von der CDU „forciert“. Schmidt, erkrankt, muss eine bittere Lektion einstecken. Schmidt erinnert sich: Am 3. März 1975 habe er sich „eisern“ vorgenommen, „niemals wieder nachzugeben“. Schmidt und Ehefrau Loki hinterlegen ein Schreiben: „Kein Austausch!“, falls sie einmal selbst Opfer einer Geiselnahme sein sollten. Bonn wird zur Festung, die Regierung verhängt eine Nachrichtensperre. Doch „von Anfang an“, erinnert sich Schmidt, sei ihm klargewesen, „dass die Handelnden auf der Seite des Staates verstrickt sein würden, auch in Schuld.“[29]

Angehörige der „Landshut“-Geiseln appellieren an die Regierung, sie solle einlenken. Schmidt vertraut seinem Freund Giscard d'Estaing, dem französischen Staatspräsidenten, im Telefongespräch an, die Stimmung im Land sei „schrecklich“; sie „radikalisiere sich“. Der spätere Bundeskanzler Gerhard Schröder attestiert Schmidt jetzt, 2008, in dieser Situation „Übermenschliches“ geleistet, nämlich eine Entscheidung getroffen zu haben, die Opfer forderte: „Das sind existenzielle Situationen“, sagt Schröder, daran könne man „zerbrechen.“ Antje Vollmer, Gründungsmitglied der GRÜNEN, erinnert sich, Schmidt sei ihr damals „als Kanzler Gnadenlos“ erschienen, „mit einer unfassbaren Härte und Strenge“ – damals. Das Publikum kann den Eindruck gewinnen, dass Vollmer und ihre politischen Freunde jenen Eindruck mittlerweile korrigiert haben. Schmidt persönlich hat „selbstverständlich damit gerechnet“, dass die Aktion der GSG 9 „nicht unblutig“ ablaufen werde. Bundespräsident Scheel bekennt gegenüber Schleyers Angehörigen die Schuld des Staats. Helmut Schmidt bemüht „Herrn Sophokles“: Es handele sich um die Schuld im Sinne einer griechischen Tragödie: „Da wissen Sie von vornherein, wie's ausgeht, und Sie wissen von vornherein, niemand geht unschuldig davon.“ Doch wie schwer wiegt die Schuld eines Akteurs, der in einem Dilemma von den drohenden zwei Übeln nach gründlicher Überlegung (und nicht gemäß eines früheren, „eisernen“ Entschlusses) dasjenige vorzieht, das mit plausiblen Argumenten als das geringere gelten darf?

Eser und Hofmann konstatieren jedenfalls, 1977 habe für Schmidt eine „existenzielle Krise“ bedeutet. Der Historiker Hartmut Soell betont den Erfolg: Die Sympathisantenszene um die RAF habe einen entscheidenden Schlag erhalten.

Die letzten biografischen TV-Dokus und Doku-Dramas aus den Jahren bis 2018 skizzieren einen mittleren Weg, möglicherweise einen künftigen Mainstream: „Der Staat darf sich nicht erpressen lassen“, bestärkt „Loki Schmidt“

ihren geschauspielerten Gatten. Schmidt räumt selbst später ein, dass bei dem „Landshut"-Unternehmen der GSG 9 insgesamt 120 Menschen in Lebensgefahr schwebten, ist sich aber sicher, dass das alles „unvermeidlich" gewesen sei. Er würde erneut so handeln.[30]

Schmidt erscheint als einsamer und konsequenter Entscheider, geradezu erschreckend „präzise", wie Hans Apel sich ausdrückt.[31] Die harte Linie, gegen die Terroristen, aber auch gegen deren Geiseln gerichtet, bekommt den Anstrich der Unausweichlichkeit. Hans-Jochen Vogel ist davon überzeugt, dass die Alternativlösung erheblich mehr Opfer gefordert hätte.[32]

2007 jährten sich die Sturmflut zum 45. Mal, der Deutsche Herbst zum 30. Mal. 2008 feierte Schmidt seinen Neunzigsten. Zu jener Zeit erreichte die Produktion von Filmen und Büchern über den Altkanzler und über die spektakulärsten Episoden seiner Laufbahn einen ersten Höhepunkt; der zweite folgte in den Jahren 2015 bis 2018, zwischen Tod und hundertstem Geburtstag. Bis zum Schluss zweifelte offenbar so gut wie niemand an Schmidts Gedächtnis und an der Fundiertheit seiner Urteile. Solcherart Skepsis hätte das Geschäft beeinträchtigt. Schmidt ist von namhaften Medien und Verlagen blendend verkauft worden. Er diente Autoren und Produzenten, aber auch Amts- und Mandatsträgern zur eigenen Profilierung und gegenseitigen Bestätigung, manchmal sogar Wissenschaftlern.

„Autoritäres Staatsverständnis" und „Einsamkeit"

Der Gegensatz der Urteile ist auch bei Historikern unübersehbar. Wolfgang Kraushaar ist mit seiner auf 1977 bezogenen These vom „nicht erklärten Ausnahmezustand" bereits zitiert worden. In die Schublade „Skandal" hat Kraushaar das von Schmidt dominierte staatliche Handeln zunächst gesteckt, 1989, später, 2006, nicht erneut.[33] Aber weiterhin attestiert er Schmidt ein „autoritäres Staatsverständnis": Habe der Kanzler doch schon am Abend nach der Schleyer-Entführung im Fernsehen die Parole ausgegeben, der Staat müsse „mit aller notwendigen Härte" reagieren. Mit diesem verklausulierten Blankoscheck für die Exekutivorgane, so vermutet Kraushaar, seien die grenzwertigen oder eindeutig gesetzes-, gar verfassungswidrigen Maßnahmen der kommenden anderthalb Monate angeregt worden, nicht zuletzt der großzügige Umgang mit der Konstruktion des „rechtfertigenden Notstands" im Sinn des § 34 StGB. Kraushaar bezeichnet Schmidts Pressepolitik als „Nachrichtensperre" und geht davon aus, dass die vom Bundeskriminalamt organisierten Lauschangriffe dem Kanzler nicht unbekannt waren. Bundesjustizminister Vogel erscheint als Schmidts Erfüllungsgehilfe, insbesondere bei der Entstehung des Kontaktsperregesetzes, welches „einem legalisierten Verfassungsbruch" nahegekommen sei.[34] Zufrieden registriert Kraushaar die von Schmidt 1979 geäußerte Erleichterung darüber, dass „die deutschen Juristen [...] das alles nicht verfassungsrechtlich untersucht" hätten. Und vor dem Hintergrund seiner profunden Kenntnis über „1977" nimmt Kraushaar es Schmidt wohl sogar ab, dass dieser auch bereits 1962 schon, bei der Sturmflut, das Grundgesetz verletzt habe. Typisch Schmidt halt.

So wie Wolfgang Kraushaar mit seinen Publikationen über die RAF herausragt, ist Hartmut Soell die bislang einzige wissenschaftlich-seriöse Schmidt-Biografie zu verdanken. Soell, lange Zeit SPD-Politiker, hegt große Sympathien für Schmidt. Wohlweislich deutet er die Kernlegende des Schmidt-Sturmflut-Mythos nur an, und seine diesbezügliche Skepsis bleibt ebenso undeutlich: Schmidt habe ein Jahr später, 1963, Zweifel an der Gesetzmäßigkeit mancher seiner Maßnahmen geäußert.[35]

Die Schmidt-RAF-Legende hat Soell aber so eindrucksvoll ausgesponnen, dass sie sich dazu eignet, dem Schmidt-Sturmflut-Mythos an die Seite gestellt zu werden – unter dem Aspekt der schmerzhaften Gewissensprüfung, der sich Schmidt jeweils ausgesetzt gesehen hätte.

Hartmut Soell hebt hervor, wie „hilflos" und verlassen Schmidt 1977 in dem Sinne gewesen sei, dass er die Entscheidung „ohne Hilfe anderer" hätte tragen müssen. Den Suhrkamp-Verleger Siegfried Unseld, so berichtet Soell, hätte es angesichts der Einsamkeit des Kanzlers geschaudert. Das Schaudern habe sich mit Respekt vermischt und mit der Einsicht in die Tragik, die mit den Handlungen des Kanzlers verknüpft gewesen sei.

Am 16. Oktober 1977 hatte Schmidt den Termin für einen schon seit längerem von Pressesprecher Bölling vorbereiteten Meinungsaustausch mit namhaften Schriftstellern wahrgenommen. Das Gespräch fand nicht – wie geplant – in Hamburg statt, sondern im Kanzleramt. Schmidt verließ es zwei Mal für je eine halbe Stunde, um sich der aktuellen Lage zu widmen: Die „Landshut" befand sich gerade in Dubai. Schmidts Minister Matthöfer und Ehrenberg, die ebenfalls in der Runde saßen, hätten aber, so beruhigt Soell, den Kanzler und die Runde über den Gesprächsverlauf jeweils „exakt informiert". In Gegenwart von Heinrich Böll, Siegfried Lenz, Max Frisch und – wie gesagt – Unseld habe Schmidt „ein Beispiel von scheinbar unerschütterlicher Gelassenheit gegeben" – ganz nach dem Muster des Stoikers Marc Aurel also. Unseld hat hernach eine Art Gedächtnisprotokoll verfasst. Darin ist nachzulesen, er und Frisch hätten sich glücklich geschätzt, nicht in Schmidts Haut zu stecken. Die Verantwortung, „Gewalt zu haben über das Leben von Menschen", sei ihnen übergroß erschienen. Soell zitiert – ganz im Sinne seines Protagonisten – den Soziologen Max Weber: Verantwortliches politisches Handeln zeichne sich aus durch „die geschulte Rücksichtslosigkeit des Blickes in die Realitäten des Lebens und die Fähigkeiten, sie zu ertragen und ihnen innerlich gewachsen zu sein“.[36] Doch wenn Schmidt davon Abstand genommen hätte, das Leben von bis zu 120 Menschen höchster Gefahr auszusetzen, dann hätte jenes Diktum ebenfalls herangezogen werden können. „Rücksichtslosigkeit“, „Mut“ oder „Leidenschaft“ sind sekundäre Tugenden. Webers Satz ist so dehnbar, dass er sogar von Bösewichten beansprucht werden kann. Kants Kategorischer Imperativ hilft zwar unter dem Aspekt weiter, dass er zu bedenken mahnt, was passieren könnte, „wenn das alle täten“, was einem Akteur gerade als Absicht vor Augen steht. Doch sind ganz häufig sehr unterschiedliche Meinungen darüber denkbar, welche Entscheidungen es wert seien, zur Grundlage eines entsprechenden „allgemeinen Gesetzes“ erklärt zu werden.

2008 hatte Schmidt geschrieben, allein eine einzige Instanz sei es gewesen, die ihm zu einer Entscheidung verholfen hätte – „das schmerzhaft im Gewissen geprüfte Fazit unserer politischen Lebenserfahrung, unserer Vernunft und unserer moralischen Einsicht“. Hatte Schmidt sich 1977 also vornehmlich an Schmidt orientiert? Wie groß war überhaupt Schmidts Autonomie-Spielraum angesichts der politisch bestimmenden Faktoren, die die politische Landschaft damals prägten?

Anmerkungen

1 Karl Jaspers: Einführung in die Philosophie. Zwölf Radiovorträge, Zürich 1950, S. 20.

2 Giovanni di Lorenzo: „Ich bin in Schuld verstrickt.“ In: Die Zeit v. 30. Aug. 2007.

3 Ebd.

4 Archiv der sozialen Demokratie, 1 HS A A 5143, Helmut Schmidt: Notstandsgesetzgebung – Ja oder Nein? In: Helmut Schmidt. Beiträge. Stuttgart 1967, S. 347–359, zur Sturmflut siehe S. 349 f.

5 Martin Rupps: Helmut Schmidt. Eine politische Biographie. Hohenheim 2002, S. 254 f.

6 Ben Witter: Mit Helmut Schmidt auf dem Schuttberg. In: Die Zeit v. 19. April 1968; vgl. Schmidts grüne Fragezeichen am Textrand, HSA, EA 14.

7 Michael Schwelien: Helmut Schmidt. Ein Leben für den Frieden. Hamburg 2003; 2., überarb. Aufl. u. d. Titel Helmut Schmidt. Ein Leben für Deutschland. Hamburg 2015.

8 Ebd., S. 266.

9 Gunter Hofmann: Helmut Schmidt. Soldat, Kanzler, Ikone. Biographie. München 2015, S. 288.

10 Hans Joachim Noack: Helmut Schmidt. Die Biographie. Berlin 2008, S. 290.

11 Martin Rupps: Helmut Schmidt. Ein Jahrhundertleben. Grundlegend überarb. u. erw. Neuausg. Freiburg 2013.

12 Ders.: Der Lotse. Helmut Schmidt und die Deutschen. Zürich 2015, S. S. 156–160. Rupps präsentiert ein eigenes Kapitel über den „Soldatenpolitiker“, S. 117–130.

13 Ebd., S. 163 f.

14 Sabine Pamperrien: Helmut Schmidt und der Scheißkrieg. Die Biografie 1918 bis 1945. München 2014, S. 290 ff.

15 Stefan Aust: Der Baader-Meinhof-Komplex. 4., erw. u. aktual. Aufl. Hamburg 2017, S. 743. Vgl. bereits die Aufl. von 1985, S. 463.

16 Sebastian Orlac / Ben von Grafenstein: Helmut Schmidt – Lebensfragen. Doku-Drama. (ARD 2013), min. 69:50.

17 Ulrike Zander: Interview mit Helmut Schmidt. In: Ulrich Wegener. GSG 9. Stärker als der Terror. Münster 2016, S. 218–220.

18 Martina Myers: Die Sturmflut. Roman. Köln 2006, S. 193–200, hier S. 197 f.

19 Aust, Baader-Meinhof-Komplex (wie Anm. 15), S. 753 ff., S. 799 ff.

20 Butz Peters: 1977. RAF gegen Bundesrepublik. München 2017, S. 316, 336, 400, 437, 441.

21 Siehe dazu Gernot Facius: Helmut Schmidts Legende von Mogadischu. In: Die Welt v. 7. Juni 2007.

22 Stefan Aust / Helmar Büchel: Die RAF. Teil 1: Der Krieg der Bürgerkinder. Teil 2: Der Herbst des Terrors. NDR 2007, min. 6:00, 12:00, 59:00, 71:00, 79:00.

23 Bernd Eichinger / Uli Edel: Der Baader-Meinhof-Komplex. Kino- und TV-Film. 2008.

24 Holger Karsten Schmidt: „Sturmflut".TV-Spielfilm, 2 Teile, (RTL 2006). Begleitend Myers, Sturmflut (wie Anm. 18).

25 Katja Eichinger: Der Baader-Meinhof-Komplex. Das Buch zum Film. Hamburg 2008, S. 24 f.

26 Heinrich Breloer: Todesspiel. Doku-Drama. Teil 1: Volksgefängnis. Teil 2. Entführt die Landshut. 1997, hier Teil 2, min. 24:00.

27 Ebd., min 71:30.

28 Rupps, Lotse (wie Anm. 12), S. 275.

29 Ruprecht Eser / Gunter Hofmann. Helmut Schmidt. Der deutsche Kanzler. TV-Doku. (ZDF 2008), min 28:00 ff.

30 Lebensfragen (wie Anm. 16), min. 58 ff.

31 Philipp Abresch / Christian Blenker u.a.: Staatsmann und Hanseat. Helmut Schmidt zum 90. Geburtstag. TV-Doku, WDR 2008, min. 25:30.

32 Jon Mendrala: 100 Jahre Helmut Schmidt. TV-Doku, NDR 2018, min. 28:30.

33 Wolfgang Kraushaar: Der Kanzler und seine Krisenstäbe. Der nicht erklärte Ausnahmezustand während der Schleyer-Entführung. In: Die Skandale der Republik. Hg. v. Georg M. Hafner / Edmund Jacoby. Frankfurt a.M. 1989, S. 152–171; Ders.: Der nicht erklärte Ausnahmezustand. Staatliches Handeln während des sogenannten Deutschen Herbstes. In: Die RAF und der linke Terrorismus. Hg. v. dems. 2 Bde. Hamburg 2006.

34 Ebd. (2006), S. 1017.

35 Hartmut Soell: Helmut Schmidt 1918–1969. Vernunft und Leidenschaft. München 2003, S. 388.

36 Ders.: Helmut Schmidt 1969 bis heute. Macht und Verantwortung. München 2008, S. 682.

6. Schmidts harte Linie – Gewissensentscheidung? Politisches Kalkül?

> „Wir haben inzwischen rund 70 Fälle von Geiselnahme in anderen Staaten der Welt sorgsam analysiert [...]. Aus den gewonnenen Erkenntnissen ergibt sich, dass [...] Regierungen nicht im Vorwege Regeln für ihr Verhalten aufstellen oder gar veröffentlichen können, sondern dass sie sich in jedem einzelnen Falle verantwortlich entscheiden müssen. Diese Verantwortung heißt: Nichts zu versäumen und nichts zu verschulden. Nicht immer lassen sich diese beiden Maximen miteinander vereinbaren.

Helmut Schmidt im Bundestag, 15. September 1977

1962, so behauptet der Schmidt-Sturmflut-Mythos, hätte der Hamburger Polizeisenator vor der Entscheidung gestanden, ob der Staatsapparat gefährdete Hamburger retten müsse und dafür das Grundgesetz verletzen dürfe. Diese Legende ist unter anderem deshalb Unsinn, weil Schmidt als Minister einer Landesregierung fungierte, die Bundeswehr aber von Bonn aus geführt wurde. 1977 aber war Schmidt dort in Bonn Bundeskanzler. Die Streitkräfte spielten zwar so gut wie keine Rolle, aber andere Bonner Behörden, vor allem auch das Bundeskriminalamt und der Bundesgrenzschutz.

92 Menschen retten oder 60 Millionen schützen?

1962 ging es – so Schmidt – um die Abwägung einiger Tausend konkret gefährdeter Menschenleben gegen eine abstrakte Norm – gegen Artikel 143 Grundgesetz. 1977 standen sich – so jedenfalls die Bonner Regierung – zwei Mengen von Menschen gegenüber; die waren ungleich schwerer vergleichbar.

Die erste Menge war zunächst „nur" eine einzige Person stark – Schleyer –, sodann, einen Monat später, 92 Personen. Diese Menge befand sich in akuter Lebensgefahr. Als konkurrierende Menge wurde 1977 die restliche Bevölkerung der Bundesrepublik in die Waagschale geworfen. Der Gedanke war nicht ganz neu. Schon 1971 hatte der Schriftsteller Heinrich Böll formuliert, die RAF habe einen

Abb. 26 – Der von palästinensischen Terroristen gekaperte Lufthansa-Jet „Landshut" in Dubai, 14. Oktober 1977. 91 Passagiere und Crew-Mitglieder hofften auf Rettung durch die Bonner Regierung.

„sinnlosen" Krieg von „6 zu 60 Millionen" begonnen. Die westdeutsche Gesamtbevölkerung befand sich in einer hypothetischen Gefahr. Nicht nur Helmut Schmidt befürchtete, dass ihr Risiko bald noch anwachsen könnte – dann nämlich, wenn die in Stuttgart-Stammheim einsitzenden RAF-Köpfe gegen Schleyer und die Insassen des Lufthansa-Jets „Landshut" ausgetauscht würden. Die Stadtguerilleros, über die Baader, Ensslin & Co. geboten, hatten sich seit 1971 verfünffacht oder versechsfacht.

Welchem der beiden gefährdeten Personenkreise sollte der Staatsapparat vorrangig helfen? Ging es eher darum – wie 1962 – unverzüglich zu retten, oder galt es eher, mittelfristig Schutz zu gewähren? Wenn sofort gerettet würde, konnte zukünftig immer noch geschützt werden – vielleicht um Grade weniger, aber zugunsten aller 60 Millionen. Wenn der Staat vor allem vorsorglich schützen wollte, musste er einkalkulieren, diesen Schutz der kleineren Gruppe, den Geiseln, nicht mehr bieten zu können, weil er sie nicht gerettet hatte.

Austausch oder Befreiung?

Am 5. September 1977 fand Schleyers Entführung statt, wobei vier Begleitpersonen mit einer irrsinnigen Zahl von Schüssen ermordet wurden. Es entspricht Schmidts Intention, die Namen des Chauffeurs und der Polizisten nicht zu vergessen: Reinhold Brändle, Heinz Marcisz, Roland Pieler und Helmut Ulmer. –

Am 6./7. September 1977, um Mitternacht herum, tritt das Bundeskabinett zusammen. Es umgibt sich mit zwei „Beratungs- und Entscheidungsgremien": Dem „Großen Beratungskreis", der die „Kleine Lage" einschließt. Bundesjustizminister Vogel trägt vor, und in der „eingehenden Aussprache" bildet sich – Schmidts Notizen zufolge – eine „Gruppe Wischnewski/Ruhnau" mit weiteren Empfehlungen. Wischnewski fungiert als Staatsminister im Auswärtigen Amt, Heinz Ruhnau war

Schmidt 1965 als Hamburger Innensenator nachgefolgt und ist mittlerweile zum Staatssekretär im Bundesverkehrsministerium aufgerückt. Unter Leitung des Kanzlers werden drei Ziele aufgestellt:

- „die Geisel Hanns Martin Schleyer lebend zu befreien;
- die Entführer zu ergreifen und vor Gericht zu stellen;
- die Handlungsfähigkeit des Staates und das Vertrauen in ihn im In- und Ausland nicht zu gefährden; das bedeute auch: Die Gefangenen, deren Freilassung erpresst werden sollte, nicht freizugeben.“[1]

Von der zweiten Alternativ-Menge, den 60 Millionen, war in diesem Zielkatalog noch nicht die Rede, zumindest nicht ausdrücklich. Der Zusammenhang ist in der Folgezeit verdeutlicht worden: Nur ein handlungsfähiger und Vertrauen genießender Staat würde in der Lage sein, den entsprechenden Schutz zu gewähren.

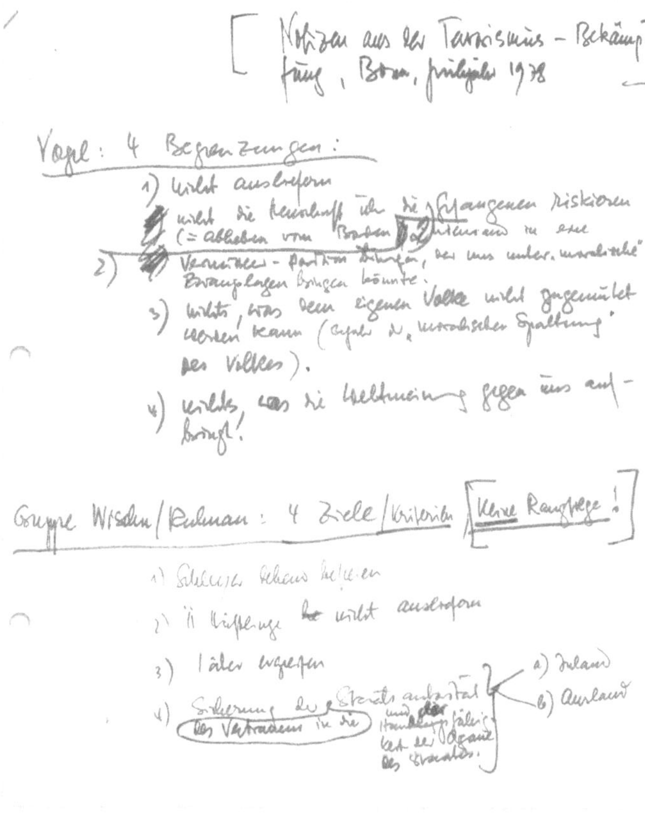

Abb. 27 – Undatierte Notizen von Helmut Schmidt, die er zu einem späteren Zeitpunkt in die Hand genommen und abgelegt hat (der oben rechts benutzte Stift trägt fetter auf als der Stift, womit die Notizen selbst geschrieben wurden). Die Notizen stammen offenbar aus der mitternächtlichen Sitzung des Bundeskabinetts und des „Großen Beratungskreises“ am 6./7. September 1977.

Ein magisches Dreieck von „Orientierungspunkten"

Unmittelbar nach der Entführung Dr. Schleyers habe ich [...] die Orientierungspunkte, die unser Handeln bestimmen sollten, folgendermaßen umrissen, erstens Dr. Schleyer lebend zu befreien [...]; zweitens die Täter zu ergreifen [...]; drittens [...] die Terroristen nicht freizulassen. [...] Von Anfang an [war] klar [...], dass die Erfüllung jedes einzelnen dieser drei Orientierungspunkte nach menschlicher Voraussicht die Erfüllung der übrigen Maximen einschränken oder gar gefährden musste. In dieser unausweichlichen Gewissheit hatten wir unsere Entscheidungen zu treffen. Unausweichlich befanden wir uns damit im Bereich von Schuld und Versäumnis.

Helmut Schmidt im Bundestag, 20. Oktober 1977

Eine Rangfolge der Ziele, so hieß es, sei durch die Gliederung des Katalogs nicht angedeutet: Man verfolge alle drei „gleichzeitig und nebeneinander". Welchem Ziel „im Falle eines Widerstreits der Vorzug" gebühre – diese Entscheidung wolle man erst dann treffen, „wenn sie unausweichlich gefordert sei".[2]

Das Wort „Rettung" fiel hier nicht, weil Helmut Schmidt eine präzise Vorstellung davon besaß, dass nur eine bestimmte Art von Rettung in Frage käme: Schleyer sollte durch einen Akt der „Befreiung" gerettet werden, also gegen den Widerstand der Terroristen.

Die drei Ziele folgten einer unterschiedlichen Logik: Schleyer „lebend zu befreien", das würde – strenggenommen – nur vollständig glücken oder gar nicht. Sehr wohl aber konnte das Prestige des Staats, die Staatsräson, bis zu einem gewissen Grad angekratzt werden, und die Ergreifung der Täter mochte unvollständig bleiben oder erst zu einem späteren Zeitpunkt stattfinden.

„Die Entführer zu ergreifen und vor Gericht zu stellen" – das zweite Ziel betonte das Rechtsstaatsprinzip. Insofern stand es in Einklang mit dem ersten: Schleyer zu suchen, hieß, nach den Entführern zu suchen. Diese zu ergreifen, bedeutete, sie weder entkommen zu lassen noch zu töten. Ergreifen und aburteilen – war es nicht überflüssig, diesen Punkt ausdrücklich in den Katalog aufzunehmen? Unterstützen sollte er wohl vor allem das dritte Ziel: Kein Austausch! Ein Austausch hätte der Ergreifung der Entführer möglicherweise noch weniger gedient als ein Befreiungscoup.

Die politische Bedeutung der drei Ziele stieg vom erstgenannten bis zum letzten jeweils an. Darüber mochte hinwegtäuschen, dass sofort damit begonnen wurde, das erstgenannte Ziel zu erreichen, also Schleyers Befreiung. Den Drohungen der Terroristen zum Trotz entspann sich eine gigantische Fahndungsaktion. Nach welchen technischen Grundsätzen sie abzulaufen hätte, war offenbar schon im Detail fixiert worden, bevor der Kanzler die ethisch bedeutsamen, nämlich politischen Beschlüsse „zusammenfasste": Zumindest dem ersten Ultimatum der Entführer wollte man nicht folgen. Über bestimmte RAF-Häftlinge sei eine Kontaktsperre zu verhängen, die nicht näher definiert wurde.[3]

„Nichts versäumen und nichts verschulden!“

Auf welchem Weg ist Schmidt 1977 zu den drei „Orientierungspunkten“ gelangt? Hat er sie in der Versammlung der ihn umgebenden drei Gremien aufgegriffen? Offensichtlich war ihm von vornherein klar, was er wollte. Dem einen oder anderen Vertrauten, vor allem Vogel, Wischnewski und Ruhnau, mochte er Entsprechendes vorab souffliert haben – sicherheitshalber.

Gegenüber der Öffentlichkeit warf Schmidt am 15. September 1977 – militärisch ausgedrückt – eine Nebelkerze: Wie eine Regierung auf Geiselnahmen reagiere, so erklärte er im Bundestag, dafür dürfe sie nicht „im Vorwege“ Regeln aufstellen oder gar veröffentlichen. „Im Vorwege“ mochte sich auf die längere Zeit vor Schleyers Entführung beziehen oder auf die kurze Zeitspanne zwischen der Terrorattacke und den ersten reaktiven Maßnahmen. Jedenfalls wurde suggeriert, dass der Ziele-Katalog irgendwie spontan zustande gekommen sei, allein unter Würdigung des vorliegenden Einzelfalls.

Die Orientierungspunkte mussten natürlich geheim bleiben. Vor allem bestand Schmidts rethorische Nebelkerze in einem Bonmot: „Nichts versäumen und nichts verschulden!“ Es sei – so heißt es – eine Idee des damaligen Bundesbildungsministers Helmut Rode gewesen, der von Haus aus Journalist war.[4]

Wo ein Versäumnis oder Verschulden vorliegt, das wird unter ausgewählten Aspekten beurteilt. Solange der Katalog der drei Ziele unbekannt war, blieb Schmidts Bonmot inhaltsleer. Ferner kann es stets auf zweierlei Weise gebraucht werden. Entweder bleibt es trivial: Dann wird mit ihm ein Akteur gemahnt, so umsichtig vorzugehen, dass er sich möglichst wenigen Vorwürfen aussetze. Oder aber der Appell, „nichts zu versäumen und nichts zu verschulden“, wird auf die Goldwaage gelegt, das darin enthaltene Pronomen „nichts“ wortwörtlich genommen. Auf diese rigorose Version bezieht sich der gemahnte Akteur, wenn er zu seiner Entlastung vorbringt, die Formel verlange zu viel von ihm. Jetzt ist es irgendeine Jury, der etwas zu bedenken gegeben wird: Ein Sollen setze ein Können voraus!

Schmidt hat mit beiden Varianten gespielt: Zunächst den guten Willen der Regierung betont, sodann aber allzu hohe Erwartungen gedämpft: Die Absicht, „nichts zu versäumen“ und die weitere Absicht, „nichts zu verschulden“, könnten „nicht immer“ zugleich realisiert werden. Zu guter Letzt kann mit den Begriffen „Versäumnis“ und „Verschulden“ eine Tragikfalle angdeutet werden, ein fundamentales ethisches Dilemma, in das sich ein Akteur schicksalhaft zu verstricken droht. Diese pathetische Konstruktion hat sich Schmidt nach Schleyers Ermordung zurechtgelegt.

Wenn Schmidt später das Fehlen einer handlungsleitenden Theorie beklagt hat, dann vermisste er offenbar kein Bonmot, sondern eine Super-Theorie, die dazu eingeladen hätte, für die eingetretene Extremlage mit schnellem Entschluss ein Patentrezept abzuleiten.

Solche Super-Theorien sind zwar ein Ding der Unmöglichkeit. Aber gleichwohl stand Schmidt am 6./7. September 1977 ein Konzept vor Augen, das aus seiner Sicht kaum Wünsche offen ließ: Schleyer würde in seinem „Volksgefängnis" aufgespürt und befreit, die Entführer aber verhaftet werden; der von den Terroristen verlangte Austausch hätte sich erübrigt, das Prestige des Staatsapparats wäre nicht nur gewahrt, sondern erhöht worden. Genau dieses Konzept war – in Schmidts Worten von 2008 – „das Fazit unserer politischen Lebenserfahrung", ebenso das Fazit „unserer Vernunft und unserer moralischen Einsicht". Schmidt hat den Anspruch erhoben, dieses Fazit sei „schmerzhaft im Gewissen" geprüft worden. Freilich, so räumte er ein, urteile das Gewissen nicht unfehlbar.[5]

Als die Schleyer-„Landshut"-Episode vorüber war, am 20. Oktober 1977, behauptete Schmidt im Bundestag, dass den Beratungsgremien und dem Kabinett von vornherein bewusst gewesen sei, nicht alle drei Ziele erreichen zu können. Das war unzutreffend, denn von Beginn an, und dann wochenlang, hatten die Verantwortlichen unübersehbar auf das skizzierte Patentrezept gehofft. Allerdings handelte es sich gar nicht um ein Rezept, sondern um ein Hasardspiel. BKA-Chef Horst Herold stellte in Aussicht, dem ausschlaggebenden Faktor, dem des Glücks, durch eine ausgefeilte Methodik nachhelfen zu können. Schmidt, Vogel und andere haben hernach behauptet, beinahe hätten sie mit ihrem Kalkül Erfolg gehabt – um ein Haar, wäre ihnen nur nicht die Schlamperei einer vereinzelten Polizeidienststelle dazwischengekommen.

„Unausweichlich", hat Schmidt am 20. Oktober 1977 geurteilt, seien die drei Ziele des Katalogs letztlich unvereinbar gewesen. Deshalb hätte der Staatsapparat sich ebenso unausweichlich „im Bereich von Schuld und Versäumnis" befunden. Das klang dramatisch, aber wäre Herolds Fahndungsplan aufgegangen, hätte niemand von Schuld oder Versäumnis gesprochen. Abgesehen ferner davon, dass Schuld und Versäumnis unterschiedlich gravierend ausfallen können: Im Vorweg hatte es sich keineswegs als „unausweichlich" dargestellt, den Katalog der Ziele auf genau diejenige Weise zu formulieren, wie er dann tatsächlich beschlossen wurde.

Kaum einen anderen Politiker mochte es 1977 danach gelüsten, sich – wie Schmidt es tat – mit allem Nachdruck, nicht nur autoritativ, sondern teils auch autoritär, für eine bestimmte Art der Reaktion auf die Gewaltstreiche der RAF einzusetzen. Politische Mitstreiter wie Hans Apel, Gerhart Baum oder Hans-Jochen Vogel haben später Schmidts Entschiedenheit bestätigt. Sie übte auf die Mitglieder der Beratungskreise zweifellos einen entlastenden Effekt aus. Schmidt profitierte vom Kanzlerbonus, von seinem Durchsetzungsvermögen und von den üblichen Wirkmechanismen des „Group-think": Die individuellen Interessen der Gremienmitglieder und ihre persönlichen Beziehungen untereinander lassen rein sachbezogene Aspekte oft in den Hintergrund treten.

Schmidts eigene politische Willensbildung und Handlungsweise ergab sich aus seinen Präferenzen und seiner Machtposition. Er griff auf Erfahrungen der letzten anderthalb Jahrzehnte zurück. Er kalkulierte mit Menschenleben. Er folgte der einen oder anderen persönlichen Einstellung.

„Allparteien-Koalition" in Krisenstäben

Schmidt hat sich – wie alle anderen politischen Akteure 1962 und 1977 zwangsläufig auch – nicht allein innerhalb der herrschenden Macht- und Rechtsverhältnisse orientiert, sondern zugleich auch an diesen Verhältnissen. Systemsprengende Ideen zur Terrorabwehr sind nur vereinzelt von anderen Akteuren lautgeworden, und sie besaßen keine Chance. Schmidts Fundus an politischer Lebenserfahrung, Vernunft und moralischer Einsicht waren im Rahmen jenes Systems entstanden. Einen Bestandteil seines Nimbus, aber auch seiner Identität stellte die Überzeugung dar, genau er sei in Extremfällen berufen und in der Lage, die Grenzen des Systems mit Augenmaß auszudehnen, äußerstenfalls punktuell zu überschreiten.

Die von den Austausch-Forderungen der RAF betroffenen Landesregierungen, ferner die Bundestagsfraktionen und -parteien führte Schmidt 1977 erneut zusammen – in den beiden Beratungskreisen.[6] Endgültig stellte diese Koordination keine Dienstleistung gegenüber den vier betroffenen Bundesländern mehr dar, sondern einen Akt zentraler politischer Führung.

Der SPIEGEL hatte 15 Jahre zuvor, am 7. März 1962, einen Grundstein für den Schmidt-Sturmflut-Mythos gelegt: „Der Führer berief sich selbst". Für Heft 36/1987 wurde zehn Jahre nach „Mogadischu" das Urteil verfasst, Schmidt habe sich angesichts der Schleyer-Entführung „selbst offiziell zum obersten Krisenmanager ernannt".[7] Ein unerwünschter Nebeneffekt wurde freilich erwogen: In seiner übergeordneten Funktion als Regierungschef habe Schmidt sich dadurch selbst kaltgestellt: Fielen andere Politikfelder nicht einer gewissen Vernachlässigung anheim?

Ein zweiter Aspekt kam hinzu: Identifizierte sich Schmidt als Krisenmanager zu stark mit der Schleyer-Entführung? Lief er Gefahr, sich in den Gedanken des

Macht- und Willenskampfes zwischen Staat und RAF hineinzusteigern? Verständlicherweise sah sich Schmidt persönlich herausgefordert. Weder die Stadtguerilleros waren um föderalistische Feinheiten bemüht, noch die Medien. „Dem Staat" insgesamt galten sowohl Attacken als auch Kommentare, und der Staat besaß ein Gesicht: Helmut Schmidt. Meinte der Kanzler, wenn er von der Handlungsfähigkeit des Staats und von dem Vertrauen in diesen Staatsapparat sprach, manches Mal ebenso sehr wie diese Staats-Räson eine Schmidt-Räson?

Helmut Schmidt – selbsternannter Krisenmanager, 1962 und 1977

Im bisher größten Katastropheneinsatz der Bundesrepublik übernahm der Innensenator und Bundeswehr-Reservehauptmann Helmut Schmidt, 43, das Oberkommando über eine – erst noch herbeizuzaubernde – Heerschar ziviler und militärischer Hilfskräfte.

Herr der Flut. In: DER SPIEGEL v. 7. März 1962

Als er sich selbst offiziell zum obersten Krisenmanager ernannte, ahnte Helmut Schmidt allerdings nicht, dass er zugleich als Regierungschef abdankte. Für die sechs Wochen eines staatlichen Notstandes, wie er seitdem nie wieder verhängt wurde, war der Präsident des Bundeskriminalamtes mächtigster Mann der Republik, bestimmte er die Richtlinien der Politik. [...]

Schon einmal, nämlich als Innensenator bei der Flutkatastrophe in Hamburg, hatte er eine notstandsähnliche Situation bewältigt. So wie er sich damals um bürokratischen Kleinkram und Kompetenzen nicht kümmerte, so wollte er „in der schwersten Krise des Rechtsstaats" auch „bis an die Grenzen des Rechtsstaats" gehen, um die Republik zu retten, tatsächlich wohl über die Grenzen hinaus. Und er sah das auch selber so.

„Die Deutschen sind irrsinnig geworden". In: DER SPIEGEL 36/1987, S. 107

Journalisten haben kolportiert, dass Kanzleramts-Staatssekretär Manfred Schüler seinem Chef davon abgeraten habe, die Rolle des Krisenmanagers einzunehmen. Doch konnte sich der Kanzler nur schwerlich auf die Fixierung eines Zielkatalogs beschränken. In der Kleinen Lage und schließlich im Kabinett, wo die zuvor gefassten Detailbeschlüsse für die Bundesebene noch förmlich abgesegnet werden mussten, durfte nichts anbrennen. Im Großen Beratungskreis waren die Spitzen der politischen Klasse vertreten, allen voran die Parteivorsitzenden; da wurde ein wenig „Allparteienregierung" gespielt, und der Regierungschef durfte nicht fehlen – wegen der protokollarischen Rangordnung, vor allem aber zum Zweck einer autoritativen Leitung.

Von dem Modell, im Krisenfall alle parlamentarischen Kräfte zu gemeinsamer Anstrengung zu vereinen, ist Schmidt schon 1962 fasziniert gewesen, wenn auch erst, nachdem das Hochwasser sich wieder verzogen hatte. Am 28. April jenes Jahres zitierte das Hamburger Echo – wie schon erwähnt – aus einem Vortrag: Für den Fall „dass es ernst“ werde, brauche man zunächst eine „Allparteienregierung“: Dafür habe man in Hamburg in den Sturmfluttagen ein Beispiel gegeben, „als Senat und Opposition gemeinsam berieten und handelten“. Eine solche Allparteienregierung, so Schmidt, müsse „schnell handeln können und große Vollmachten besitzen“.[8] 1965 hat Schmidt erneut über Allparteienregierungen nachgedacht, noch immer im Kontext „Sturmflut“ und „Notstandsgesetze“: Ein Vorbild biete das politische System des Vereinigten Königreichs. Nun lassen sich zwar zwei Beispiele dafür finden, nämlich in den Londoner Kriegskabinetten des Ersten und des Zweiten Weltkriegs, 1916 und 1940. Aber weder 1962 noch 1977 herrschte Krieg. Auch hatten während der Sturmfluttage weder der Hamburger Senat noch Schmidt als Leiter der Lagebesprechungen christdemokratische Politiker hinzugezogen. Auf den Teilnehmerlisten von Schmidts Katastropheneinsatzstab lassen sich CDU-Abgeordnete zumindest nicht finden, schon gar nicht der Oppositionsführer, der vormalige Bürgermeister Kurt Sieveking.

Im Notstand: Allparteienregierung!

Im wirklichen Notstandsfall aber wäre diejenige Regierung die beste, die alle politischen Kräfte des Landes zu gemeinsamer Bewältigung der Not vereint. Wenn wir in Deutschland eine feste Tradition hätten, in Notstandsfällen eine Allparteienregierung zu bilden, so wie die Engländer, dann wäre mir viel wohler.

Helmut Schmidt: Manuskript für die Quick, März 1965 („Der Notstand ist eine Versuchung der Regierenden“), nicht publiziert

Mit der Ablehnung eines Austauschs der Geiseln gegen inhaftierte Terroristen befand Schmidt sich im Einklang mit dem gegebenen politischen Kräftespiel. Offenbar hat er sich der Zustimmung des CDU-Vorsitzenden Kohl versichern können, bevor Beratungskreise und Kabinett versammelt waren.[9] Keine wichtige Entscheidung sei in den Bonner Gremien gefallen „ohne Konsens der Führer der politischen Klasse im Bundestag“ hat Schmidt gegenüber dem Filmemacher Heinrich Breloer betont: „Keiner ist aufgestanden, um zu sagen, er wolle nicht mitmachen!“ Solcherart Politikverflechtung kann die Parlamente, die ohnehin von den Regierungsfraktionen dominiert werden, erheblich schwächen, als Hort der Opposition und als Forum der Nation. Das hat erneut die Corona-Krise 2020/2021 gezeigt.[10] Krisenmanagement und Demokratie geraten leicht in ein Spannungsverhältnis zueinander; je größer der Zeitdruck, desto schneller.

Wie Schmidt 1977 die Unions-Opposition im Rahmen des Großen Beratungskreises einzubinden verstand, stellte auch eine Integrationsleistung dar: Zum einen konnte sich Schmidt der Unterstützung durch CDU und CSU sicher sein, wenn Kritik aus seinem eigenen Lager aufkam, nämlich von weiter links positionierten Genossen und aus der sozialliberalen Richtung. Zum anderen verlauteten aus der Union mehr als nur einmal extreme Ansichten, wie mit Terroristen umzugehen sei. Das geschah nicht zuletzt im Hinblick auf die für 1978 anstehenden Landtagswahlen in Bayern, Hamburg, Hessen und Niedersachsen.

Genüsslich dürfte der Kanzler am 8. September 1977 zugehört haben, als Mitglieder des Großen Beratungskreises seiner listigen Einladung folgten, im Zuge eines Brainstormings ausdrücklich auch „exotische“ Ideen in den Raum zu stellen.[11] Es durfte sich – nach Lage der Dinge – nur noch um Ideen handeln, die sich im Rahmen des Zielkatalogs vom Tag zuvor hielten. Aber es kam offenbar auch genug Haarsträubendes zusammen, und Schmidt durfte davon ausgehen, dass die gröbsten Ausrutscher – sogar ganz ohne sein Zutun – ruchbar würden.

Freilich war die schiere Existenz der Allparteien-Beratungsrunde geeignet, das Bild einer Art von Belagerungszustand hervorzurufen und damit den Eindruck, dass sowohl auf der politischen Bühne selbst als auch im Backstage-Bereich Schritte unternommen werden könnten, die sich zwar vorübergehend anboten, die aber unter Rechtsstaatsaspekten eigentlich ausschieden.

Oppositionspolitiker und manche Medien ließen von „exotischen“ Ideen auch in den nächsten Tagen und Wochen nicht ab. Am 12. September wurden einige wiederholt, andere hinzugefügt, während stundenlanger Sitzungen der beiden Krisenstäbe.[12] Schmidt fühlte sich veranlasst, am 13. September den Bundestagspräsidenten anzurufen, Karl Carstens (CDU), der ihm den Diensteid abgenommen hatte. Carstens fertigte, Schmidts Bitte folgend, einen Vermerk: Der Kanzler habe ihm versichert, sich gegenüber Forderungen aus Union und Öffentlichkeit standhaft dagegen zu verwahren, verfassungswidrige Maßnahmen gegen RAF-Häftlinge zu ergreifen. An anderer Stelle finde zur gleichen Zeit eine entsprechende Beratung zwischen den Justizministern statt.

In der Tat: Am 13. September 1977 gingen Bundesjustizminister Vogel und seine Kollegen aus den vier betroffenen Bundesländern in einer „Sonderbesprechung“ der undeutlich formulierten Frage nach: „Sollen die Entführer von Hanns Martin Schleyer gewarnt werden, dass weitere Gewalttaten auf die Häftlinge zurückwirken müssten?“ Die Justizminister aus Nordrhein-Westfalen und Baden-Württemberg ließen sich freilich vertreten, Hans-Jochen Vogel war „zeitweise“ präsent. Bis auf einen Ministerialrat aus Düsseldorf fanden zwar alle, dass eine solche Drohung an und für sich juristisch unbedenklich sei. Nur werde sie sich als leer erweisen, denn „wirkungsvolle“ Repressionen gegen Häftlinge verstießen gegen das geltende Recht. Käme eine solche Drohung ans Tageslicht, könnten in der Öffentlichkeit gar Erwartungen geweckt werden, die man nicht einhalten könne. Rechtsstaatlich motivierte Kritik schien man aus Richtung der Öffentlichkeit weniger zu befürchten. Helmut Schmidt hat das Protokoll der Sitzung zweifellos mit Befriedigung zur Kenntnis genommen.[13] Am selben Abend beklagte er im

Telefonat mit Frankreichs Staatspräsidenten Valéry Giscard d'Estaing ein verbreitetes Verlangen nach unverhältnismäßigen und rechtswidrigen Repressionen.

Kein Umschlag von Quantität in Qualität

Als am 6./7. September 1977 der Drei-Ziele-Katalog im Kanzleramt zustande kam, wurden spätere Kurskorrekturen nicht ausgeschlossen. Der Filmemacher Heinrich Breloer hat Schmidts Aufmerksamkeit 1997 auf die wohl bedeutsamste Entscheidung jener Wochen zurückgelenkt: Dürfe das Publikum sich vorstellen, dass Schmidt am 13./14. Oktober 1977 in einen kurzen Augenblick des Nachdenkens darüber verfallen sein könnte, ob der Nichtauslieferungs-Beschluss, der für den Fall Schleyer zustande gekommen war, tatsächlich auch für die weiteren 91 Geiseln an Bord der „Landshut" gelten solle?

Der Wirkung von Mengen kann sich fast niemand so recht entziehen. Die Steigerung der Zahl potenzieller Opfer um das 90-Fache ist dazu angetan, das Gefühl eines „Umschlags von Quantität in Qualität" zu erzeugen. Schmidts Antwort auf Breloers Frage folgt gleich, im Anschluss an eine kurze Schilderung der Situation am 13./14. Oktober 1977. –

Am 13. Oktober 1977 wird das Flugzeug gekidnappt, am 14. Oktober das Ultimatum des palästinensischen Kommandos nach Bonn übermittelt, kurz nach 1 Uhr morgens. Sogleich berät sich Schmidt mit Innenminister Maihofer, Staatsminister Wischnewski, ein paar Staatssekretären und BKA-Chef Herold. Justizminister Vogel stößt bald hinzu. Von halb zehn bis halb elf Uhr berät die Kleine Lage. Um 10 Uhr 45 tritt das Kabinett zusammen. Vogel insbesondere führt das Wort: Ein Eingehen auf die Forderungen der Entführer, also eine Freilassung der RAF-Gefangenen, sei „weder unzulässig noch geboten" – unter dem Aspekt des § 34 StGB.[14] Die Bemerkung bezieht sich auf das schon 1975 erörterte Problem, ob § 120 StGB überspielt werden müsse, der die „Befreiung" von Gefangenen bedrohte. Die Unschlüssigkeit, die sich hier offenbart, ist erstaunlich: Eine Befreiung findet definitionsgemäß gegen den Widerstand derer statt, die für die Freiheitsberaubung verantwortlich sind. Am 6./7. September hatte Vogel den treffenden Begriff der „Freigabe" benutzt und darauf hingewiesen, dass er von „einem rein tatsächlichen" Akt rede: Der Strafanspruch des Staats bestehe fort.[15]

Jetzt, am 14. Oktober bekräftigt Vogel, es gehe um „eine staatspolitische Abwägung zwischen den erkennbaren Gefahren". An erster Stelle im Protokoll wird „die unmittelbare und konkrete Lebensgefahr" für die Geiseln genannt. Als wichtiger für Schmidt, Vogel und die Gremien erweist sich aber – wie vorauszusehen – diejenige Gefahr, die einer „unbestimmten Vielzahl von Menschen" drohe. Daraus ergibt sich erneut die Schlussfolgerung: Kein Austausch! Dieser Standpunkt wird flankiert von weiteren Bedenken: Künftige Erpressungen seien vorprogrammiert, möglicherweise sogar in unmittelbarer Folge. Die Terroristen könnten – Zug um Zug – den Preis für Schleyers Freigabe erhöhen. Auch sei es ungewiss, ob man sich auf die Zusagen von Stadtguerilleros verlassen dürfe. Vielleicht hätten die Terroristen gar nicht ernsthaft vor, ihre Geiseln freizulassen.

Das Kabinett beschließt nach „umfassender" Beratung „zu allen relevanten Gesichtspunkten": Die Geiseln sollen zwar gerettet werden, die RAF-Häftlinge aber dort bleiben, wo sie sich befinden – im Gefängnis. Anders als am 6./7. September ist diesmal ausdrücklich von „Rettung" die Rede, als Oberbegriff. Neben einer „polizeilichen Befreiungsaktion" wird nämlich eine zweite Rettungsmethode erwähnt – die „Ausschöpfung aller Verhandlungsmöglichkeiten".

Die Beschlüsse vom 14. Oktober waren wohl ausschließlich politischer und nur nachrangiger Art. Ob eine Diskussion stattgefunden hatte, ist unbekannt. Verspürten irgendwelche Mitentscheider irgendwelche Gewissensbisse? Sah irgendwer sich gar in ein tragisches Dilemma verstrickt? Darauf weist nichts hin. Ein Rechenexempel wurde vielmehr ins Feld geführt: Die Zahl der Menschen, die zukünftig den eventuell freigelassenen Baader, Ensslin & Co. zum Opfer fallen könnten, wurde als signifikant höher eingeschätzt als die der gut 90 Geiseln, die sich aktuell bedroht sahen.

In den vergangenen Jahren, so trug Vogel vor, seien von den Stadtguerilleros, deren Freipressung gerade versucht wurde, wohl an die 13 Morde begangen worden; hinzu kämen Mordversuche an weiteren 43 Menschen. Das klang alarmierend, wies aber auch darauf hin, dass die bereits jahrelang vorgetragenen Attacken der RAF weit weniger Menschenleben gekostet hatten als jetzt mit einem einzigen Schlag fällig werden konnten.

Beharrlichkeit, Konsequenz und Kontinuität

Zurück zu Breloers Erkundigung, ob Schmidt angesichts des Ultimatums der Skyjacker erst noch einmal innegehalten habe – eingeholt im Dokudrama „Todesspiel" und im gleichnamigen Buch (ebenfalls 1997). Schmidt mochte das nicht ausschließen, sich aber auch nicht daran erinnern: „Natürlich", so betonte er leicht indigniert, „natürlich wird das jedes Mal neu überlegt. Jeden Tag wird das überlegt." Und weiter: „Das war die ganze Zeit unmittelbar an der Haut".

Doch dürfte Schmidts Intention, an dem 1975 begonnenen „Kein-Austausch"-Kurs festzuhalten, den Kanzler zu der Einschätzung veranlasst haben, dass mit der Entführung der „Landshut" eigentlich keine neue Situation entstanden sei:

Da seien Terroristen am Werk, die Geiseln nahmen – einerlei, wieviel. Dem steht gegenüber, dass Schmidt an anderer Stelle sehr wohl Menschenleben addiert und subtrahiert, nämlich – zumindest nachträglich – darüber nachgedacht hat, bei welcher Summe eventueller Todesopfer er wohl seinen Rücktritt eingereicht hätte. Gab es einen Roten Faden hinter dieser Inkonsequenz?

Zweckmäßigkeits-Entscheidung zu Gunsten von Lorenz

Im Falle der Lorenz-Entführung hatten wir es mit Verbrechern zu tun, die aus der Dunkelheit der Anonymität handelten. Wir konnten nicht wissen, wo sie sich befanden. Wir wussten nicht, wo sich die Geisel Lorenz befand. Infolgedessen wäre das Leben von Herrn Lorenz in keinem Falle zu retten gewesen, wenn wir auf die Bedingungen seiner Entführer nicht eingegangen wären.

Helmut Schmidt im Bundestag, 25. April 1975

Gewissensentscheidung zugunsten der harten Linie – gegen Schleyer

Die Bundesregierung hat sich deshalb gestern nach Beratungen in dem vorerwähnten großen Kreis — einer Beratung, die in einmütig gegebene Ratschläge ausgemündet war, zur Unnachgiebigkeit entschlossen. Jeder von den Beteiligten, von den Ratgebern wie von denjenigen, die die Entscheidung zu treffen hatten, hatte vorher sein Gewissen geprüft. Jeder einzelne hat seine Meinung gesagt, und jeder hatte das Risiko eines Scheiterns abgewogen gegen die unübersehbaren Risiken, die eine Freilassung von 26 der gefährlichsten Terroristen für uns alle und für unseren Staat bedeutet hätte.

Helmut Schmidt im Bundestag, 25. April 1975

1975 war Schmidt mit dem Lorenz-„Deal“ zwar unzufrieden, verteidigte ihn aber am 25. April im Bundestag, kurz nach „Stockholm“: Die Verbrecher hätten sich mitsamt ihrem Opfer versteckt gehalten. Deshalb habe der Staatsapparat keine andere Chance gesehen, als den Austausch vorzunehmen. In Stockholm dagegen hätten Geiselnehmer und Geiseln auf der offenen Bühne gestanden. Als sich 1977 im Fall Schleyer die Frage stellte, ob an die Lorenz-Lösung anzuknüpfen sei oder an die Stockholm-Lösung, ergab sich eine Analogie zum Lorenz-Fall: Terroristen und Geisel befanden sich erneut „in der Dunkelheit der Anonymität“. Doch jetzt setzte Schmidt einen anderen Akzent. Es gelte, gegen die RAF vorzugehen und deren Forderungen zurückzuweisen – gewiss ohne in den Bemühungen um Schleyers Befreiung nachzulassen.

Wann ein Akteur konsequent oder inkonsequent vorgeht, ist eine Frage seiner Präferenzen. In Marburg, 2007, erinnerte der frischgebackene Ehrendoktor der Philosophie nicht nur, dass der Entschluss, Peter Lorenz auszutauschen, von – in dieser Reihenfolge – dem Regierenden Bürgermeister Schütz, Oppositionsführer Kohl und ihm, Schmidt, selbst gefasst worden sei. Damit hätte man auch „dem

Münchner Präjudiz" von 1972 Folge geleistet, als nach der Entführung des Lufthansa-Jets „Kiel" drei Olympia-Attentäter ausgetauscht worden waren. Schmidt nannte die Verantwortlichen: Die Regierung Brandt/Scheel habe das getan – trotz der zuvor erlebten „verbrecherischen Energie", die durch das „palästinensisch-islamistische Attentat" auf Olympia offenkundig geworden sei.[16]

Nachdem Schmidt am Tag nach der Lorenz-Entscheidung den Beschluss gefasst hatte, sich nie wieder auf einen solchen Handel einzulassen, war er zwei Mal konsequent geblieben, im Fall „Stockholm", 1975, und ansatzweise auch im Fall „Entebbe", 1976. Am Beispiel der Flugzeugentführung, die in Entebbe ihr Ende fand, hatte sich freilich gezeigt, dass die harte Linie auch an ihre Grenzen stoßen mochte: Aus Rücksicht auf außenpolitische Konstellationen.

Dem Programmpunkt „Ausschöpfung aller Verhandlungsmöglichkeiten", der am 14. Oktober 1977 im Kabinett beschlossen wurde, ist dann keine nennenswerte Aktivität gefolgt. Als Verhandlungspartner kam vor allem der Terrorist Andreas Baader in Frage, der von Stammheim aus vielleicht zu einem mäßigenden Signal an die Entführer veranlasst werden könnte – wenn man ihm verschwieg, dass seine Freilassung gänzlich ausgeschlossen sei. Baader hatte dem BKA-Beamten Alfred Klaus bereits am 13. September 1977 in Aussicht gestellt, dass die RAF-Spitze im Fall ihrer Ausfliegung nicht in die Bundesrepublik zurückkehren werde. Allerdings war dieser Gedanke staatlicherseits nicht aufgegriffen worden. Jetzt aber, nach einem Monat Nervenkrieg, hatte sich die Zahl der Geiseln verneunzigfacht. Baader, Ensslin & Co. waren möglicherweise hinreichend erschöpft, um als Verhandlungspartner halbwegs ernstgenommen zu werden. Die Stammheim-Häftlinge verfügten sogar noch über ein letztes Druckmittel: Kaum verhohlen drohten sie mit Suizid, und damit würden sie Schleyers Entführer zur Raserei bringen können. Was hätte sich die Regierung dadurch vergeben, auch hier die Verhandlungsmöglichkeiten „auszuschöpfen"? Schmidt hat später argumentiert, in einen direkten Kontakt hätten die politischen Entscheider mit den Terroristen nicht treten können. Das sei unter der Würde des Staats gewesen.[17]

Ferner konnten diplomatische Fühler in Richtung der einen oder anderen Regierung in Nahost ausgestreckt werden, die möglicherweise Einfluss auf die „Volksfront zur Befreiung Palästinas" besaß. Ferner in Richtung der ausschlaggebenden Dachorganisation der palästinensischen Freiheitskämpfer. Die PLO unter Jassir Arafat hatte bereits versucht, die „Landshut"-Entführer von ihrer Aktion abzubringen. Die PLO war an einem guten Verhältnis zu Bonn durchaus interessiert. Sie benötigte internationale Anerkennung.[18] Vorsicht ist hier freilich geboten: Möglicherweise sind entsprechende Initiativen der Bundesregierung hinter den Kulissen erfolgt, aber unbekannt geblieben.

Als am selben 14. Oktober 1977 der Große Beratungskreis zusammentrat, um das Resultat der Kabinettsitzung zu bestätigen, war von Verhandlungen als eigenständiger Rettungsmethode allerdings wohl gar nicht mehr die Rede, nur noch als Mittel im Hinblick auf die „Befreiung der Geiseln“. Staatsminister Wischnewski flog in den Nahen Osten, um für einen passenden Coup den Weg zu ebnen. Schmidt selbst telefonierte schließlich, am 17. Oktober, mit dem somalischen Diktator Siad Barre, von dem erhofft wurde, dass er sich einer GSG-9-Aktion in Mogadischu nicht widersetze.

Ebenfalls am 17. Oktober suchte der BKA-Beamte Alfred Klaus den ungeduldigen Andreas Baader in Stammheim auf. Baader hatte tags zuvor nach einem Gespräch mit Schmidts Staatssekretär Schüler verlangt. So hoch wollte die Kleine Lage die Sache freilich nicht hängen. Klaus verspürte Zweifel, ob Baader auf die zweite RAF-Generation noch einen nennenswerten Einfluss hätte. Der RAF-Anführer stellte erneut in Aussicht, dass er und seine Komplizen, einmal in einem entfernten Land angekommen, die Bundesrepublik künftig in Ruhe lassen würden. Doch gegen Mitternacht desselben Tages bezogen die Beamten der GSG 9 schon ihre Stellungen rund um die „Landshut“ herum.

Helmut Schmidt hat – unter anderem im Interview mit Breloer – erinnert: Wenn sehr viele Menschen in Mogadischu umgekommen wären, dann hätte er seinen Rücktritt eingereicht. An welcher Stelle wären in Schmidts Augen aus theoretisch zunächst „vielen“ dann aber „sehr viele“ Todesopfer geworden? Bei Ziffer 10 oder bei Ziffer 45? Kurz vor seinem Tod hat Schmidt erinnert, er habe damals zu jeweils 50 Prozent angenommen, dass das Unternehmen „Feuerzauber“ gelingen oder scheitern würde. Der im Kanzleramt versammelte Personenkreis sei in den frühen Morgenstunden des 18. Oktober zusammengehalten worden, um zu verhindern, dass „jeder seine eigene Presseerklärung“ verlautbarte. Vor allem in dem Fall, dass es „einige 80 oder 90 Tote“ gegeben hätte, wäre wohl so mancher Politiker bemüht gewesen, von Schmidt abzurücken.

Und zum Schluss: Hätte Schmidt seinen Rücktritt erklärt, demonstrativ von sich aus – wäre das dann in erster Linie aus Achtung vor den Opfern erfolgt oder um einer dem Staatsapparat möglicherweise entgegengebrachten Unzufriedenheit die Luft zu nehmen, also aus staatspolitischem Pflichtbewusstsein heraus?

Die technische Sicherheit der „Landshut“

Mit großer Sicherheit wären sämtliche „Landshut“-Insassen ums Leben gekommen, wenn das überstrapazierte Flugzeug bereits auf dem Weg nach Mogadischu abgestürzt wäre. Über den politischen und rechtlichen Fragen hat man dieses technische Risiko scheinbar oft übersehen – sowohl damals als auch später im Zuge der rückschauenden Beurteilung. Selbst wenn man von den im Dienst befindlichen Crew-Mitgliedern einmal absieht, sofern das zulässig sein sollte: 86 Urlauber, die sich der Zivilluftfahrt anvertraut hatten, wurden von den Terroristen, aber eben auch von der Regierung zu einem Flug gezwungen, der allein schon aus Gründen der Flugsicherheit zu schlimmsten Befürchtungen Anlass gab. Einige Erinnerungen des ebenfalls überstrapazierten Copiloten zeugen davon. Vergleichsweise befand sich Hanns Martin Schleyer im „Volksgefängnis" der RAF wohl geradezu in Sicherheit.

Nach der Ermordung des Piloten startete Jürgen Vietor die Maschine in Aden allein, und er hoffte dabei, dass sich nicht allzu viel Sand in den Triebwerken befand;[20] Eine Reihe von Kontrollleuchten hätte bereits auf „Rot" gestanden.[21] Lufthansa-Technik-Experten werden in Bonn konsultiert worden sein.

Schmidts harte Linie wurde nach Mogadischu nicht mehr auf die Probe gestellt – glücklicherweise. Sie wäre ad absurdum geführt worden, wenn Terroristen ein weiteres Flugzeug entführt hätten, mit beispielsweise 258 Passagieren an Bord; so viele Menschen hatten in der Air-France-Maschine gesessen, die schließlich in Entebbe gelandet war. Angesichts einer solchen Herausforderung hätte Schmidt, der „Krisen-Monarch",[22] erneut ein Konsequenz-Problem bekommen. Wäre in einem solchen Fall – konsequenter Weise – erneut die GSG 9 angetreten? Wäre dann erneut alles relativ glimpflich verlaufen, mit „nur" zwei Todesopfern unter den Entführten? Oder wäre jetzt eine Inkonsequenz an der Zeit gewesen – nicht zuletzt aus dem Grund, dass damit die Politik der Bundesregierung für die Terroristen unberechenbar geblieben wäre? Zukunftsfähig jedenfalls war Schmidts harte Linie wohl kaum.

Der Freifahrtschein des Bundesverfassungsgerichts

Schmidt hat 1977 und immer erneut auch später darauf hingewiesen, dass das Grundgesetz und dessen Hüter, die Richter in Karlsruhe, ihm keine Handlungsanleitung hätten liefern können. Warum überhaupt benötigte er eine solche, wenn er doch offenbar seit 1975 konsequent entschlossen war, gegenüber Stadtguerilleros nicht nachzugeben? Im Licht der von Schmidt gleichzeitig verfochtenen Maxime, staatliches Handeln müsse – zumindest im Auge der Terroristen – von konsequenter Inkonsequenz gekennzeichnet sein, konnte eine Handlungsanleitung aus Karlsruhe ohnehin nicht hilfreich sein. Ein Verfassungsgericht kann es sich nicht zur Auflage machen, immer neue Überraschungseffekte hervorzurufen – und sei es auch, um Schwerverbrecher zu irritieren.

Am 11. September 1977 hat Schmidt eine sechsseitige formlose Ausarbeitung datiert und abgezeichnet, worin Schleyers Rechtsposition erörtert wurde. Der Text

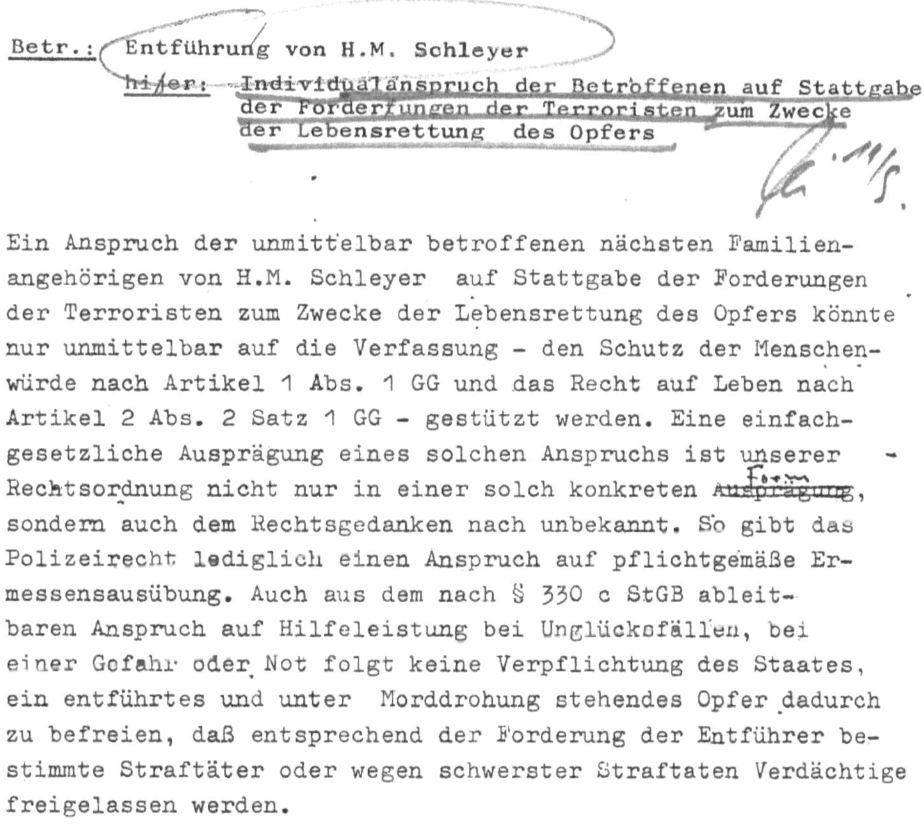

Betr.: Entführung von H.M. Schleyer
hier: Individualanspruch der Betroffenen auf Stattgabe der Forderungen der Terroristen zum Zwecke der Lebensrettung des Opfers

Ein Anspruch der unmittelbar betroffenen nächsten Familienangehörigen von H.M. Schleyer auf Stattgabe der Forderungen der Terroristen zum Zwecke der Lebensrettung des Opfers könnte nur unmittelbar auf die Verfassung – den Schutz der Menschenwürde nach Artikel 1 Abs. 1 GG und das Recht auf Leben nach Artikel 2 Abs. 2 Satz 1 GG – gestützt werden. Eine einfachgesetzliche Ausprägung eines solchen Anspruchs ist unserer Rechtsordnung nicht nur in einer solch konkreten ~~Ausprägung~~ Form, sondern auch dem Rechtsgedanken nach unbekannt. So gibt das Polizeirecht lediglich einen Anspruch auf pflichtgemäße Ermessensausübung. Auch aus dem nach § 330 c StGB ableitbaren Anspruch auf Hilfeleistung bei Unglücksfällen, bei einer Gefahr oder Not folgt keine Verpflichtung des Staates, ein entführtes und unter Morddrohung stehendes Opfer dadurch zu befreien, daß entsprechend der Forderung der Entführer bestimmte Straftäter oder wegen schwerster Straftaten Verdächtige freigelassen werden.

Abb. 28 – Am 11. September 1977 nahm Schmidt eine interne Ausarbeitung aus dem Justizministerium zur Kenntnis, worin die wesentlichen Argumente pro und contra Häftlingsaustausch vereint waren. Er konnte sich in seiner harten Linie bestätigt sehen.

stammte wohl aus dem Justizministerium. Er respektierte die politische Grundlinie des Drei-Ziele-Katalogs vom 6./7. September.

Schleyer, so begann die Argumentation des Papiers, könne sich auf Artikel 1 und 2 Grundgesetz berufen. Die dort begründete Schutzpflicht des Staates gelte allerdings nicht nur der Geisel gegenüber, sondern auch für die bundesdeutsche Bevölkerung insgesamt.

Das Papier bezog sich zwei Mal auf die Formel vom „rechtfertigenden Notstand“, gemäß § 34 StGB. Das tatsächliche oder angebliche Problem der „Befreiung“ oder „Freilassung“ Strafgefangener spielte allerdings hier keine Rolle. Es ging vielmehr um den Vergleich zwischen zwei Gruppen von Menschen, die prinzipiell von denselben Verfassungsartikeln begünstigt werden, aber in einem

Ernstfall nicht zugleich davon profitieren können. Doch war ein StGB-Paragraph dazu geeignet, einer Auslegung der beiden wichtigsten Normen der Verfassung Legitimation zu verleihen, einer Auslegung der Artikel 1 und 2?

Paragraph 34 StGB, so stand es in der Ausarbeitung, greife einen Grundsatz auf, der „im Verfassungsrecht, insbesondere in der Rechtsprechung des Bundesverfassungsgerichts" ohnehin „anerkannt" sei. Warum wurde dieser Paragraph dann überhaupt erwähnt? Wollte die Bundesregierung ganz grundsätzlich ihren Anspruch unterstreichen, die konkurrierenden Güter und Interessen nach ihrem politischen Gutdünken gegeneinander abzuwägen? Mit dem Hinweis auf den schwarz auf weiß nachlesbaren § 34 StGB konnte dieser Anspruch möglicherweise anschaulicher kommuniziert werden als eine Bezugnahme auf die reichlich abstrakte Idee des „übergesetzlichen Notstands".

Bei der Benennung der zu vergleichenden Güter hat wohl genau dieses Papier aus Vogels Justizministerium die argumentatorische Wende eingeleitet – zumindest ausdrücklich: Es ersetzte das Pochen auf die Staatsräson, das nicht allseits zu überzeugen vermochte, durch das Gut des Lebens der 60 Millionen: Die Staatsorgane müssten sich zwar „im Falle eines Konflikts zwischen Staat und Menschenwürde auf die Seite des Menschen stellen", und die frühere Auffassung, „die dem Staat ein weitgehendes Recht, über Leben und Tod des Bürgers zu verfügen, zuerkannt" habe, sei überholt. Mit anderen Worten: Eigentlich müsste der Staatsapparat aktuell die Geiseln retten, die unübersehbar in Lebensgefahr schwebten.

Doch jetzt kam das Gegenargument: Eine mehr oder weniger freischwebende Güterabwägung sei möglich, ja sogar „besonders unausweichlich", wenn Leben gegen Leben stehe, wenn also „die absolute Erfüllung der Schutzpflicht" gegenüber einer der betroffenen Seiten „notwendigerweise" zur Verletzung dieser Pflicht gegenüber der jeweils anderen Seite führe. Auf diese Weise wand sich der Staat aus seiner Verpflichtung gegenüber den Geiseln heraus: Er konstruierte ein herzeigbares Äquivalent: Andere Leben schwebten gleichfalls in Gefahr – zumindest hypothetisch, in Zukunft.

Helmut Schmidt hat den Text – den Unterstreichungen zufolge, die er darin vorgenommen hat – bis zum Beginn der Zusammenfassung durchgeblättert und sich dann auf den allerletzten Absatz konzentriert: Eine Güterabwägung im Sinne von § 34 StGB ergebe, dass Schleyers Tod das geringere Übel ausmache – primär gegenüber dem Tod weiterer, zahlenmäßig nicht bestimmbarer, „unschuldiger" Menschen, sekundär aber auch – weiterhin – gegenüber der Gefahren, die aus einer Freilassung der Terroristen für die „freiheitlich demokratische Grundordnung" erwachsen würden. Würde doch die Abwehrbereitschaft der Bürger durch einen Deal mit den Terroristen strapaziert, insbesondere aber die Einsatzbereitschaft der Polizei. –

Als einen Monat später, am 13. Oktober 1977, die „Landshut" entführt wird, nimmt Schleyers Familie dies mit einer gewissen Erleichterung zur Kenntnis. Es liegt nicht an ihr, dass ihre Hoffnungen mit den Interessen der RAF teilweise übereinstimmen: Ist der Preis für eine Zurückweisung der RAF-Forderungen jetzt nicht endgültig zu hoch geworden?

Am 15. Oktober nimmt Hanns-Eberhard Schleyer das Abenteuer in Angriff, die Geiseln mit einer Riesensumme freizukaufen. Die Bundesregierung hat diese Initiative zwar finanziell ausgestattet. Doch will sie Schleyer junior wohl nur hinreichend beschäftigen. Um 9 Uhr 30 erfährt er, dass er das Geld nun doch nicht erhalten werde: Die für 12 Uhr vorgesehene Übergabe sei durch eine Indiskretion bekanntgeworden. Freilich ist diese Indiskretion von höchster Bonner Stelle ausgegangen. Später, 2013, zeigt Schleyer sich geneigt, der Version Glauben zu schenken, der Regierung sei es vor allem um seine eigene Sicherheit gegangen.[23] Zunächst greift er zu seinem letzten Mittel. Er ruft das Bundesverfassungsgericht an.

Durch eine einstweilige Anordnung soll Karlsruhe die Exekutive zu einem Austausch verpflichten – auf der Grundlage von Artikel 1 und 2 Grundgesetz. Ferner unter Berücksichtigung des Umstands, dass das Leben Hanns Martin Schleyers, nunmehr aber auch das der „Landshut"-Insassen, in konkreter Gefahr schwebe, wohingegen die Gefahr für 60 Millionen Bundesbürger, von freigelassenen Terroristen künftig weiterhin drangsaliert zu werden, abstrakter Natur sei.

Vom Bonner Bundesjustizministerium wird Karlsruhe im Gegenzug darum ersucht, Schleyers Antrag abzulehnen. Ministerialdirektor Kai Bahlmann greift offenbar auf das Papier vom 11. September 1977 zurück; möglicherweise hatte er selbst es verfasst. Die Regierung ist sich ihrer Sache sicher – juristisch, aber vor allem wohl politisch. Bundeskanzler Schmidt hat sich 2013 erinnert, er habe darauf vertraut, dass das Bundesverfassungsgericht ihm nicht in die Quere kommen würde.[24]

Die Richter des Zweiten Senats beraten in den beiden letzten Stunden des 15. Oktober. Das Urteil wird erst um 5 Uhr 45 verkündet, also am 16. Oktober. Wie Stefan Aust später mitteilt – ohne Beleg –, macht die Bundesregierung intern taktische Aspekte geltend: Gegen die „Landshut"-Entführer laufe schon eine Befreiungsaktion.[25] Das Flugzeug steht auf dem Flughafen von Dubai. Schleyers Antrag verfolgt just den Zweck, solche Hochrisiko-Aktionen überflüssig zu machen. Völlig gewiss scheint sich die Bundesregierung des Verfassungsgerichtsurteils demnach nicht zu sein. Doch was wäre passiert, wenn Soldaten der Vereinigten Arabischen Emirate den Coup gestartet hätten, wenn mehrere Passagiere oder Crew-Mitglieder dabei ums Leben gekommen wären und wenn Karlsruhe kurz darauf verlangt hätte, die Geiseln gegen inhaftierte Terroristen auszutauschen? Soweit kommt es freilich nicht.

Karlsruhe zieht sich auf den Grundsatz zurück, dass das oberste deutsche Gericht nicht mitzuregieren habe. „Justizielle Selbstbescheidung" wird demonstriert. Den Robenträgern ist völlig klar, was das in dieser Situation bedeutet. Keineswegs ist einem unschlüssigen Bundeskanzler eine „Handlungsanleitung" verweigert worden. Schmidt weiß seit Wochen, Monaten, wohl gar Jahren, was er will.

In den ersten Minuten des 18. Oktober 1977 wird die „Landshut" gestürmt. Keine Toten. Schmidt kommen ein paar Tränen, vor allem aber den 90 Personen, deren Leben er aufs Spiel gesetzt hatte. Nach den Angehörigen Jürgen Schumanns hat nun auch Schleyers Familie allen Anlass zu echtem Weinen. Zwei Stunden später wird ein Appell „der Verantwortlichen" verbreitet, das heißt sämtlicher Mitglieder nicht nur des Kabinetts, sondern auch des Großen Beratungskreises, ungeachtet dessen Mangel an verfassungsrechtlicher Legitimation. Der Appell richtet sich an Hanns Martin Schleyers Entführer: Sie sollten die Aussichtslosigkeit ihres Unterfangens nunmehr einsehen und ihre Geisel freigeben.

In Stuttgart-Stammheim lauschen die der Kontaktsperre unterliegenden Anführer der RAF ihren Radios. In den folgenden Morgenstunden gehen sie zum abgesprochenen Suizid über. Drei Personen sterben, eine überlebt. Baader, Ensslin & Co. setzen damit ein Fanal. Der so sehr auf seine Funktionfähigkeit und sein Prestige bedachte Staatssapparat hat es nicht fertiggebracht, ein Hochsicherheitsgefängnis zu organisieren, das diesen Namen verdient. Das Schicksal Hanns Martin Schleyers ist jetzt zu fast hundert Prozent besiegelt. Niemand darf mehr überrascht sein, als seine Leiche am 19. Oktober gefunden wird.

Weder die Bundesregierung noch das Bundesverfassungsgericht haben sich am 16./17. Oktober 1977 ausdrücklich auf einen „übergesetzlichen rechtfertigenden Notstand" bezogen. Schon gar nicht wurde § 34 StGB erwähnt. Ganz im Sinne dieser Konstruktion ist aber – im Zusammenhang mit den Artikeln 1 und 2 Grundgesetz – der Begriff der Gegenwärtigkeit stark gedehnt worden, in die Zukunft hinein: Wie lange besteht eine „gegenwärtige" Gefahr?

Neu war die großzügige Auslegung von „Gegenwart" nicht. Schon im StGB-Kommentar von Schönke/Schröder, Stand 1961, in Bezug auf den alten § 54 StGB, kam sie vor: Als gegenwärtige Gefahr könne auch ein „Dauerzustand" betrachtet werde, „selbst wenn er sich über mehrere Monate" erstrecke. Als Beispiele wurden „die Baufälligkeit eines Hauses oder die Gefährlichkeit eines gewalttätigen Menschen" angeführt.[26] Jüngst, 1976, hatte derselbe Kommentar dieses Thema deutlich ausgeweitet, in Bezug auf den neuen § 34 StGB. Immer noch aber wurde auf zum Teil Jahrzehnte altes Richterrecht verwiesen, nicht zuletzt die Problematik des Schwangerschaftsabbruchs betreffend. Eine Gefahr dürfe auch dann als gegenwärtig betrachtet werden, hieß es da, „wenn der Eintritt des drohenden Schadens zwar erst nach Ablauf einer gewissen Zeit zu erwarten" sei, wenn jedoch feststehe, „dass er nur durch sofortiges Handeln wirksam abgewendet werden" könne.[27]

Bis freigelassene und ausgeflogene RAF-Häftlinge aktionsbereit wieder in der Bundesrepublik zurück sein würden, hätte der Staatsapparat sich um Vorsorgemaßnahmen auf seinem Staatsgebiet mit aller Intensität kümmern können. Möglicherweise wäre es zu einer solchen Rückkehr nicht gekommen. Der Umstand, dass die zweite und die dritte RAF-Generation noch zwei Jahrzehnte lang mordete, weist einerseits auf die auch nach 1977 anhaltende Verwundbarkeit von Gesellschaft und Staat hin. Andererseite fiel sie im Vergleich zur Verwundbarkeit der Geiseln im Herbst 1977 minimal aus. Ferner ist die Folgerung, dass der RAF-Terror sich fortgesetzt hätte, wenn die RAF-Anführer 1977 ausgetauscht worden wären, nicht zwingend. Ein „sachverständiges ex-ante-Urteil", also eine Prognose, wie sie der Kommentar Schönke/Schröder 1976 verlangte, war hier kaum möglich.

Der Antrag von Hanns-Eberhard Schleyer war wohl von Beginn an wenig aussichtsreich. Carsten Polzin hat an dem in aller Eile vollführten Karlsruher Verfahren insgesamt, speziell an Form und Logik des Beschlusses, umfangreich Kritik geübt.[28] Das Gericht sei unter mehr als einem Aspekt in ungewohnter Weise vorgegangen. Polzin unterstellt den Karlsruhern gar das Motto „Missachtung rechtlicher Dogmatik zugunsten öffentlicher Akzeptanz": Das Urteil habe einer breiten Öffentlichkeit plausibel gemacht werden sollen. So sei insbesondere die Ausbreitung von Gegenargumenten zu kurz gekommen, namentlich die Abwägung der Nachteile für Hanns Martin Schleyer. Dieses Argument wiegt umso schwerer, als Schleyer im für ihn ungünstigen Ausfall des vom Bundesverfassungsgericht durchgeführten Eilverfahrens voraussichtlich gar nicht mehr die Möglichkeit erhalten hätte, seine Interessen in einer Hauptverhandlung zur Geltung zu bringen. Möglicherweise ist es kein Zufall, dass diese Kritik aus Sicht des verfassungsjuristischen Establishments von einem Außenseiter gekommen ist. Keinesfalls erscheint sie unbeachtlich. Entscheidend war wohl letzten Endes, dass die beiden Kammern des Bundesverfassungsgerichts alles andere als unpolitisch zusammengesetzt sind. Schmidts Hamburger Parteifreund Hans Apel, 1977 Finanzmi-

Eine Fehlleistung des Bundesverfassungsgerichts?

Dass Kai Bahlmann in der Stellungnahme der Bundesregierung anführt, es liege eine „äußerste Gefährdung des Lebens anderer" vor, kann somit keineswegs einleuchten. Es muss als ungeschickter Versuch gewertet werden, offenkundige Tatsachen im Sinne der Bundesregierung zu verdrehen. [...] Selbst wenn eine Gefahr für die Allgemeinheit anzunehmen gewesen wären, ist zu überlegen, ob es ihr nicht zuzumuten gewesen wäre, diese Gefährdung zum Schutze Hanns Martin Schleyers in Kauf zu nehmen. [...]

> Die Nachteilserwägung [...] musste also zugunsten Hanns Martin Schleyers ausfallen, da der seinerseitige Nachteil – der Tod – schwerer wog als politische Interessen der Rechtsgemeinschaft. [...]
>
> Schleyers weitere Gefangenschaft und sein damit aller Wahrscheinlichkeit nach verbundener Tod wurden also zu dem Zweck in Kauf genommen, die inhaftierten Terroristen im Gefängnis zu halten und ihnen nicht erst wieder erneut nachstellen zu müssen, wenn man sie auf freien Fuß gesetzt hat. Dies bedeutet nichts anderes, als dass Schleyers Leben zum Element staatlicher Terrorismusbekämpfung wurde.
>
> *Carsten Polzin: Deutscher Herbst im Bundesverfassungsgericht. Zur verfassungsrechtlichen und verfassungspolitischen Dimension terroristischer Entführungsfälle. Neubiberg 2001, S. 41 f., 51*
>
> *
>
> Das Urteil [...] führt zu Recht aus, dass die wichtigste Aufgabe des Staates darin besteht, das höchste Gute des Bürgers, nämlich sein Leben, zu schützen – gerade, wenn es gefährdet ist. Der Bruch ist, dass man das zwar einfordert, aber dann zurückweicht gegenüber einer politischen Entscheidung.
>
> *Hanns-Eberhard Schleyer in: Thomas Bärnthaler / Malte Herwig: „Ich würde wieder genauso handeln". Interview mit Helmut Schmidt und Hanns-Eberhard Schleyer. In: Süddeutsche Zeitung v. 29. Juli 2013*

nister, hat 1991 aufgrund seiner politischen Erfahrung geurteilt: „Die Entscheidungen des Bundesverfassungsgerichts fallen nicht im luftleeren Raum."[29]

Die Karlsruher Richterinnen und Richter verdanken ihre „Tickets" den im Bundestag vertretenen Parteien. Kopf für Kopf können sie danach durchgezählt werden, welche Partei sie vorgeschlagen hat. Das bietet Vorteile hinsichtlich der parteipolitischen Ausgewogenheit der beiden Senate. Ein Nachteil liegt in dem Umstand, dass eine formale Große Koalition in Parlament und Regierung, aber auch eine informelle „Allparteienregierung", einige Aussicht hat, sich in den Karlsruher Urteilen wiederzufinden.

Seit 1971 war die SPD dabei, ihr seit Gründung der Bundesrepublik bestehendes Untergewicht im Bundesverfassungsgericht auszugleichen, Zug um Zug.[30] Schnell ging das nicht. Bundesverfassungsrichter verfügen über eine Amtszeit von 12 Jahren. Obwohl die CDU/CSU seit 1969 in der Opposition saß, hatten die Sozialdemokraten 1977 noch nicht gleichgezogen. Die Richter mit SPD-Hintergrund hatten im Übrigen die Wahl zwischen Helmut Schmidt und seinen weiter links positionierten parteiinternen Kritikern.

Warum ist Schmidt, nach eigenen Worten verstrickt in Versäumnis und Schuld, nicht nach Schleyers Tod zurückgetreten? Dem Filmemacher Breloer hat er eine Antwort erteilt: Mit der Möglichkeit, dass „diese Kerle den Schleyer umbringen" würden, habe man stets rechnen müssen, „auch vor Mogadischu".[31]

Max Webers Unterscheidung zwischen einer Gesinnungsethik, die abzulehnen sei, und einer Verantwortungsethik, die beherzigt werden müsse, stellt einen Appell dar: Folgenabschätzung wird angemahnt. Doch verhält es sich hier ähnlich wie mit dem Bonmot „Nichts versäumen, nichts verschulden!“ und mit anderen Formeln dieser Art. Sie bedürfen der Interpretation. Hat Schmidt die Geisel Schleyer aus dem Gefühl der Verantwortung für die 60 Millionen heraus geopfert? Oder hat er sich durch sein Pochen auf die Handlungsfähigkeit des Staatsapparats und dessen Prestige als Gesinnungsethiker gezeigt? Man kann Webers berühmte Unterscheidung drehen und wenden, wie man will, nämlich auch in entgegengesetzter Logik fragen, zu Schmidts Gunsten: Zeugt es nicht von Verantwortungsbewusstsein, den Staat handlungsfähig zu erhalten und ihm dadurch den Respekt der Staats-Angehörigen zu sichern? Mit anderen Worten: Verbirgt sich hinter einem Beharren darauf, dass jedes in Gefahr befindliche Menschenleben bedingungslos gerettet werden müsse, eine dogmatische Gesinnungsethik?

Nichts ist so erfolgreich wie der Erfolg. Die Erfolgreichen werden stets gute Chancen besitzen, dass ihnen ihr Anspruch auf „Verantwortungs-Ethik“ abgenommen wird. Doch möglicherweise war ihnen allein großes Glück beschieden.

Anmerkungen

1 Dokumentation zu den Ereignissen und Entscheidungen im Zusammenhang mit der Entführung von Hanns Martin Schleyer und der Lufthansa-Maschine „Landshut“. Hg. v. Presse- und Informationsamt der Bundesregierung. Bonn 1977, S. 18.

2 Ebd.

3 Ebd. Vage hieß es, „vordringlich“ seien „rechtliche Maßnahmen zur Unterbindung von Kontakten“ solcher Häftlinge, die wegen terroristischer Aktivitäten „rechtskräftig verurteilt“ seien oder unter einem entsprechenden „dringenden Verdacht“ stünden.

4 Gerhard Spörl: „Nichts versäumen, nichts verschulden“. Bonn in den 44 Tagen der Schleyer-Krise. In: Die Zeit 42/1987.

5 Helmut Schmidt: Gewissen und Verantwortung des Politikers. In: Helmut Schmidt / Peter Janich / Carl Friedrich Gethmann: Die Verantwortung des Politikers. München 2008, S. 45–77, hier S. 75.

6 Dokumentation (wie Anm. 1), S. 19.

7 „Die Deutschen sind irrsinnig geworden“. In: DER SPIEGEL 36/1987 (v. 31. August), S. 107.

8 Sven Lorenz: Für Notfälle gewappnet sein. In: Hamburger Echo v. 24. April 1962.

9 Fast wortgleich Butz Peters: Tödlicher Irrtum. Die Geschichte der RAF (Berlin 2004). 4. Aufl., Frankfurt a.M. 2008, S. 412, und Stefan Aust: Der Baader-Meinhof-Komplex. 4., erw. u. aktual. Aufl., Hamburg 2017, S. 745. Glaubhafter Georg Bönisch / Klaus Wiegrefe: „Massive Gegendrohung“. In: DER SPIEGEL 37/2008 (v. 2. Sept.), S. 48–53, hier S. 48.

10 Siehe etwa Stefan Marschall: Parlamente in der Krise? Der deutsche Parlamentarismus und die Corona-Pandemie. In: Aus Politik und Zeitgeschichte 70 (2020), Heft 38, S. 11–17.

11 „Die Deutschen sind irrsinnig geworden". In: DER SPIEGEL 36/1987 (v. 31. August), S. 106–111.

12 Bönisch / Wiegrefe, „Massive Gegendrohung" (wie Anm. 9), S. 49.

13 Helmut-Schmidt-Archiv (HSA) 794 (Kopie; die Originalakte liegt im Bundeskanzleramt, BK a.D. – 003 01 – Schl 1 Bd. 1).

14 Dokumentation (wie Anm. 1), S. 95.

15 Ebd., S. 17.

16 Schmidt, Gewissen und Verantwortung (wie Anm. 5), S. 65.

17 Heinrich Breloer: Todesspiel. Doku-Drama. Teil 1: Volksgefängnis. Teil 2. Entführt die Landshut. 1997, hier Teil 2, min. 24:00.

18 Matthias Dahlke: Das Wischnewski-Protokoll. Zur Zusammenarbeit zwischen westeuropäischen Regierungen und transnationalen Terroristen 1977. In: Vierteljahrshefte für Zeitgeschichte 57 (2009), S. 201–215.

19 Ulrich Wegener. GSG 9 – stärker als der Terror. Hg. v. Ulrike Zander / Harald Biermann. Berlin / Münster 2017, S. 219.

20 Information von Dr. Barbara Wagner, Dornier-Stiftung für Luft- und Raumfahrt, Kuratorische Projektleiterin der „Landshut"-Ausstellung, E-Mail v. 4. Mai 2020.

21 Oliver Halmburger: Das Wunder von Mogadischu. Die Entführung der Landshut 1977. TV-Doku, ZDF 2007, min. 22:30.

22 Spörl, „Nichts versäumen, nichts verschulden" (wie Anm. 4).

23 Thomas Bärnthaler / Malte Herwig: „Ich würde wieder genauso handeln". Interview mit Helmut Schmidt und Hanns-Eberhard Schleyer. In: Süddeutsche Zeitung v. 29. Juli 2013.

24 Ebd.

25 Aust, Baader-Meinhof-Komplex (wie Anm. 9), S. 873.

26 Strafgesetzbuch. Kommentar. Begründet von Adolf Schönke, fortgeführt von Horst Schröder. 10., neubearb. Aufl. München/Berlin 1961, S. 330.

27 Schönke/Schröder, 18., neubearb. Aufl. v. Theodor Lenckner u.a. München 1976, S. 455.

28 Carsten Polzin: Das Bundesverfassungsgericht im Deutschen Herbst. Neubiberg 2001, vor allem S. 35 ff.; ders.: Kein Austausch! Die verfassungsrechtliche Dimension der Schleyer-Entscheidung. In: Die RAF und der linke Terrorismus. Hg. v. Wolfgang Kraushaar. Hamburg 2006, Bd. 2, S. 1026–1047.

29 Hans Apel: Die deformierte Demokratie. Parteienherrschaft in Deutschland. Stuttgart 1991, S. 153.

30 Henning Frank: Die „neutralen" Richter des Bundesverfassungsgerichts. In: Festschrift für Wolfgang Zeidler. Hg. v. Walther Fürst u. a. 2 Bde. Berlin / New York 1987. Hier Bd. 1, S. 163–173.

31 Breloer, Todesspiel (wie Anm. 17), min. 1:19.

IV

„In Tragik verstrickt“ oder „mit Glück Erfolg gehabt“? – Krisenmanager Helmut Schmidt

> Politik als „Großer Krisenstab“. Mogadischu, der Ernstfall politischen Handelns. Die entschiedene Tat, die das Herz höherschlagen lässt und das Volk eint, im Kampf gegen einen ausgemachten Feind. Eine solche Auffassung von Politik ist undemokratisch und entspricht dem Bedürfnis des Neandertalers.

Martin und Sylvia Greiffenhagen: Das schwierige Vaterland. In: DER SPIEGEL 6/1979 (v. 5. Febr.), S. 82–98, hier S. 98

> Es gibt in der Geschichte wohl jedes Volkes [...] einige in politisch-sozialer Hinsicht herausragende Gestalten, die besondere Leistungen, darunter nicht zuletzt auch militärische, vollbracht haben oder von denen das zumindest behauptet wird. [...] Eine Reihe von Personen hat in der Geschichte den Status eines politischen Helden erlangt, z.B. Jeanne d'Arc in Frankreich.

Peter Tepe: Entwurf einer Theorie des politischen Mythos. In: Mythos No. 2. Politische Mythen. Würzburg 2006, S. 46–64, hier S. 54

Im Herbst 1977, so hat Helmut Schmidt seither behauptet, sei er in eine Lage geraten, die man als „im antiken Sinne tragisch“ beschreiben könne – „unauflöslich verstrickt“ in jene „grauenhaften Ereignisse“.[1] Er sei also gewissermaßen ein realer Nachfolger klassisch-mythischer Bühnengestalten wie Ödipus, Antigone, Elektra oder später Iphigenie, die auch heute noch einen Platz in Theatern, Opernhäusern und Gymnasien einnehmen.

Der Journalist Hermann Schreiber urteilte 1977, Schmidt habe auf jene tragische Herausforderung „nicht wie ein Humanist“ reagiert, „sondern sozusagen soldatisch“.[2] Das Publikum durfte darüber spekulieren, was wohl „ein Humanist“ an Schmidts Stelle getan hätte. Kann nicht auch ein zutiefst mitmenschlich eingestellter Mensch, herausgefordert von mörderischen Stadtguerilleros, sich dazu gezwungen sehen, ihnen „soldatisch“ entgegenzutreten? Jedenfalls besaßen sowohl die Sturmflut als auch der Terror des Herbstes 1977 eine paramilitärische Dimension. Unter anderem hier liegt wohl eine von mehreren Erklärungen dafür, dass Schmidt – im Sinne des Mythenforschers Peter Tepe – von vielen Menschen als „politischer Held“ vergöttert wird, zumindest aber als Idol – wie der Duden definiert – ein „Gegenstand schwärmerischer Verehrung“ bleibt. Schmidt selbst hat das meist ausdrücklich zurückgewiesen, aber – verständlicherweise – auch genossen. Er hat solcher Verehrung sogar Vorschub geleistet, nämlich an seinem Mythos beständig modelliert.

Im Zusammenhang mit der Sturmflut, 1962, ist zwar der Begriff des Tragischen noch nicht aufgetaucht. Aber Schmidt hat Ähnliches zum Ausdruck gebracht. Seine rechte Hand für die Notstandsgesetze, Claus Arndt, ist 1965 im Rechtsausschuss des Bundestags entsprechend aufgetreten. Mehrfach drohte Arndt damit, „der Hamburger Senat“ werde dem damals aktuellen Entwurf für die Notstandsgesetze (dem „Benda-Entwurf“) seine Zustimmung versagen, wenn nicht bestimmte Forderungen erfüllt würden. Ob der Hamburger Senat in seiner Gesamtheit sich dieser unnachgiebigen Haltung bewusst war? Jedenfalls verwies Arndt in Bonn auf die im Februar 1962 Verantwortlichen: Sie seien in schwere Gewissensnot geraten und hätten sich zum Teil „am Rande der Legalität“ bewegen müssen.[3] Schmidt hat sich in späteren Lebensjahren daran gewöhnt, seine Befindlichkeit während der Sturmflut und gegenüber dem Terror in ein und demselben Atemzug zu schildern – unter dem Motto der Grenzsituation.

Fünf Thesen haben sich eingangs aus dem ableiten lassen, was Helmut Schmidt mehrfach über Sturmflut von 1962 und den RAF-Terror von 1977 zusammengefasst hat. Der rote Faden wird durch den Gedanken des „übergesetzlichen Notstands“ dargestellt. Wie ist jener Thesenkatalog abschließend zu kommentieren?

Fazit, Teil 1: „Man kann nicht alles regeln wollen!“ – Schwer vorhersehbare Situationen

Auch in einem Rechtsstaatswesen gehört es zur politischen Führung dazu, in hoffentlich ganz seltenen Fällen „übergesetzlich“ zu handeln. Nicht für sämtliche Eventualitäten ist eine Vorsorge möglich. Wenn Schmidt allerdings formuliert, man könne nicht „alles regeln *wollen*“, dann kann darauf erwidert werden: Aber doch bitte soviel wie möglich! Nach schweren Krisen ist bisher wohl nur selten bedauert worden, dass zu vieles im Vorhinein festgelegt worden wäre. Ein ausgeprägter Regelungs-Wille dürfte meist von Nutzen sein. Zählt es doch zu den Aufgaben eines Staatsapparats, schnell und effektiv zu reagieren – im Sinn der Menschen- und Bürgerrechte der Bevölkerung, aber auch in eigener Sache. Die Staatsgewalt kann ihre schützende, rettende und regenerierende Funktion nur wahrnehmen, wenn es ihr gelingt, sich selbst aufrechtzuerhalten, zu optimieren und zu legitimieren – im Dienst an der Gesellschaft insgesamt.

„In Hamburg“, so ließ Helmut Schmidt die Hörer des Bayerischen Rundfunks am 28. Februar 1962 wissen, zehn Tage nach der Hochwasserkatastrophe, in Hamburg brauche man „keine Paragraphen, sondern tatkräftige Männer und Frauen“. Das war auf die Debatte um die Notstandsgesetze gemünzt, und Schmidt hat diese Meinung bald revidiert. Schließlich ist nicht überall Hamburg, und „Männer“ wie Schmidt sind selten. Besser ein paar „Paragraphen“ zu viel als zu wenig. So kann die politische Führung für die ohnehin stets anfallende Improvisation entlastet, aber bestenfalls auch davon abgehalten werden, willkürlich vorzugehen – insbesondere auf dem Gebiet eines inneren Notstands politischer Art. „Paragraphen“ gehören zur Vorsorge ebenso wie Sandsäcke oder Leibwächter.

Sturmflut 1962: Staats-Versagen

Dass Vorsorgemaßnahmen unzureichend gewesen seien, gehört zur Definition der Krise oder zum Urteil der Katastrophe von vornherein dazu. Eine derartige Großschadenslage tritt nicht ein, wenn zuvor genügend Resilienz aufgebaut worden ist, eine ausreichende Widerstands- und dann auch Regenerationsfähigkeit. Die Fälle, in denen Vorsorge unmöglich ist, nehmen mit fortschreitender Wissenschaft und Technik ab.

Die 1962er Sturmflut war keine Naturkatastrophe. Die Ursache der zerstörerischen Folgen des Hochwassers lag in einem Staatsversagen: Die Fachbehörden hatten sich zu wenig Sorgen darüber gemacht, dass seit der letzten großen Hamburger Sturmflut, 1825, eine Meeresspiegelerhöhung von 30 bis 40 Zentimetern eingetreten war. Im potentiellen Überflutungsgebiet, namentlich auf der Elbinsel Wilhelmsburg, war – ungeachtet der bereits Anfang der 1920er Jahre erfolgten Mahnung des Oberbaudirektors Fritz Schumacher – nicht allein umfangreicher Wohnungsbau betrieben worden. Vielmehr lebten dort seit den Bombennächten des Kriegs zahlreiche Menschen in Behelfsheimen, die alles andere als flutsicher waren. Diese Leichtbauten wurden um 1960 herum vielfach gar nicht mehr als

Provisorium betrachtet. Ferner hatte der Senat aus der „Hollandflut" von 1953 nur unzureichende Konsequenzen abgeleitet. Schließlich gab es nicht einmal eine Katastrophenschutzordnung – ungeachtet immer wiederkehrender Mahnungen des Kommandos der Schutzpolizei.

Helmut Schmidt trug an alledem keinerlei Mitschuld. Die Station „Bürgerschaft" hatte er in seiner politischen Karriere übersprungen. Zusammen mit anderen war er für eine organisatorische Zusammenfassung und Effektivierung des Hamburger Katastrophenschutzes eingetreten. Zur Jahreswende 1961/62 war er gerade aus dem Bundestag in die Landespolitik gewechselt.

Abb. 29 – Der Hamburger Senatssyndikus (Staatsrat) Johannes Birckholtz, um 1960 herum. Birckholtz hat es gegenüber Schmidt an Loyalität nicht fehlen lassen, aber dessen Rolle am 17. Februar 1962 hat er nüchtern bewertet.

Umso bereitwilliger vollzog der von Schmidt nach der Sturmflut eingesetzte Sachverständigenausschuss eine Verbeugung vor dem Senator. Der Ausschuss stützte Schmidts frühe, erste These vom Verhältnis zwischen „Männern" und „Paragraphen". Schmidts Führungsarbeit habe viel von dem aufgeholt, was zunächst, beim Hereinbrechen der Katastrophe „an zentraler Abwehrvorbereitung fehlte". Mehr noch: Dieses Krisenmanagement habe – „vielleicht" – sogar das übertroffen, „was selbst bei besserer Vorbereitung unter weniger entschlossener Führung und weniger spontaner Unterstützung von allen Seiten hätte erwartet werden dürfen". Doch zum einen kamen Rettung und Hilfe in allen vier norddeutschen Küstenländern ausschlaggebend von Institutionen der Bundesebene. Zum anderen hatte Johannes Birckholtz, 1962 als Senatssyndikus für die Polizeibehörde zuständig, zuvor schon relativiert, was vielfach über den angeblichen „Herrn der Flut" erzählt wurde: Nein, auf ein Chaos sei der Herr Polizeisenator bei der Ankunft in seiner Behörde nicht gestoßen, aber zweifellos habe er „die ganze Sache etwas mehr in Schwung gebracht".[5]

RAF-Terror 1977: Staats-Überforderung

Wenn Stadtguerilleros terroristische Attacken starten und damit den erwünschten Destabilisierungserfolg haben, ist noch weniger Höhere Gewalt im Spiel als bei einer Sturmflut. Politisches Aufbegehren, Radikalisierung, Extremismus, schließlich bewaffnete Gewalttaten und die Verbreitung von Angst und Schrecken – bei alledem brechen sich keine unbezwingbaren Naturkräfte Bahn. Zu Beginn profitieren Straftäter zwar leicht von Überraschungseffekten, und deshalb ist eine anfängliche Überforderung des Staatsapparats nicht zwangsläufig schuldhaft. Doch muss er sich damit beeilen, für Wiederholungsfälle hinzuzulernen.

An Präventionsmaßnahmen gegen Terror dachte in den 1970er Jahren noch kaum jemand. Die intensive Sicherung des Flugverkehrs durch Passagierkontrollen kam erst 25 Jahre später, nach dem 11. September 2001. Gleichwohl: 1977, als die RAF ihre „Herbstoffensive“ vortrug, entstanden so gut wie keine Probleme, die den Bonner Ministerien nicht im Prinzip bekannt gewesen wären. Der Staatsapparat zeigte sich dennoch in mehr als einer Hinsicht überfordert, auch über die Anfangsphase des Terrors hinaus. Überforderung kann verbittern. Mit einer selbstauferlegten Gelassenheit, wie der Stoiker Marc Aurel sie empfohlen hätte, wäre möglicherweise intensiver über die alternative Option nachgedacht worden: Den Stadtguerilleros vorläufig erst einmal nachzugeben, um akut drohenden Schaden abzuwenden und im günstigsten Fall Zeit zu gewinnen – für nunmehr beschleunigte Resilienz-Gewinne. Es war ehemaligen Weltkrieg-II-Offizieren doch nicht unbekannt, das aus taktischen Gründen manchmal ein Zurückweichen lohnt. Zum Zweck der Frontverkürzung wird dem Gegner ein Stück Terrain überlassen – vorübergehend. Keineswegs handelt es sich dabei um eine Kapitulation.

Die vier Vorgehensweisen der Regierung, die – zusammengenommen – von Wolfgang Kraushaar als Merkmale eines „nicht erklärten Ausnahmezustands“ bezeichnet worden sind, dienten der Durchsetzung der harten Linie – sowohl gegenüber den Terroristen als auch deren Geiseln. Der Große Beratungskreis, ähnlich bereits erprobt, wird in einer Grauzone angesiedelt werden können. Bonn hat allerdings wenig zur Ausräumung des Verdachts getan, dass in dem Gremium nicht allein beraten, sondern auch entschieden worden sei.

Die drei weiteren Maßnahmen waren teils schlecht vorbereitet, teils ganz neu. Die restriktive Pressepolitik der Regierung traf auf großes Verständnis der bundesdeutschen Rundfunk- und Verlagshäuser. Ob die von Kritikern sogenannte „Nachrichtensperre“ gegen eine Verweigerung, ja gegen den Widerstand der bundesdeutschen Leitmedien aufrechterhalten worden wäre? Soviel scheint festzustehen: Wenn eine Regierung Informationen zurückhält, ja selbst dann, wenn sie gezielte Desinformation betreibt,[6] handelt es sich um eine Form von Öffentlichkeitsarbeit. Niemand wird auf direkte Weise daran gehindert, „sich aus allgemein zugänglichen Quellen ungehindert zu unterrichten“, wie es in Artikel 5 Grundgesetz heißt. Die Medien, zusammengenommen die „vierte Gewalt“, betreiben auch ihrerseits Politik – Informationspolitik.

Diverse Lauschangriffe wurden 1977 durch Hinweis auf einen „rechtfertigenden Notstand“ begründet, im Sinne von § 34 StGB, und desgleichen die Maßnahmen der Kontaktsperre, die der Verabschiedung des erforderlichen Gesetzes bereits vorangingen. Das mochte der Staatsraison dienlich sein, war aber kein Ausdruck von Verfassungspatriotismus. – Jedenfalls wäre dieser dreifache, vielfach umstrittene Aufwand im Fall eines Austauschs überflüssig gewesen.

Fazit, Teil 2: „Menschen aus unmittelbarer Lebensgefahr retten!“ – Verantwortung, Kreativität und Mut

Wenn es darauf ankommt, Menschen aus akuter Gefahr zu retten, liegt der Schluss nahe, dass nahezu „jedes Mittel recht“ sein müsse. Doch gilt das eiserne Grundprinzip der Verhältnismäßigkeit sogar hier. Sofern nicht allzu phantastische Gedankenexperimente angestellt werden, kommen als konkurrierende Rechtsgüter allerdings wohl stets nur andere Menschen in Frage. Unter welchen Aspekten aber dürfen Menschenleben miteinander verglichen werden? Wenn Privatpersonen hier Verantwortung übernehmen, brauchen sie eine gehörige Portion Mut. Machen sie unter juristischem Aspekt Fehler, dürfen sie sich unter günstigen Umständen auf einen „übergesetzlichen Notstand“ berufen. Juristische Personen öffentlich-rechtlichen Zuschnitts, gar die mächtige Staatsführung, müssen hier weniger besorgt sein. Wer sonst dürfte eher zur Ergreifung ungewöhnlicher Mittel befugt, ja aufgerufen sein? Der Staatsapparat setzt sich seine Grenzen großenteils selbst – durch Gewaltenteilung, durch das Prinzip vom Vorbehalt des Gesetzes und durch weitere Normen des Rechtsstaatsideals. Eine Zivilgesellschaft, die ihren Gefallen an der „Herrschaft des Rechts“ entdeckt hat und sich vielfältig organisiert, wird freilich Schritt für Schritt gesellschaftlicher Gewaltenteilung hinzufügen – vor allem mit Hilfe von Medien und Verbänden.

Vor diesem Hintergrund ist es legitim und erträglich, unter Staatsführung mehr zu verstehen als die „vollziehende Gewalt“, wie es in Artikel 20 Grundgesetz heißt. Die Exekutive kann über die bloße Verwaltung, ja auch Regierung manchmal hinausgehen: Zunächst über die Grenze des gegenwärtig *Gegebenen* hinweg, in die Welt der Zukunft hinein, aber auch auf das Terrain außerhalb der Staatsgrenze, nämlich in der Außenpolitik – gegenüber Mächten, die den Gesetzen des eigenen Landes nicht unterworfen sind. Sodann kann die Grenze des gegenwärtig *Erlaubten* überquert oder – je nach Sichtweise – verletzt werden, also die Grenze, die der Regierung durch die Landesgesetze oder auch das im Land geltende Völkerrecht gezogen ist.

Bis auf den heutigen Tag wird der englische Philosoph John Locke damit zitiert, dass der ausführenden Staatsgewalt auch eine „Prärogative" zugesprochen werden müsse, nämlich „die Macht, ohne Vorschrift des Gesetzes, zuweilen sogar gegen das Gesetz, nach eigener Entscheidung für das öffentliche Wohl zu sorgen". Locke schrieb dies 1689, in der Zeit der „Glorious Revolution", aus der in der Folgezeit Englands konstitutionelle Monarchie hervorging. Prärogative bleibt übrig, wo absolute Herrschaft abgeschafft worden ist. Zu einer Verfassung gehört es, diese Prärogative vorzusehen und zugleich zu präzisieren. Ganz und gar ohne sie geht es ohnehin nicht, und das verdeutlicht sich manchmal im Angesicht einer außerordentlichen Herausforderung – in der Theorie, aber auch in der Praxis. Für die Bundesrepublik des 21. Jahrhunderts sind hier die Bankenkrise von 2008 zu nennen, die Flüchtlingsströme des Jahres 2015 und die Corona-Epidemie.

Die Prärogative wird einer Regierung traditionell stillschweigend zugebilligt. Doch im Laufe der Zeit führt ihre tatsächlich erfolgte oder im Gedankenexperiment vorweggenommene Ausübung zu politischem und staatsrechtlichem Streit. Daraus entwickelt sich dann unter günstigen Umständen eine Verankerung in der Verfassung – gemäß den erwähnten beiden Methoden: Durch die Aufzählung von Notstandssituationen oder durch eine Notstands-Generalklausel. Wenn es „nur" um die Rettung von Menschen aus unmittelbarer Lebensgefahr geht, wie bei der Sturmflut 1962, fungieren die Artikel 1 und 2 des Grundgesetzes als eine solche Generalklausel.

Politiker mit formeller oder situationsbedingt sich ergebender Prärogativ-Kompetenz sind in allen Extremsituationen aufgefordert, einfallsreich und mutig Initiative zu ergreifen. Vorab bereits gilt es, Regeln der temporalen Gewaltenteilung aufzustellen. Die Ad-hoc-Maßnahmen müssen nach einer kurzen Frist wieder eingestellt werden. Es geht um die Beseitigung einer „gegenwärtigen" Gefahr, wobei der Begriff der Gegenwart einer möglichst engen Definition zuzuführen wäre. Stehen Sofortmaßnahmen im Verdacht, verfassungs- oder gesetzwidrig zu sein, dann wäre – idealerweise – sogleich auch ausdrücklich auf die politische und juristische Problematik hinzuweisen. Dazu bedarf es vor allem auch einer funktionierenden Opposition, die – wie man sich das idealerweise vorstellt – kein „Parteiengezänk" veranstaltet, sondern „konstruktive Kritik" übt. Dem entsprechend muss die prärogativ handelnde Regierung sorgfältig prüfen, ob sie einen parteipolitischen Burgfrieden anstreben sollte, eine „Allparteienregierung", um auf diese Weise das Parlament, vor allem aber Opposition zu überspielen.

Helmut Schmidt hat sich – nachvollziehbar, aber nicht zustimmungspflichtig – 1977 zu der Sichtweise entschieden, dass es darum gehe, eine Güterabwägung zwischen der Rettung einer relativ kleinen Gruppe von Menschen aus konkreter Lebensgefahr einerseits zu treffen, und andererseits dem Schutz einer sehr großen Gruppe von Menschen vor einem möglicherweise zukünftig entstehenden Risiko für Leib und Leben. Artikel 1 und 2 Grundgesetz böten hier, so Schmidt, keine hinreichende „Handlungsanleitung“ und müssten deshalb situationsgerecht interpretiert werden: Nicht nur im Licht der Frage, wie viele Menschen gegenwärtig in Todesgefahr schweben müssten, damit ihre sofortige Rettung Priorität erhielte vor dem langfristigen Schutz eines gesamten Staatsvolks von 60 Millionen. Eine zweite Problemstellung kam hinzu: Wie lange würde die Gegenwart dauern?

Fazit, Teil 3: „Bereit, den Kopf hinzuhalten!“ – Verantwortung, Risiken und Konsequenzen

Da Schmidt 1977 nicht als Privatperson entschied, sondern als Regierungschef, hielt sich sein persönliches Risiko in Grenzen. Für Akteure, die im öffentlichen Auftrag handeln, gilt das Prinzip der beschränkten Haftung. Schmidt hat später betont, für den Fall ersichtlichen Scheiterns bereits seinen Rücktritt ins Auge gefasst zu haben. Er hätte im schlimmsten Fall – etwa wie er 2013 formulierte angesichts „einiger 80 oder 90“ Todesopfer – die politische Verantwortung übernommen. Das Ritual ist bekannt: Staat und Gesellschaft hätten diesen Schritt „mit großem Respekt“ oder einer ähnlichen Floskel quittiert. Die Scherben hätte Schmidts Nachfolger zusammenzukehren gehabt.

Helmut Schmidt hat sich sowohl in Bezug auf „1962“ als auch auf „1977“ erleichtert über das „Glück“ gezeigt, wegen der von ihm zu vertretenden „Gesetzesverletzung von keiner Seite angeklagt“ worden zu sein. Doch handelte es sich dabei nicht um den Ladendiebstahl einer Privatperson, die noch einmal glimpflich davongekommen wäre und sich darüber nun schelmisch amüsiert. Wenn das Krisenmanagement einer Landesregierung oder der Bundesregierung Anlass zu einer politischen, juristischen, gar verfassungsrechtlichen Überprüfung zu geben scheint, erwächst daraus eine politische Notwendigkeit.

1962 – „Mangel an gesetzlicher Grundlage“ oder „Rechtswidrigkeit“?

Nach der Sturmflut ist es Schmidt persönlich gewesen, der den Finger in die fingierte Wunde seiner angeblichen Verfassungs- und Gesetzesbrüche gelegt hat. Er musste zwar – sofern er seinen Worten selbst traute – keine persönlichen Nachteile befürchten, wenn er der von ihm behaupteten Verstöße überführt worden wäre. Hätten sie doch durch ein Attest mit der Angabe „übergesetzlicher Notstand“ rechtfertigt oder zumindest entschuldigt werden können. Doch wenn ihm im Gegenteil bescheinigt worden wäre, keinerlei Gesetze übertreten zu haben, hätte er einen Teil seines im Aufbau begriffenen Nimbus eingebüßt.

Der 1962 in der Hamburger Bürgerschaft eingesetzte Untersuchungsausschuss Hochwasserkatastrophe widmete sich vor allem technischen Details: Welche Behörde hätte schneller reagieren müssen? Welche Konsequenzen sollten unter dem Aspekt künftigen Katastrophenschutzes gezogen werden? Nach zwei Jahren verlief die Ausschussarbeit im Sande, nachdem Schmidt noch persönlich Auskunft erteilt hatte, Anfang 1964. Gesetzesverstöße hat der Senator vor diesem Gremium nicht behauptet.[7] Das hätte wohl auch Verwunderung ausgelöst. Der Abschlussbericht jenes Ausschusses ist mager ausgefallen.

Der „vom Senat“, in Wirklichkeit von Schmidt, 1962 zusammengesetzte Sachverständigenausschuss, unter dem Vorsitz des Unternehmers Otto A. Friedrich, publizierte dagegen einen ausführlichen Bericht, der breit gestreut wurde. Irgendwelchen Rechtsbrüchen von Krisenstab und Senat ging der „Friedrich-Bericht“ nicht nach. Das ließ Schmidt lieber behördenintern erledigen. Allerdings hätte es der Landesregierung in Hamburg und der SPD-Spitze dort auch nicht gefallen, vom Innensenator in eine indirekte Mithaftung für derartige Verstöße genommen zu werden. Als Schmidt 1965 erneut nach Bonn ging und am 15. Dezember im Hamburger Rathaus verabschiedet wurde, erinnerte Bürgerschaftspräsident Herbert Dau vor den Abgeordneten an Schmidts „Entschlusskraft bei der Bewältigung der Flutkatastrophe von 1962“. Das Landesparlament wisse es zu würdigen, dass Schmidt, „konsequent und mutig gegenüber jedermann, keinen Millimeter von der rechtsstaatlichen Ordnung in diesem Lande abgewichen“ sei. Schmidt war als Senator, was er gern erwähnte, nicht nur auf die Verfassung der Freien und Hansestadt vereidigt worden, sondern auch aufs Grundgesetz.

Schmidt genoss es, sich in unterschiedlichen Situationen auf unterschiedliche Weise feiern zu lassen: Mal als der Gesetzeslage ganz und gar verpflichtet, mal als der mutige, verantwortungsethisch motivierte, wohlbedachte Systemsprenger. Vielleicht hat Schmidt, als er Herbert Dau zuhörte, daran gedacht, wie er sechs Wochen zuvor gegenüber Eugen Kogon um einen mittleren Weg bemüht gewesen war – in einer Weise, die ohne polemische Absicht das Wort „herumeiern“ verdient. Kogon war der Politologe, der 1964/65 das ARD-Magazin „Panorama“ moderiert und im April 1965 die Unterschriften von 215 Hochschullehrern für einen Aufruf gegen die Notstandsgesetze gesammelt hatte.

Kogon war zufällig aufgefallen, dass der FDP-Bundestagsabgeordnete Wolfram Dorn bereits am 14. Februar 1963 die zentrale Legende aus dem Schmidt-Sturmflut-Mythos variiert hatte, im Rahmen eines öffentlichen Streitgesprächs über das Projekt der Notstandsgesetze: „Die Maßnahmen während und nach der Flutkatastrophe in Hamburg“, so Dorn, seien „über die bestehenden gesetzlichen

Möglichkeiten weit hinausgegangen“. Die „beteiligten Stellen“ hätten vorrangig ein „vernünftiges Ergebnis“ angestrebt.[8]

Am 31. Oktober 1965 klingelte Kogon die Hamburger Innenbehörde an, in seiner Eigenschaft als freier Mitarbeiter des Hessischen Rundfunks. Er könne die von Dorn aufgestellte Behauptung „ganz und gar nicht glauben“. Tags darauf wolle er erneut anrufen, um eine Auskunft einzuholen.

Umgehend entstand für Innensenator Schmidt ein Antwortkonzept: In der Tat sei man 1962 beim Kampf gegen die Flutkatastrophe „über die bestehenden gesetzlichen Möglichkeiten“ hinausgegangen, ja sogar „weit hinausgegangen“. Zugleich jedoch berief das Konzept sich auf den Vermerk von Oberregierungsrat Schulze vom 4. April 1962, der das Gegenteil behauptet hatte. Ein Punkt war jetzt neu aufgenommen worden: „Die faktische Unterstellung von Einheiten der Bundeswehr unter den Befehl von Senator Schmidt entbehrte der rechtlichen Grundlage.“ Schließlich fiel aber auch dieser Punkt unter eine allgemeine Unschulds-Bilanz: In allen genannten Fällen lasse sich zwar „ein Mangel an gesetzlichen Grundlagen erkennen“. Daraus nun allerdings zu schließen, dass die betreffenden Maßnahmen „rechtswidrig“ gewesen sein könnten, wäre ein Fehlschluss: „Auf diese Unterscheidung“, so hieß es intern, „sollte Prof. Kogon hingewiesen werden“.[9] Schmidt hat für ein persönliches Telefonat mit Kogon keine Zeit gehabt. Vermutlich ist das Rumeiern an Claus Arndt hängengeblieben.

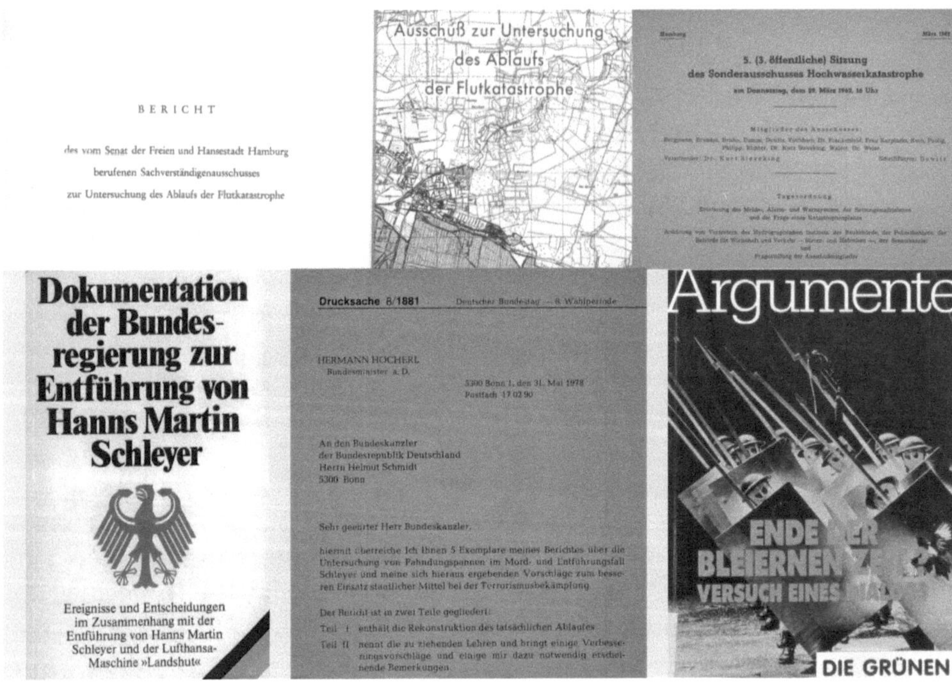

Abb. 30 – Ansätze zur Aufarbeitung. „Friedrich-Bericht“, 1962; Bürgerschaftlicher Ausschuss Hochwasserkatastrophe, 1962; Dokumentation der Bundesregierung, 1977; Höcherl-Bericht, 1978; Bundestagsanfrage der GRÜNEN, 1987

1977 – Politische Aufarbeitung erst spät durch die GRÜNEN

Als Bundeskanzler Schmidt sich 1979 bei „den deutschen Juristen“ bedankte, „dass sie das alles nicht verfassungsrechtlich untersucht“ hätten, lagen die Schleyer-Mogadischu-Geschehnisse erst zwei Jahre zurück. Das Thema der Terrorismus-Bekämpfung war weiterhin aktuell. Es hätte an Schmidt sein können, dem „letzten Staatsmann“, entsprechende Untersuchungen anzuregen, ja zu veranlassen. Wenn die Verfassung oder bestimmte Gesetze in einer Krisensituation als Rechtsgrundlage für bestimmte Maßnahmen nicht ausgereicht haben sollten, war es die Aufgabe von Regierung und Parlament, legislatorisch nachzubessern – und dabei gründlicher zu arbeiten als für das Kontaktsperregesetz.

Schmidt hat zwar im Deutschen Bundestag am 20. Oktober 1977 angekündigt, die Bundesregierung werde „alle ihre Entscheidungen, ihre Gründe – auch ihre Zweifel“ – öffentlich darlegen. Doch dieses Versprechen wurde nur zum Teil erfüllt. Die Publikation des Bundespresseamts ist vergleichsweise dünn. Die in den Krisenstäben eingebundene Unions-Opposition hat erhebliche Kürzungen und Streichungen erreicht.[10] Da zeigte sich einer der potentiellen Nachteile einer „Allparteien-Regierung“. Hätte die Bundesregierung gegenüber den Entführern Schleyers und der „Landshut“ auf eigene Faust gehandelt, wäre sie hernach freier gewesen in der Auswahl der Informationen für die Öffentlichkeit. Aber stand dem Kabinett überhaupt der Sinn danach?

Aus durchsichtigem Grund hat Schmidts Regierung 1977 eine Untersuchung bei dem ehemaligen Bundesinnenminister Hermann Höcherl (CSU) in Auftrag gegeben – zum Thema der „Fahndungspannen im Mord- und Entführungsfall Schleyer“. Höcherl, ein Jurist, formulierte zugleich einen Katalog von Vorschlägen „zum besseren Einsatz staatlicher Mittel bei der Terrorismusbekämpfung“.[11] Anlass für das ganze Werk war eine Meldung aus der Kreispolizeibehörde Bergheim vom 7. September 1977, worin – zwei Tage nach dem Überfall auf Schleyer – tatsächlich die Adresse der konspirativen Wohnung angegeben war, worin sich Schleyers „Volksgefängnis“ befand. Aufgrund dieser Information hätte Schmidts Patentrezept im günstigen Fall realisiert werden können, vier Tage nach der Entführung. Doch hatte sich das Papier an den folgenden Tagen verirrt – im Chaos aus den ordentlichen Polizeidienststellen einerseits und den ad hoc eingerichteten Fahndungs-Strukturen andererseits. Höcherl hat genau jene Strukturen kritisiert und davon Abstand genommen, irgendeinem Polizeibeamten die Schuld zuzuschieben. Doch die Zuspitzung auf einzelne Personen lässt vieles begreifbarer erscheinen. Am 17. Januar 1995 schrieb Hans-Jochen Vogel dem Journalisten Giovanni di Lorenzo: „Dass Hanns Martin Schleyer nicht gefunden wurde, beruht wahrscheinlich auf einer Fehlleistung einer örtlichen Polizeidienststelle.“[12] Man kann sich vorstellen, wie schnell das relativierende Wort „wahrscheinlich“ in anderen Erzählvarianten vernachlässigt worden ist.

Niemand im Parlament scheint 1977 oder 1978 auf die Idee gekommen zu sein, den Schleyer-„Landshut“-Komplex durch einen Untersuchungsausschuss aufzuarbeiten oder wenigstens durch eine Reihe von Anfragen. Eine solche Idee wäre auch wohl kaum auf die Gunst der Fraktionsführer gestoßen. Sie hatten dem Großen Beratungskreis angehört. Es fehlte an einer Fraktion, die in das damalige Parteienkartell nicht eingebunden war. Das änderte sich 1983, einige Monate, nachdem Bundeskanzler Helmut Schmidt im Zuge eines konstruktiven Misstrauensvotums durch eine Mehrheit von Union und FDP gestürzt worden war.

1987, zehn Jahre nach „Mogadischu“, startete die grüne Fraktion eine große Anfrage:[13] In der Rückschau müsse geprüft werden, „ob die in der Krisensituation getroffenen Entscheidungen richtig waren“. Dazu gehöre vor allem die Bereitschaft der Regierung, Akten und Protokolle offenzulegen. Unter dem einen oder anderen Aspekt mochten die GRÜNEN reichlich viel Verständnis für die erste Generation der Stadtguerilla an den Tag legen – unübersehbar deutlich wurde jedenfalls das Versäumnis des Establishments, von sich aus noch einmal im Rückblick kritische Kommentare zu würdigen, die alles andere als revolutionär ausfielen. Die GRÜNEN zitierten Theo Sommer, der 1975 die Lorenz-Entscheidung mit den Worten kommentiert hatte: „Besser ein hilfloser, als ein herzloser Staat.“ Und sei Ernst-Wolfgang Böckenförde nicht soweit gegangen, den § 34 StGB mit Hitlers Ermächtigungsgesetz von 1933 in Zusammenhang zu bringen? Die GRÜNEN führten auch „Claus Arndt“ an (sie meinten freilich dessen Vater): Wenn die Exekutive sich auf den Rechtsgedanken des „übergesetzlichen“ oder „rechtfertigenden“ Notstands über Verfassungsregeln und über Grundrechte der Bürger hinwegsetze, so sei das nur ein „Schein der Rechtfertigung“ und ein „Tarnwort für Verfassungsbruch“.[14]

Es hätte der Regierung Kohl freigestanden, in ihrer Antwort manche Wortwahl in der grünen Anfrage zu kritisieren, gleichwohl aber die Gelegenheit für die eine oder andere Offenlegung zu nutzen oder für ein paar Reflexionen. Als Innenminister fungierte aber ausgerechnet der CSU-Politiker Friedrich Zimmermann. Zimmermann, ein Jahrzehnt zuvor im Großen Beratungskreis ständiger Stellvertreter von Franz-Josef Strauß und wie so manch andere dort Reserveoffizier, hat sich 1997 an eine makabre Szene erinnert: Am 18. Oktober 1977 seien Helmut Schmidt und er im Sitzungssaal des Kanzleramts von Kriegserinnerungen heimgesucht worden – während alles auf Nachrichten vom GSG-9-Coup in Mogadischu wartete, bei dem bis zu 120 Menschenleben auf dem Spiel standen. Schmidt und Zimmermann hätten „Präsentiert das Gewehr!“ gespielt.[15]

In der Regierungsantwort auf die grüne Anfrage war beispielsweise davon die Rede, welche Reaktion auf den RAF-Terror von Seiten „des Krisenstabs und

Der Notstandsparagraph wird nur ausnahmsweise herangezogen – im Notstand

Die Bundesregierung hat stets die Auffassung vertreten, dass die Vorschrift des § 34 Strafgesetzbuch über den rechtfertigenden Notstand grundsätzlich keine Eingriffsgrundlage für hoheitliches Handeln bietet. [...] Ein Rückgriff auf den Rechtsgedanken des rechtfertigenden Notstands kann jedoch ausnahmsweise dann in Betracht kommen, wenn der hoheitliche Eingriff in einer außergewöhnlichen, nicht vorhersehbaren und daher auch nicht im Voraus regelbaren Situation zum Schutz höchster Rechtsgüter geboten ist.

Antwort der Bundesregierung auf die Große Anfrage der [...] Fraktion DIE GRÜNEN (Drucksache 11/1533). Bundestagsdrucksache 11/3324 v. 17. Nov. 1988, S. 16

der Bundesregierung" erfolgt sei – in der genannten Reihenfolge.[16] „Krisenstab" meinte den besagten Beratungskreis, von dem 1977 behauptet worden war, allein „dem Austausch von Informationen und Bewertungen" zu dienen.[17] Vor allem aber sah die grüne Fraktion sich mit der Auskunft veralbert, die auf den § 34 StGB Bezug nahm: Die Norm des „rechtfertigenden Notstands" könne „grundsätzlich keine Eingriffsrundlage für hoheitliches Handeln" bieten – nur in einem Notstand...

Schmidts Versprechen und die entsprechende Forderung der GRÜNEN nach Offenlegung aller einschlägigen Schleyer-„Landshut"-Dokumente ist bis heute unerfüllt geblieben. Dieser Umstand nährt den Verdacht, dass der Staatsapparat sich nicht nur als ein Organ mit Kontinuität sieht – mit einer Räson, einer Identität, die sich über Generationen hinweg erstreckt. Es steht auch zu befürchten, dass seine führenden Funktionäre sich einer kollektiven Solidarität verpflichtet fühlen, die im Licht der von Schmidt so gern ins Feld geführten Beurteilungskriterien, wie Gewissen, Schuld und Verantwortung, freilich eher als eine Komplizenschaft erscheint.

Helmut Schmidt hat über das Gros der politischen Kritik souverän hinweggesehen. 2007/2008, als er in Marburg und „Außer Dienst" Bilanz zog, hat er ebenfalls die Einwände aus der Politik- und Rechtswissenschaft ignoriert. Daraus war in den drei Jahrzehnten seit 1977 ein ansehnlicher Katalog entstanden. Wohl auch deshalb konzentrierte sich der Altkanzler auf die rein moralische Dimension, auf die angeblichen oder tatsächlichen Defizite von Religion und Philosophie, auf den tragischen Gewissenskonflikt, dem er deshalb ausgesetzt gewesen sei – geradezu in einer Opferrolle. Doch zum einen war ihm das Amt des Bundeskanzlers nicht auf gedrängt worden; zum anderen hatte ihm die Amtsführung einen kaum zu übertreffenden Schatz an Theorien zum Thema der Regierung eingebracht, nämlich – mit seinen Worten – „das Fazit unserer politischen Lebenserfahrung, unserer Vernunft und unserer moralischen Einsicht." Von dem kritischen Rationalisten Karl Popper hätte Schmidt lernen können, dass Beobachtungen, Urteile und Entscheidungen niemals in einem theoriefreien Raum zustande kommen.

Fazit, Teil 4: „Über das geschriebene Recht hinaus!" – Zwei Extremsituationen ohne Handlungsanleitung

Abgesehen davon, dass von einer jeden Regierung erwartet werden muss, angesichts von Extremsituationen auch einmal „über das geschriebene Recht hinaus" zu handeln, und dass es zu den Merkmalen solcher Extremsituationen gezählt werden kann, dass Handlungsanleitungen eben nicht in der Schublade bereitliegen: 1962, im Angesicht der Sturmflut, war kein „übergesetzlicher Notstand" gegeben, schon gar nicht ein „über-verfassungs-gesetzlicher Notstand". Wenn Schmidt im Fall des Feldjägereinsatzes über das geschriebene Recht hinausgegangen sein sollte, wäre das jedenfalls nicht mehr in einer Extremsituation erfolgt.

Abb. 31 – Helmut Schmidt und Hanns Martin Schleyer, Mitte der 1970er Jahre. Was hätte Schleyer 1977 verspürt, wenn ihm bekannt geworden wäre, Schmidt vermisse für die Reaktion auf den Entführungsfall eine „Handlungsanleitung"? © BArch, B 145 Bild-F044137-0025 / Lothar Schaack

1977 gingen einige Lauschangriffe und Kontaktsperremaßnahmen zwar über das geschriebene Recht hinaus. Aber dieses Gesetzesrecht war mittlerweile durch einen Paragraphen angereichert worden, der geschaffen war und geeignet schien, just ein solch „übergesetzliches" Handeln zu rechtfertigen – § 34 StGB. So lag der Standpunkt nahe, dass Lauschangriffe und Kontaktsperren den rechtlichen Rahmen nun wiederum doch nicht gesprengt hätten – immer unter der Prämisse, dass ein Notstand tatsächlich gegeben war.

Der Umstand, dass es in einer bestimmten Zwangslage keine Handlungsanleitung zu geben scheint, mag Verwaltungsbeamte lähmen. Eine Regierung darf und muss sich in ganz seltenen Fällen darüber hinwegsetzen. Ist der Regierungschef entscheidungsfreudig, temperamentvoll, durchsetzungsfähig und einfallsreich, wird er Handlungsanleitungen manchmal gar nicht vermissen – insgeheim zumindest. Können Handlungsanleitungen doch sowohl Gebote als auch Verbote sein, Handlungsspielräume eröffnen, aber auch begrenzen.

Hinsichtlich des Hauptproblems von 1977 – Austausch oder kein Austausch? – mussten Schleyer und seine Familie über den Standpunkt der Regierung, sie verfüge mitnichten über eine Handlungsanleitung, entsetzt sein. Plausibel, ja überzeugend, verwiesen sie auf die beiden ersten Artikel der Verfassung. Doch Schmidt und seine Mitentscheider bevorzugten ihre eigene, gegensätzliche Auslegung jener Artikel. Das Bundesverfassungsgericht bestätigte dem Kanzler, auch seine Version befinde sich im Einklang mit dem Grundgesetz. Karlsruhe mag damit ein Fehlurteil gefällt, Schmidt politisch davon profitiert haben. Jedenfalls spielte der politische Verdacht, dass Schmidt vor allem anderen die Handlungsfähigkeit und das Prestige des Staatsapparats am Herzen lag, in juristischer Hinsicht offenbar keine Rolle.

Es wäre Schmidt also hernach jederzeit möglich gewesen, sich auf den Standpunkt zurückzuziehen, weder 1962 noch 1977 gegen Gesetze verstoßen zu haben. Es kam ihm jedoch darauf an, sich zu rühmen, wie er sich in Lagen bewährt hätte, für die kein Rezept vorhanden gewesen sei. Er hat diesen Mangel vordergründig bedauert, aber in Wirklichkeit teils begrüßt, teils erfunden. Am liebsten sprach er über seine Entscheidungen.

Zu Schmidts ausschlaggebenden Orientierungsinstrumenten zählte sein Dezisionismus. Der Begriff ist lateinischen Ursprungs, sein Kern verweist auf Entscheidungen, im Englischen „decisions“. Zur dezisionistischen Einstellung können sich vier Motti miteinander verbinden. Erstes Motto: Wenn eine Entscheidung vonnöten ist, dann wird entschieden, eine solche zu treffen. Es geht an erster Stelle um eine Entscheidung als solche. Zweites Motto: Vorzugsweise ist an einer einmal getroffenen Entscheidung konsequent festzuhalten, um zu demonstrieren, dass der Entscheider von Entschlossenheit strotzt und zu seiner Entscheidung steht. Dieses zweite Motto steht allerdings teilweise in einem Spannungsverhältnis zum dritten: Besonders gern werden Entscheidungen von Fall zu Fall getroffen – gemäß der Intuition der entscheidenden Person, gemäß ihrem „Instinkt“, wie sich Schmidt gelegentlich ausgedrückt hat. Weniger gemäß eines normativen, also vor allem gesetzlichen Rahmens; weniger auch im Sinne der Regelhaftigkeit und Verlässlichkeit als einer Tugend. Manchmal sogar im Gegenteil zur Regelhaftigkeit, nämlich gemäß dem paradox klingenden Motto der kalkulierten Unregelhaftigkeit: Niemand soll die Entscheidung des Akteurs vorhersehen können. Viertes Motto: Wenn der betreffende Akteur nach einer Begründung für seine Entscheidung gefragt wird, konstruiert er sie im Nachhinein, situationsgerecht, aufgrund von wiederum aktuellen Entscheidungen. Dann bieten sich einem Politiker, der nicht so gern über Macht spricht, unter anderem die Möglichkeit, Religion, Philosophie und Theorien ganz allgemein zu erwähnen – ob er sie als Orientierungsinstrumente nun herangezogen oder auch nur vermisst habe.

Dezisionismus eignet und liegt nicht allen Menschen. Es sind aber auch nicht alle Menschen bereit und in der Lage, Führung zu leisten, schon gar nicht auf „diktatorische“ Weise in Extremsituationen – als „Männer“, die den Mut aufbringen, notfalls auch manche „Paragraphen“ in den Hintergrund treten lassen. Dezisionismus ist in Grenzen nützlich, nicht nur für Führungskräfte persönlich, sondern auch funktional im Sinne eines Systems. Gepaart mit Charisma und Macht kann ein faszinierendes, aber nicht weniger brisantes Gemisch entstehen. Politische Kontrolle, wirksam institutionalisiert, ist hier das A und O.

Fazit, Teil 5: „Bedrängende moralische Pflicht" – „Schwer im Gewissen geprüft!"

Kein Akteur verwendet nur ein einziges Orientierungsinstrument. Unausweichlich kommt ein ganzes Bündel zum Einsatz, unterschiedlich gewichtet. Anders als 1962 in seiner Rolle als Polizeisenator eines kleinen Bundeslands hat Helmut Schmidt 1977 als Bundeskanzler in kalkulierter Weise den einen oder anderen Spielraum in der politischen Landschaft genutzt und ist dabei bis an die Grenze des Gesetzesrechts gegangen. Kritikern, die gar eine Überschreitung jener Grenze vermuteten, ist Schmidt mit ethischen Hinweisen entgegengetreten – auf einen übergesetzlichen Notstand entgegengetreten und auf den entsprechenden Gebrauch seiner „Vernunft" und seiner „moralischen Einsicht".

1977 – „Mit Glück Erfolg" gehabt

Die Entscheidung der Beratungskreise und der Bundes- und Landesregierungen, auf die Forderung der Erpresser nicht einzugehen, fiel zweimal: Zum ersten Mal zu Ungunsten von Schleyer. Dieser Schritt mochte für die Terroristen eine Überraschung sein, weil sie in ihrem blinden Antikapitalismus Schleyers Systemrelevanz überschätzt hatten. Dieser Schritt entsprach aber wohl den Erwartungen überwiegender Teile der Öffentlichkeit, vor allem auch der parlamentarischen Opposition.

Ein zweites Mal entschied Schmidt sodann zu Ungunsten der Flugzeug-Geiseln. Im Falle der „Landshut" alles auf eine Karte zu setzen und damit so gut wie endgültig auch Schleyer zu opfern, das entsprach Schmidts innerer Einstellung gegenüber den Terroristen und gegenüber dem Staat. Die Mogadischu-Aktion war ein Schlag gegen die Terroristen und ein Glück für fast alle anderen. So makaber es klingt: Schmidts politisches Glück bestand zum Teil auch darin, dass die einsitzende RAF-Prominenz sich selbst ausschaltete und ihre in Freiheit befindlichen Komplizen nicht etwa dauerhaft zu einem Rachefeldzug anstachelte. Allein die

Familie Schleyer wurde vom Unglück verfolgt. „Tragisch“ war das im Sinn der Alltagssprache: Grauenhaft, schlimm, trostlos.

„Um die Entscheidung gerungen“

Aus dem Ablauf der Geschehnisse moralische Vorwürfe gegen die damals Verantwortlichen abzuleiten [...] ist abwegig und für die Beteiligten in bedrückender Weise ehrverletzend. Ich sage das aus dem Empfinden eines Mannes, der seinerzeit mit Helmut Schmidt und anderen tage- und nächtelang um die richtige Entscheidung gerungen hat und den dies auch heute noch belastet.

Hans-Jochen Vogel an Giovanni di Lorenzo, 17. Januar 1995

Auch Hans-Jochen Vogel hat für Schmidt und für sich selbst immer wieder in Anspruch genommen, „tage- und nächtelang um die richtige Entscheidung gerungen“ zu haben. Zweifellos haben der Große politische Beratungskreis, die Kleine Lage und das Bundeskabinett in ihren häufigen und langen Sitzungen vieles erörtert. Um „die richtige Entscheidung“ im Großen und Ganzen, um eine Antwort auf die Frage „Austausch oder nicht?“, ging es ab dem 7. September 1977 aber wohl zu keinem Zeitpunkt mehr, sondern allein noch um eine erfolgversprechende Taktik – vor allem gegenüber den Terroristen und gegenüber der Öffentlichkeit.

„Nichts, was dem eigenen Volke nicht zugemutet werden kann!“ Das am 7. September 1977 von Hans-Jochen Vogel bekräftigte Motto darf gewiss von keiner Regierung vernachlässigt werden. 1977 zeigten sich Teile des Publikums nicht zum ersten Mal irritiert darüber, wie sich die Stammheimer Richter und Strafvollzugsbeamten von den Terroristen und ihren Anwälten an der Nase herumführen ließen, und wie ein ganzes Heer von Fahndern im Dunklen tappte. Zum Teil machte sich Unverständnis gegenüber rechtsstaatlichen Arrangements breit. Deshalb wäre es nicht einfach gewesen, der Bevölkerung darüber hinaus noch den Anblick triumphierender Stadtguerilleros zuzumuten, wie sie nach ihrer erpressten Haftentlassung ein Flugzeug in den Nahen Osten bestiegen. Andererseits: Helmut Schmidt, der zu keiner Zeit Gefahr lief, als Weichei verhöhnt zu werden, besaß die besten Aussichten dafür, entweder um Verständnis für einen Austausch zu werben oder aber einer verbreiteten Wut darüber durch einen Rücktritt den Wind aus den Segeln zu nehmen.

Manche Kritiker haben den Verdacht geäußert, dass die Antiterror-Politik in den 1970er Jahren zu sehr nach dem berüchtigten Volksempfinden geschielt habe, also bis zu einem gewissen Grad populistisch gewesen sein könnte. Die sprichwörtlichen „Neandertaler“ unter den Staatsbürgern seien hofiert worden, so haben Martin und Sylvia Greiffenhagen diese Kritik auf die Spitze getrieben.

Die beiden Soziologen waren gar nicht darauf aus, Ethik und Gewissen einzufordern. Eine Grenzsituation vermochten sie im Herbst 1977 nicht auszumachen. Ihnen ging es um die politische Kultur in der Bundesrepublik. Krisenmanagement allein bedeute noch keine Politik, die diesen Namen verdiene. Politik dürfe also nicht einmal dem Anschein nach auf die Bewältigung von Notständen zugespitzt oder auch reduziert werden. Allerdings, so konstatierten die Greiffenhagens nüchtern, seien Konfliktscheu und autoritäre Einstellungen, seien Staatsverehrung und Freund-Feind-Klischees aus Tradition noch stark verbreitet. Die Tat gelte mehr als das Argument, die Exekutive mehr als eine gesetzgebende Versammlung. Die erste Illustration im SPIEGEL-Beitrag des Ehepaars zeigte einen „Schmidt-Fan“, der seinem Idol die Hand küsste.[18]

Mythos Helmut Schmidt

1962 hatte Schmidt das Glück, nach anfänglicher Unsicherheit als strahlender Sieger aus der Sturmflut hervorzugehen. 1977 war seine Erfolgsbilanz unübersehbar gemischt. Zusammen mit seinem „Großen Beratungskreis“ hatte er – wie erinnerlich – drei Ziele aufgestellt: Hanns Martin Schleyer lebend zu befreien, die Entführer zu ergreifen, schließlich – wegen der „Handlungsfähigkeit des Staates“ und „des Vertrauens in ihn“ – die inhaftierten Stadtguerilleros nicht freizugeben. Doch am Ende war Schleyer tot. Der demokratische Staat, der doch „alle Machtmittel“ anwenden wollte, hatte zwar seine 60 Millionen vor erneuten Attacken der Baader und Ensslin bewahrt. Trotzdem war er blamiert: Er hatte darin versagt, den Suizid der führenden RAF-Häftlinge zu verhindern, die sich in seiner Obhut befanden.

Der Coup von Mogadischu war – unter vielem anderen – durch Briefe ermöglicht worden, die US-Präsident Carter und der Londoner Premier Callaghan an Diktator Barre geschickt hatten.[20] Schmidts Glück mochte als das Glück eines Tüchtigen bewertet werden. Aber zu einem Sieg im Rahmen des gesamten Schleyer-„Landshut“-Komplexes reichte die „Operation Feuerzauber“ nicht. Ein derartiger „Sieg“ ist zwar hier und da konstatiert worden – zunächst im Überschwang der aktuellen Erleichterung; dann erneut später, als sich herausstellte, dass die RAF zwar nicht von der Bildfläche verschwunden, dass ihr aber immerhin das Rückgrat gebrochen war. Schmidt selbst hat das Wort Sieg vermieden; er hat sogar – wie schon erwähnt – 2012 von einer Niederlage gesprochen, in Bezug auf den Tod Hanns Martin Schleyers.

Der Altkanzler hat dessen ungeachtet und wiederholt versichert, dass er auch erneut so entscheiden würde wie 1977. Und in der TV-Doku „Staatsmann und

Abb. 32 – Hat Helmut Schmidt 1977 nach quälender Gewissensprüfung entschieden? Jedenfalls ist ihm kein Sieg gelungen. Mochten viele Menschen „Bravo Schmidt“ rufen – der Kanzler fühlte sich inmitten der trauernden Familie, neben Waltrude Schleyer, der Witwe des ermordeten Arbeitgeberpräsidenten, „schrecklich bedrängt“. © BArch, B 145 Bild-00007096 / Engelbert Reineke

Hanseat“, 2014, ist Schmidts Gesichtszügen eine leise Genugtuung abzulesen: Hanns-Eberhard Schleyer hatte ihm ein Jahr zuvor den Preis der Hanns-Martin-Schleyer-Stiftung verliehen, „für hervorragende Verdienste um die Förderung eines freiheitlichen Gemeinwesens“: Der Sohn, so lächelte Schmidt leise, sei seiner Mutter in deren nachvollziehbarem, aber hartem Urteil „nicht gefolgt“. Hatte Hanns-Eberhard Schleyer gegenüber der Heldengestalt Schmidt resigniert?

Alles in allem hat Schmidt die Schleyer-„Landshut“-Krise zu einer Tragödie überhöht – mit ihm selbst als dem Hauptdarsteller: Wie habe er die konkurrierenden Güter „übergesetzlich“ abwägen sollen – um alles in der Welt? Mit dieser Legende vermochte Schmidt an die Sturmflut-Storys anzuknüpfen – zur Freude vieler Anhänger. Eher wenige davon scheinen geneigt, zweierlei zur Kenntnis zu nehmen: 1962 gab es für den Hamburger Polizeisenator überhaupt kein Dilemma. 1977 gab es zwar ein Dilemma, aber ein politisches Dilemma im Sinn der Alltagssprache. Der Bundeskanzler sah sich vor zwei schwer vereinbare Alternativen gestellt, aber von Tragik im Sinne antiker Dramen war er deutlich entfernt. Helmut Schmidt war ein Meister der Selbstinszenierung. Er hat auf die ihm eigentümliche Art und Weise profitiert von der Konjunktur, in der sich Notstandsszenarien damals befanden. Es herrschte der Kalte Krieg, der Wettkampf der Systeme, und die Furcht vor Extremsituationen politischen Zuschnitts war weit verbreitet.

Der Schmidt-Sturmflut-Mythos und die Schmidt-Mogadischu-Legende machen den gewichtigsten Teil des Helmut-Schmidt-Mythos insgesamt aus. Das Bild des ebenso furchtlosen wie dann auch effektiven Entscheiders und Vollenders wird mit dem Image des reflektierten, philosophisch gebildeten Staatsmanns kombiniert, der sich an der Vernunft, nicht zuletzt an seinem Gewissen orientiert habe.

Legenden und Mythen erfüllen wichtige individual- und sozialpsychologische Bedürfnisse. Sie haben auch eine gesellschaftliche Funktion. Welcher Nutzen kann demgegenüber für historische Wahrheit und logische Korrektheit beansprucht werden? Auch dann, wenn Kritik unter diesen Gesichtspunkten versucht wird, erscheint sie oft schnell als das Werk von Spielverderbern. Doch hat solche Kritik ebenfalls eine Funktion.

Politische Legenden und Mythen besitzen ein immenses Beharrungsvermögen – selbst in einer im Großen und Ganzen auf Offenheit bedachten Gesellschaft und in einem politischen System, das einigen Wert auf ein gewisses Maß an Transparenz legt. Jede Gesellschaft besitzt deshalb – ob sie sich dessen gewahr wird oder nicht – eine Mythenkultur. Diese Kultur sollte freilich dort, wo unter anderem Marc Aurel, Immanuel Kant, Max Weber und Karl Popper etwas gelten, bestimmte Vernunft-Standards erfüllen. Hier liegt die Aufgabe der Mythenforschung und der Mythenkritik.

Die vernunftwidrige Wirkung eines Heldenmythos kann beispielsweise darin bestehen, dass manche Medien und Teile ihres Publikums angesichts aktueller Krisen in eine bestimmte Art von Nostalgie verfallen. Sie nähren oder verspüren dann Sehnsucht nach einem vergangenen Akteur sowie nach der einen oder anderen Handlungsweise, die vor Jahrzehnten einmal – angeblich – in besonders hohem Maße erfolgreich gewesen seien. Rückblicke in die Vergangenheit und historische Vergleiche können zwar lehrreich ausfallen und eine kritische Funktion gegenüber gegenwärtiger Politik bekommen. Doch gehören ein paar unerlässliche Voraussetzungen dazu: Sind die vergangenen Geschehnisse sauber recherchiert? Ist die Analyse der aktuellen Lage geglückt? Hat man den steten gesellschaftlichen Wandel einkalkuliert? Ergibt ein Vergleich vergangener und gegenwärtiger Vorkommnisse mehr Übereinstimmungen als Unterschiede?

Selbst wenn die genannten Voraussetzungen erfüllt sein sollten – stets steht die Komplexität zwischenmenschlicher Aktionen dem Versuch entgegen, Situationen hinreichend verlässlich miteinander zu vergleichen, gar von einer Situation auf die andere zu schließen: Wäre Hanns Martin Schleyer 1977 gegen Baader, Ensslin und andere ausgetauscht worden, wenn Helmut Schmidt sich nicht 1962 den Nimbus des ebenso kühnen wie erfolgreichen Entscheiders erworben, nicht zuletzt daraufhin Bundeskanzler geworden wäre und sich auch in Erinnerung an „1962“ auf seine harte Linie festgelegt hätte? Das ist nur eine kontrafaktische Spekulation. Naheliegend scheint aber die These, dass Schmidt es 1977 zu seiner Identität zählte, sich 1962 in einem übergesetzlichen Notstand befunden, vor diesem Hintergrund zu Recht – im Sinne des Grundgesetz-Artikels 20 (Satz 3) der einen oder anderen Verfassungs- und Gesetzesnorm entgegengehandelt und damit sowohl politischen Erfolg als auch ethische (d. h. juristische und moralische) Anerkennung erworben zu haben.

Doch sind zum einen weder der Schmidt-Mythos über „1962“ noch die Schmidt-Legenden über „1977“ in der geschilderten Form akzeptabel. Zum zweiten können „1962“ und „1977“ nur mit etwas Gewalt in ein und dieselbe Schublade mit den Etiketten des „übergesetzlichen Notstands“ und der „Gewissensqual“ gezwängt werden.

Nur am Rand sei hier angemerkt, dass Schmidts drittes Beispiel für „schnelle Entscheidungen“ in „extremen Situationen“, das er in seiner Marburger Vorlesung von 2006 vorgebracht hat,[21] einer anderen Logik folgt. Es stammt auch nicht aus seiner ganz persönlichen Erfahrung; Helmut Kohl präsentierte seinen „Zehn-Punkte-Plan“ zur Wiedervereinigung Deutschlands dem Bundestag und der Weltöffentlichkeit am 28. November 1989. Schmidt hatte seine Abschiedsrede als Parlamentarier am 10. September 1986 gehalten

Der Mythos vom genialen Krisenmanager ist lebendig

Mythen sind oft eine Wohltat für die Seele, individuell und kollektiv. Der Preis dafür kann in einer Irreführung bestehen. Sie entsteht – hier einmal in der Sprache des Strafgesetzbuchs – durch die „Vorspiegelung falscher Tatsachen“ oder die „Entstellung wahrer Tatsachen“. Nicht selten werden aus einem fehlerhaften Geschichtsbild ebenso unzutreffende Schlüsse auf Gegenwart und Zukunft gezogen. Krisen und Katastrophen können sich als allzu simpel darstellen, einstmalige Krisenmanager als fast übermenschlich wirkmächtig. So können die aktuell Verantwortlichen mit unangemessenen Erwartungen konfrontiert werden: In einem angeblichen oder tatsächlichen Notstand hätten sie sich ein Vorbild an Helmut Schmidt zu nehmen.

Dem liegt ein noch älterer Mythos zugrunde: Im Zusammenhang mit den Helmut-Schmidt-Legenden ist mehrfach der alte Slogan variiert worden, Männer machten Geschichte – wobei weder „Männer“ noch „machten“ noch „Geschichte“ zutreffend ist. Der Slogan bleibt selbst dann entweder trivial oder unzutreffend, wenn mittlerweile in diesem Kontext manchmal auch Frauen erwähnt werden – nach dem Motto: Hauptsache, es handelt sich nicht um profane Personen, sondern um ausgewachsene „Persönlichkeiten“.

Olaf Scholz, eigentlich bekannt für seine nüchterne Sprache, hat 2015 den soeben verstorbenen Schmidt gar einen Giganten genannt und dabei ausdrücklich betont, es handele sich nicht etwa um ein Gleichnis. Damit hat Scholz eine Art religiösen Bekenntnisses abgelegt. Nicht, weil der Satz in der Hamburger St.-Michaelis-Hauptkirche gesagt wurde, sondern weil seine Logik religiös ausfällt. Der Duden definiert Mythos für den Alltagsgebrauch als: „Person, Sache, Begebenheit, die (aus meist verschwommenen, irrationalen Vorstellungen heraus) glorifiziert wird.“ Daraus folgt – in Anknüpfung an Martin und Sylvia Greiffenhagen formuliert: Es besteht die Gefahr, dass das Weltbild mancher Menschen durch

Mythen gewissermaßen neandertalisiert wird.

Vor dem Hintergrund der Corona-Pandemie 2020/2021, der Hochwasserkatastrophe im Südwesten der Bundesrepublik (Juli 2021), teils auch des Bundestagswahlkampfs im Herbst 2021, konnte deutlich werden, welcher Lebendigkeit sich vor allem der Schmidt-Sturmflut-Mythos in Deutschland erfreut, aber auch die zentrale Schmidt-RAF-Legende: Die Erstürmung der „Landshut" sei nicht allein – „mit Glück" – erfolgreich gewesen, sondern eine verdienstvolle Entscheidung des damaligen Bundeskanzlers.

Belege dafür, dass der Schmidt-Krisenmanager-Mythos nicht allein ein dankbares Objekt für Historiker ist, sondern auch für aktuelle und zukünftige Beobachtungen von Mythenforschern, sind in ausreichender Zahl zusammengekommen.[22] Der Bild-am-Sonntag-Artikel, der hier als besonders schrilles Beispiel präsentiert wird, präsentiert sich mit einem entsprechend schrillen Foto. Doch auch in Medien, über deren Seriosität es keine zwei Meinungen zu geben scheint, ist dem Mythos Vorschub geleistet worden, wenngleich in vergleichsweise gemäßigter Form. Ein Stück Populismus wurde freilich ein jedes Mal mitgeliefert, bestehend aus stets denselben Bestandteilen: Starke Persönlichkeiten schwingen sich „beherzt", „einfach", „kurzerhand" etc. zu einer Art von sozialverträglichem Kurzzeitdiktator auf; sie handeln nicht allein entschlossen und energisch, erweisen sich nicht allein als durchsetzungsfähig, sondern lassen, wenn es darauf ankommt, auch mal das eine oder andere Schönwetter-Arrangement des politischen Systems unbeachtet – im Bereich der Gewaltenteilung, der Grundrechte oder auch einfacher Gesetze.

„Gigant" Helmut Schmidt. – Persönlichkeit und Geschichte

Geschichte wird von Menschen gemacht. Von Männern und Frauen, die im entscheidenden Moment bereit und fähig sind, Verantwortung zu übernehmen und Führungsstärke zu zeigen.

Ben Tellings, Vorsitzender des Aufsichtsrats der ING-DiBa: Vorwort. In: Mut zur Führung. Helmut Schmidt im Gespräch mit Ulrich Wickert. Stuttgart 2008

Es mag pathetisch klingen und ist doch wahr: Wir haben einen Giganten verloren.

Hamburgs Bürgermeister Olaf Scholz bei der Trauerfeier für Helmut Schmidt in der Hamburger Hauptkirche St. Michaelis, am 23. November 2015

Geschichte passiert nicht einfach, sie wird von den Beteiligten gemacht. So rettete der damalige Polizeisenator Helmut Schmidt mit seinem beherzten und unbürokratischen Eingreifen vielen Menschen das Leben. Es sind Persönlichkeiten, die mit ihrem Handeln die Geschichte prägen.

Bürgermeister Olaf Scholz: Grußwort. In: Wir haben viel Glück gehabt. Lebensgeschichten zur Sturmflut 1962. Hamburg 2016

„Helfen statt fragen! Machen statt abwarten!“

Nirgends sterben mehr Menschen an Corona! Nirgends wird die Hilfe der Bundeswehr dringender gebraucht als in Altenheimen! [...] Ein Skandal! Was hätte in so einer Situation Altkanzler und Ex-Verteidigungsminister Helmut Schmidt (†2015) getan?

„Kanzler Schmidt war ein Macher, kein Bürokrat“, sagt Jürgen Vietor (78), Co-Pilot der 1977 entführten Lufthansa-Maschine „Landshut“ zu BILD. „Wenn's eng wurde, hat er nicht auf Beschlüsse und Anträge gewartet, sondern Hilfe geschickt, wo sie gebraucht wurde. Damit hat er uns bei der Befreiung der ‚Landshut‘ das Leben gerettet.“

Helfen statt fragen! Machen statt abwarten! Schon 1962, bei der Hamburger Sturmflut, rettete Schmidt als Polizeisenator Tausenden Flutopfern das Leben. Orderte – ohne jede Rechtsgrundlage – 100 Hubschrauber von der Nato. Bekam 90 Helikopter zur Versorgung der Flutgebiete. Niemand hatte einen Antrag gestellt ...! Schmidt ordnete an:

► 50 Mark auf die Hand für jedes Flutopfer! „Damit die sich was zu essen kaufen konnten. Der Finanzsenator war nicht begeistert ...“

► Leichen auf die städtische Eisbahn! „Ich kannte die Seuchengefahr. Aber nichts war vorbereitet!“

► Jeder Senator, jeder Politiker der Stadt muss eine Notunterkunft besuchen! „Damit sie die Sorgen der Menschen anhörten.“

UND HEUTE? Schmidt wäre im Land unterwegs, statt im Kanzleramt zu grübeln! ER hätte längst Soldaten zum Testen vor die Altenheime abkommandiert! ER würde im Zweifel auf den Föderalismus pfeifen – sollen Länder und Kommunen doch nachziehen, wenn es um Menschenleben geht! Und „Bedenkenträger, die lange Reden halten“ (Schmidt) hätte er zum Teufel gejagt.

So wie damals im beruchtigten Terrorjahr 1977: Nach Politikermorden, nach der Entführung der „Landshut“ (82 Passagiere) blieb Schmidt seinem Motto treu: „Entscheiden, wenn es nötig ist. Und den Sturm ertragen, den das auslöst. Bis die Krise vorbei ist.“ Die GSG 9 stürmte das Flugzeug in Mogadischu (Somalia), befreite alle Geiseln. Die Erlaubnis zur Stürmung erkaufte sich Schmidt heimlich mit Millionen-Schmiergeld an die afrikanische Staatsführung.

Ebenfalls ohne jeden „Amtshilfeantrag“...

Hans-Jörg Vehlewaldt: Impfdesaster in den Pflegeheimen. Wo steckt Helmut Schmidt? In: Bild am Sonntag v. 27. Januar 2021

Auf diese Weise verstehen sie es, angesichts bestimmter Notstände – man könnte diese Sorte Krisen als Helmut-Schmidt-Notstände zusammenfassen – von einem „Helmut-Schmidt-Moment“ zu profitieren.[23] Selbstverständlich haben sie zunächst ihr Gewissen geprüft, und hernach sind sie bereit, „den Kopf hinzuhalten“.

Jeder Staats- und Regierungschef bewältigt Krisen, so gut er kann und so gut die Umstände es erlauben. Wäre Schmidt 2020/2021 der bessere Corona-Kanzler gewesen, wie hier und da vermutet wurde? Hätte „der letzte Raucher“ sich einen Mund- und Nasenschutz aufgesetzt?[24] Pandemien bilden eine andere Vorkommnis-Klasse als Sturmfluten oder terroristische Geiselnahmen. Corona erforderte nicht in erster Linie einen kühnen Retter, der die Gesellschaft gegen eine Art Angriff verteidigt; Corona brauchte – wie sich herausstellte – vor allem eine Regierung, die es vermag, innerhalb der Bevölkerung ein Höchstmaß an Solidarität und Selbstdisziplin zu erzeugen. Dieses Ziel kann – vor dem Hintergrund des Rechtsstaatsideals – in keiner Weise mit Hilfe kühner Gesetzesbrüche gelingen und nur zum Teil nach dem Motto „Alles hört auf mein Kommando“ unter Zuhilfenahme uniformierter Einheiten.

Krisen-Management stellt eine besondere Art der Krisen-Bewältigung dar. Management ist mit der Vorstellung verbunden, ein Akteur gehe systematisch, methodisch, auf lehr- und lernbare Weise vor. Der Kern des Helmut-Schmidt-Mythos insgesamt ist nicht der Mythos eines Krisen-Managers im genannten Sinn, sondern der eines politischen Helden, der einen Gordischen Knoten durchschlägt – genial, gigantisch, zu nennenswerten Anteilen sogar „übergesetzlich“.

Um den §34 StGB („Rechtfertigender Notstand), der unter politischem Aspekt mit keinem anderen führenden Akteur so eng assoziiert wird wie mit Helmut Schmidt, ist es weitgehend still geworden. 2020 ist zwar von dieser Norm die Rede gewesen, aber nicht im Hinblick auf den Staat, zumindest nicht in erster Linie: Es ging (und geht) vor allem um Ärztinnen und Ärzte, die angesichts eines eventuellen Missverhältnisses zwischen der Zahl der verfügbaren Beatmungsmaschinen einerseits, und andererseits der Menge der auf diese Technik aktuell angewiesenen Patienten dazu gezwungen sein könnten, letzte Entscheidungen zu treffen, eine Triage vorzunehmen: Wird einem versorgten Patienten das Beatmungsgerät entzogen, oder wird es einem anderen vorenthalten?[25]

Die Phantasie von Schmidt-Begeisterten in der Medienwelt ist wohl vor allem von der Erweiterung des Infektionsschutzgesetzes am 25. März 2020 angeregt worden – durch das (Erste) Gesetz zum Schutz der Bevölkerung bei einer epidemischen Lage von nationaler Tragweite.[26] Eine Legaldefinition dieser umfassenden Art von epidemischer Lage wurde nicht sogleich mitgeliefert, folgte erst im November 2020. Es handelt sich bei dieser Gesetzgebung um „eine signifikante Ergänzung des deutschen Notstandsrechts“.[27] Wenn die Stellung der Exekutive gegenüber der Legislative gestärkt wird und die Stellung des Bundes gegenüber den Ländern oder auch sonstigen Personen; wenn – wie 1977 – in Konferenzen der Kanzlerin oder des Kanzlers mit den Ministerpräsidenten der betroffenen Länder de facto Entscheidungen fallen, wenn ferner Grundrechte auf dem Verordnungswege eingeschränkt werden können – dann stellt sich noch intensiver als üblich die Frage, wem innerhalb der Bundesregierung die Richtlinienkompetenz zukommt. Die Reihe der Kanzler der Bundesrepublik ist überschaubar, Vergleiche scheinen sich geradezu aufzudrängen. Eine aktuelle Sehnsucht nach dem legendenhaften „Helmut Schmidt“ von 1962 und 1977 ist wohl vor allem dort entstanden, wo sich punktuell Irritation darüber ergab, wieviel Pluralität, ja Durcheinander sich ungeachtet dessen bemerkbar machte, dass ein epidemischer Ausnahmezustand vom Bundestag ausgerufen war. Darüber zu sinnieren, ob ein Kanzler Helmut Schmidt in diesem Rahmen erneut „mit Glück“ erfolgreich gewesen wäre, nützt wenig, denn Lehren für Corona lassen sich aus „1962“ und „1977“ nicht ohne Weiteres ziehen.

„Eine Lehre aus der Geschichte Hamburgs“?

Helfen könnte Olaf Scholz auch ein Blick in die Geschichte Hamburgs, mit der als früherer Erster Bürgermeister der Hansestadt vertraut sein müsste. Vor knapp 60 Jahren übernahm dort ein gewisser Helmut Schmidt die Verantwortung für die Bekämpfung der Flut. Er war damals Polizeisenator, mehr nicht, und setzte sich über Zuständigkeiten gezielt hinweg. „Aber das allerletzte Wort hat nach der Hamburgischen Verfassung noch immer der Senat, nicht wahr?“, fragte der damalige Erste Bürgermeister Paul Nevermann indigniert. Das allerletzte Wort, auch in den Geschichtsbüchern, hatte indes Helmut Schmidt: Weil er tat, was getan werden musste.

Martin Döbler: Olaf Scholz muss Verantwortung übernehmen. In: Rheinische Post v. 9. Nov. 2021

In manchen Medien wird das freilich anders gesehen, und so werden sich vielleicht auch künftige Berliner Regierungschefs gelegentlich an Schmidt messen lassen müssen. Im November 2021 wurde der noch geschäftsführende Vizekanzler und designierte Kanzler Olaf Scholz von einem auch überregional nicht ganz unbekannten Blatt auf die Hamburger Geschichte hingewiesen; sie müsse ihm als ehemaligem Ersten Bürgermeister doch wohl vertraut sein: 1962 hätte „ein gewisser Helmut Schmidt“ es dort vorbildhaft verstanden, ein Führungsvakuum zu füllen. Als Vizekanzler hätte Scholz dabei jetzt sogar die Möglichkeit, „pfleglicher mit den Verfassungsorganen umzugehen“, als Schmidt dies damals möglich gewesen wäre. Sogar in der ZEIT war wieder einmal zu lesen: „Helmut Schmidt hat während der Flutkatastrophe die Verfassung überspannt. Angela Merkel tut das Gegenteil; sie bleibt weit unter ihren politischen Möglichkeiten.“[28] Und der scheidende Präsident der ZEIT-Stiftung, Michael Göring, vielfach und maßgeblich vernetzt im Hamburger Stiftungs- und Clubwesen, verstärkte das noch. Er formulierte eine salvatorische Klausel (Schmidt dürfe nicht überstrapaziert werden), kam dann aber zum Wesentlichen: „Vermutlich hätte er [Schmidt] im letzten halben Jahr [in puncto Corona] kategorisch gesagt: ‚Ich habe die Richtlinienkompetenz! Ich kümmere mich darum.‘ Er hätte die Entscheidungen allerdings mit wenigen Vertrauten vorab besprochen und dann zügig umgesetzt“. Von dieser Entschiedenheit, so Göring, und der neue Kanzler Olaf Scholz war da inbegriffen, hätten „wir zuletzt zu wenig erlebt“.[29]

Krisen und Katastrophen sind in jeder Gesellschaft selbstverständliche Vorkommnisse. Ende 2021 wurde in führenden Medien darüber spekuliert, ob in der Bundesrepublik künftig mit einer „grünen RAF" gerechnet werden müsse,[30] oder auch mit einer (so freilich nicht bezeichneten) „braunen RAF" aus extrem radikalisierten Corona-Leugnern.[31]

Hätte Helmut Schmidt 1977 gegenüber der gewissermaßen „roten" RAF bessere Entscheidungen treffen müssen? Hat er Gravierendes „versäumt" oder gar „verschuldet"? Ihm Derartiges aus entferntem Rückblick vorzuwerfen, wäre vermessen. Nachträgliche Kritik zielt nicht auf Schmidt in dessen Rolle als Entscheider 1977, sondern auf bestimmte Weisen der Überlieferung. „Aus „der Geschichte", aus der Rekonstruktion von Schmidts Maßnahmen gegen Sturmflut und RAF-Terror, kann wohl nur eine einzige Vermutung abgeleitet werden: Bäume hätte ein Helmut Schmidt im Kampf gegen Corona oder im Nachgang zur Hochwasserkatastrophe ebenso wenig ausgerissen wie die aktuellen Politiker. Bäume werden von Giganten entwurzelt, aber Giganten existieren nur im Mythos. Gleichwohl: Im Fall künftiger Katastrophen, schwerer Krisen und Unglücksfälle wäre es keine allzu große Überraschung, wenn mit jeweils erneut aufkeimender Nostalgie auf jenen Politiker zurückgeblickt würde, der es in genialer, also auch schwer nachzuahmender Weise vermocht hätte, in extremen Situationen schnelle Entscheidungen zu treffen und damit im Sinne des Allgemeinwohls erfolgreich zu sein.

Anmerkungen

1 Helmut Schmidt in der TV-Doku „Die RAF Teil I. Der Krieg der Bürgerkinder" (von Stefan Aust / Helmar Büchel), 2007, min. 0:17.

2 Hermann Schreiber: „...denn ich suche deine Befehle". In: Der Spiegel 47/1977 (v. 14. Nov.), S. 36–38, hier S. 36.

3 Protokoll der 121. Sitzung des Rechtsausschusses, 11. März 1965, S. 17. StAHH 136-1_8 Band 8.

4 Bericht des vom Senat der Freien und Hansestadt Hamburg berufenen Sachverständigenausschusses zur Untersuchung des Ablaufs der Flutkatastrophe. Hamburg 1962, S. 71.

5 Stenographischer Bericht über die 5. (3. nichtöffentliche) Sitzung des Sonderausschusses Hochwasserkatastrophe der Bürgerschaft zu Hamburg. Donnerstag, 29. März 1962, S. 30 f.

6 Hanno Balz: Von Terroristen, Sympathisanten und dem starken Staat. Die öffentliche Debatte über die RAF in den 70er Jahren. Frankfurt a. M. 2008, S. 261 ff.

7 Stenographischer Bericht über die 6. öffentliche Sitzung des Sonderausschusses Hochwasserkatastrophe, 17. Februar 1964, S. 4.

8 Notstandsrecht und Demokratie. Notwendigkeit oder Gefahr? Hg. v. Horst Dahlhaus / Helmut Simon. Stuttgart 1963, S. 53.

9 Vermerk v. 1. Nov. 1965, mit schwer lesbarer Unterschrift – „Schulze“? StAHH 136-1_8 Band 8.

10 Wolfgang Kraushaar: Der nicht erklärte Ausnahmezustand. Staatliches Handeln während des sogenannten Deutschen Herbstes. In: Die RAF und der linke Terrorismus. Hg. v. dems. 2 Bde. Hamburg 2006, hier Bd. 2, S. 1011–1025, hier S. 1019.

11 BT-Drs. 8/1881 v. 7. Juni 1978, siehe vor allem S. 10, 20.

12 Vogel an di Lorenzo, 17. Januar 1995, HSA 799.

13 Zehn Jahre danach. Offene Fragen und politische Fragen aus dem „Deutschen Herbst“ (I, II)). Große Anfragen der Abgeordneten Frau Dr. Vollmer [...] und der Fraktion DIE GRÜNEN v. 11. Dez. 1989, BT-Drs. 11/1533 u. 11/1534 v. 11. Dez. 1987. Abgedr. in: Ende der bleiernen Zeit. Versuch eines Dialogs zwischen Gesellschaft und RAF. Hg. v. DIE GRÜNEN im Bundestag. Bundesgeschäftsstelle. Bonn 1989, S. 77–123.

14 Ebd.: Große Anfrage I, BT-Drs. 11/1533, S. 8; II, BT-Drs. 11/1534, S. 8.

15 Sabine Pamperrien: Helmut Schmidt und der Scheißkrieg. Die Biografie 1918 bis 1945. München 2014, S. 293.

16 BT-Drs. 11/3324 v. 17. Nov. 1988, S. 3.

17 Dokumentation zu den Ereignissen und Entscheidungen im Zusammenhang mit der Entführung von Hanns Martin Schleyer und der Lufthansa-Maschine „Landshut“. Hg. v. Presse- und Informationsamt der Bundesregierung. Bonn 1977, S. 20.

18 Martin und Sylvia Greiffenhagen: Das schwierige Vaterland. In: Der Spiegel 6/1979 (v. 5. Febr.), S. 82–98, hier S. 82.

19 Klaus Wiegrefe: Groteske Szenen. In: Der Spiegel 40/2008 (v. 27. Sept.), S. 54–55; Wolfgang Kraushaar: Der nicht erklärte Ausnahmezustand. Staatliches Handeln während des sogenannten Deutschen Herbstes. In: Die RAF und der linke Terrorismus. Hg. v. dems. 2 Bde. Hamburg 2006, hier Bd. 2, S. 1021.

20 Philipp Abresch / Christian Blenker u.a.: Staatsmann und Hanseat. Helmut Schmidt zum 90. Geburtstag. TV-Doku, WDR 2008, min. 30.

21 Helmut Schmidt: Gewissen und Verantwortung des Politikers. In: Helmut Schmidt / Peter Janich / Carl Friedrich Gethmann: Die Verantwortung des Politikers. München 2008, S. 45–77, hier S. 6.

22 Helmut Stubbe da Luz: Giganten-Kult als Hypothek? Der Schmidt-Sturmflut-Mythos und die Bundeskanzler-Helmut-Schmidt-Stiftung. In: Mythos-Magazin (Apr. 2021, http://www.mythos-magazin.de/mythosforschung/hs_sturmflut-mythos.pdf); ders.: Auf dem Weg zum Nationalmythos? Helmut Schmidt als „Herr der Flut“ in TV-Produktionen seit 1980. Ebd. (Dez. 2021).

23 Alessa Kästner: Offener Brief an Tschentscher: „Das ist Ihr Helmut-Schmidt-Moment“. In: W&V+ v. 17. März 2020 (https://www.wuv.de/agenturen/das_ist_ihr_helmut_schmidt_moment).

24 Martin Rupps: Helmut Schmidt – der letzte Raucher. Ein Portrait. Freiburg 2011.

25 Siehe u.a. Detlev Sternberg-Lieben: Corona-Pandemie, Triage und Grenzen rechtfertigender Pflichtenkollision. In: Medizinrecht (MedR) 38 (2020), S. 627–637. – Am 28. Dez. 2021 hat das Bundesverfassungsgericht den Gesetzgeber aufgefordert, die pandemiebedingte Triage gesetzlich zu regeln, speziell unter dem Aspekt der Nichtdiskriminierung behinderter Menschen.

26 Am 18./19. November 2021 beschloss der Gesetzgeber, die aktuell bestehende „Epidemische Lage von nationaler Tragweite“ zum 25. November 2021 einstweilen auslaufen zu lassen. Das Instrument als solches blieb aber erhalten (Gesetz zur Verhütung und Bekämpfung von Infektionskrankheiten beim Menschen (Infektionsschutzgesetz – IfSG, § 5 Epidemische Lage von nationaler Tragweite).

27 Matthias Lemke: Deutschland im Notstand? Politik und Recht während der Corona-Krise. Frankfurt a.M. / New York 2021, S. 148.

28 Jochen Bittner: Gefährliche Tatenlosigkeit. In: Die Zeit v. 16. Nov. 2021.

29 Jörn Lauterbach: Michael Göring: „Wie erreichen wir die, die zur AfD tendieren?“ In: Die Welt (Hamburg) v. 20. Dez. 2021.

30 Ausgehend von Jonas Schaible: „Wer Klimaschutz verhindert, schafft die grüne RAF“. Aktivist Tadzio Müller im Interview. In: Der Spiegel (Online) v. 21. Nov. 2021. – Im Dezember 2021 befürchteten manche Behörden und Medien ferner eine weitere Radikalisierung von erbitterten Gegnern einer allgemeinen Impfflicht, siehe etwa Pandemie. Verfassungsschutz befürchtet weitere Radikalisierung durch Impfpflicht. In: mdr.de v. 25. Dezember 2021 (https://www.mdr.de/nachrichten/sachsen/impfpflicht-verfassungsschutz-befuerchtet-radikalisierung-corona-protest-100.html).

31 Sebastian Leber u.a.: Radikale Impfgegner. Sie sind bereit zum Angriff. In: Der Tagesspiegel v. 13. Dez. 2021.

Anhang

Quellen- und Literaturverzeichnis – eine exemplarische Auswahl

Archivalien

Archiv der sozialen Demokratie, Bonn-Bad Godesberg

- 1HSAA 5060
  Sturmflut. Katastrophentagebuch, Fernschreiben u.a.
- 1HSAA 5066
  Sturmflut. Birckholtz, Nevermann u.a.
- 1HSAA 5075
  Sturmflut. Lagebesprechungen u.a.

Bundesarchiv, Militärarchiv, Freiburg

- BL 1
  Bundesministerium der Verteidigung. Führungsstab der Luftwaffe
- BL 2
  Luftwaffenamt
- BL 24
  Transportverbände der Luftwaffe
- BW 1
  Bundesministerium der Verteidigung. Leitung, zentrale Stäbe und zivile Abteilungen

Bundesarchiv, Koblenz

- B 106/4275
  Ständige Konferenz der Innenminister der Bundesländer

Bundesrat, Berlin, Büro der Ausschüsse für Innere Angelegenheiten und Kulturfragen

- Protokolle der Ständigen Konferenz der Innenminister der Bundesländer

Helmut-Schmidt-Archiv, Hamburg-Langenhorn

- HSA 725
  Material Flutkatastrophe, Februar 1962
- HSA 930
  H.S., G. Jahn
- HSA 79
  H.S. privat, Schleyer, LH Landshut, Sept.–Okt. 1977 und später

Staatsarchiv Hamburg

- 136-1_4805
  Errichtung eines zentralen Katastrophendienststabs
- 136-1_4830
  Sturmflutkatastrophe am 16. und 17. Februar 1962
- 136-1_4835
  Allgemeine Angelegenheiten zur Sturmflutkatastrophe am 16. und 17. Februar 1962
- 136-1_1 Band 1 bis 136-1 14 Band 14
  Gesetz zur Ergänzung des Grundgesetzes – Notstandsgesetz
- 446-1_113
  Sturmflutkatastrophe in Hamburg am 16./17. Februar 1962
- 622-2/23_12
  Chronologie der Entwicklung von Polizeiorganisation und -führung bei Katastrophenabwehr in Hamburg seit 1946 und Entwurf einer Alarmordnung für Zentralen Katastrophenstab

Gedruckte Dokumente

Bericht des vom Senat der Freien und Hansestadt Hamburg berufenen Sachverständigenausschusses zur Untersuchung des Ablaufs der Flutkatastrophe. Hamburg 1962.

Dokumentation zu den Ereignissen und Entscheidungen im Zusammenhang mit der Entführung von Hanns Martin Schleyer und der Lufthansa-Maschine „Landshut". Hg. v. Presse- und Informationsamt der Bundesregierung. Bonn 1977.

Das dankbare Hamburg seinen Freunden in der Not. XVII Februar 1962. Hrsg. vom Senat der Freien und Hansestadt Hamburg, Hamburg 1962.

Höcherl, Hermann: Bericht über die Untersuchung von Fahndungspannen im Mord- und Entführungsfall Schleyer und die sich hieraus ergebenden Vorschläge zum besseren Einsatz staatlicher Mittel bei der Terroristenbekämpfung [Bundestags Drucksache 8/1883]. Bonn 1978.

[Schmidt, Helmut:] Bericht des Senats über die Hochwasserkatastrophe und die eingeleiteten Hilfsmaßnahmen. In: Stenographische Berichte über die Sitzungen der Bürgerschaft zu Hamburg im Jahre 1962, 4. (Sonder-) Sitzung der Bürgerschaft, 21. Februar 1962, S. 95–103.

Stenographische Berichte über die Sitzungen des Sonderausschusses Hochwasserkatastrophe. Hamburg 1962–1964.

Zehn Jahre danach. Offene Fragen und politische Lehren aus dem „Deutschen Herbst" (I: Tatsächliche Bedrohung des demokratischen Rechtsstaates im Jahre 1977 sowie Abbau demokratischer Errungenschaften; II: Verpasste Chancen und heutige Möglichkeiten einer friedlichen Lösung und Deeskalation). Große Anfragen der Abgeordneten Frau Dr. Vollmer [...] und der Fraktion DIE GRÜNEN v. 11. Dez. 1989, Bundestagsdrucksachen 11/1533 u. 11/1534. Abgedr. in: Ende der bleiernen Zeit. Versuch eines Dialogs zwischen Gesellschaft und RAF. Hg. v. DIE GRÜNEN im Bundestag. Bundesgeschäftsstelle. Bonn 1989, S. 77–123.

Literatur

Ahrens, Hans Werner: Die Rettungsflieger der Luftwaffe 1956 bis 1971. Konzeption – Aufbau – Einsatz. Berlin 2019.

Albrecht, Henning: „Pragmatisches Handeln zu sittlichen Zwecken". Helmut Schmidt und die Philosophie. Bremen 2008 (Studien der Helmut und Loki Schmidt-Stiftung, Bd. 4).

Arndt, Claus: Die Polizei im Notstandsfall. In: Die Polizei 59 (1968), S. 129–134.

Arndt, Claus: [Aufzeichnungen und Erinnerungen]. In: Abgeordnete des Deutschen Bundestages. Aufzeichnungen und Erinnerungen. Band 5. Boppard 1988, S. 9–113.

Aust, Stefan: Der Baader-Meinhof-Komplex Hamburg (1985) 4., erw. u. aktual. Aufl. 2017.

Böckenförde, Ernst-Wolfgang: Ausnahmerecht und demokratischer Rechtsstaat. In: Die Freiheit des Anderen. Festschrift für Martin Hirsch. Hg. Hans Jochen Vogel / Helmut Simon / Adalbert Podlech. Baden-Baden 1981, S. 259–272.

Dahlke, Matthias: „Nur eingeschränkte Krisenbereitschaft". Die staatliche Reaktion auf die Entführung des CDU-Politikers Peter Lorenz 1975, in: VfZ 55 (2007), S. 641–678.

Dahlke, Matthias: Der blinde Fleck. Transnationaler und nationaler Terrorismus auf dem Weg zum „Deutschen Herbst". In: Zeitgeschichte-online, Die RAF als Geschichte und Gegenwart, hg. von Jan-Holger Kirsch und Annette Vowinckel, Mai 2007 (http://www.zeitgeschichteonline.de/zol/portals/_rainbow/documents/pdf/raf/dahlke_dbf.pdf).

Dahlke, Matthias: Das Wischnewski-Protokoll. Zur Zusammenarbeit zwischen westeuropäischen Regierungen und transnationalen Terroristen 1977. In: VfZ 57 (2009), S. 201–215.

Dahlke, Matthias: Demokratischer Staat und transnationaler Terrorismus. Drei Wege zur Unnachgiebigkeit in Westeuropa 1972–1975. München 2011.

Eikel, Markus: Keine „Atempause". Das Krisenmanagement der Bundesregierung und die Flugzeugentführung von Entebbe 1976. In: Vierteljahrshefte für Zeitgeschichte 61 (2013), S. 239–261.

Geiger, Tim: Die „Landshut" in Mogadischu. Das außenpolitische Krisenmanagement der Bundesregierung angesichts der terroristischen Herausforderung 1977, in: VfZ 57 (2009), S.413–456.

Hürter, Johannes: Die bleiernen Jahre. Staat und Terrorismus in der Bundesrepublik Deutschland und Italien 1969–1982.

Kraushaar, Wolfgang: Der nicht erklärte Ausnahmezustand. Staatliches Handeln während des sogenannten Deutschen Herbstes. In: Die RAF und der linke Terrorismus. Hg. v. dems. 2 Bde. Hamburg 2006, hier Bd. 2, S. 1011–1025.

Kraushaar, Wolfgang: Die RAF. Entmythologisierung einer terroristischen Organisation. Hg. v. d. Bundeszentrale für Politische Bildung. Bonn 2008.

Kreutz, Karl-Heinz: Die Feldjägertruppe der Bundeswehr. Die Entwicklung einer Truppengattung von 1955–2005. Hg. v. d. Kameradschaft der Feldjäger e.V.

Lemke, Matthias: Deutschland im Notstand? Politik und Recht während der Corona-Krise. Frankfurt a.M. / New York 2021.

Lübbe-Wolff, Gertrude: Rechtsstaat und Ausnahmerecht: Zur Diskussion über die Reichweite des § 34 StGB und über die Notwendigkeit einer verfassungsrechtlichen Regelung des Ausnahmezustandes. In: Zeitschrift für Parlamentsfragen 11 (1980), S. 110–125.

März, Michael: Die Machtprobe 1975. Wie RAF und Bewegung 2. Juni den Staat erpressten. Leipzig 2007.

Oberloskamp, Eva: Das Olympia-Attentat 1972. Politische Lernprozesse im Umgang mit dem transnationalen Terrorismus. In: VfZ 60 (2012), S. 321–352.

Pamperrien, Sabine: Helmut Schmidt und der Scheißkrieg. Die Biografie 1918 bis 1945. München 2014.

Peters, Butz: Tödlicher Irrtum. Die Geschichte der RAF (Berlin 2004). Frankfurt a.M.: 4. Aufl. 2008.

Peters, Butz: 1977. RAF gegen Bundesrepublik. München 2017.

Polzin, Carsten: Deutscher Herbst im Bundesverfassungsgericht. Zur verfassungsrechtlichen und verfassungspolitischen Dimension terroristischer Entführungsfälle. Neubiberg 2001.

Rupps, Martin: Der Lotse. Helmut Schmidt und die Deutschen. Zürich 2015.

Schmidt, Helmut: Gewissen und Verantwortung des Politikers. In: Helmut Schmidt / Peter Janich / Carl Friedrich Gethmann: Die Verantwortung des Politikers. München 2008, S. 45–77.

Schmidt, Helmut: Außer Dienst. Eine Bilanz. München 2008.

Seifert, Jürgen: Die Abhör-Affaire 1977 und der Überverfassungsgesetzliche Notstand. Eine Dokumentation zum Versuch, Unrecht zu Recht zu machen. In: Kritische Justiz 8 (1975), S. 105–125.

Soell, Hartmut: Helmut Schmidt 1918–1969. Vernunft und Leidenschaft. München 2003.

Soell, Hartmut: Helmut Schmidt 1969 bis heute. Macht und Verantwortung. München 2008.

Stubbe da Luz, Helmut: „Das Grundgesetz nicht angeguckt", „aufgeregte Hühner" vorgefunden. Helmut Schmidt, der Retter aus der Katastrophe? In: Ders.: Große Katastrophen. Menschliches Versagen in der Geschichte – wehrhafte Stadtentwicklung für die Zukunft? Begleitband zur Ausstellung in der Bibliothek der Helmut-Schmidt-Universität 10. April bis 31. Juli 2018. Hg. v. d. Bibliothek der Helmut-Schmidt-Universität. Hamburg 2018, S. 99–153.

Stubbe da Luz, Helmut: Giganten-Kult als Hypothek? Der Schmidt-Sturmflut-Mythos und die Bundeskanzler-Helmut-Schmidt-Stiftung. In: Mythos-Magazin (Apr. 2021, http://www.mythos-magazin.de/mythosforschung/hs_sturmflut-mythos.pdf); ders.: Auf dem Weg zum Nationalmythos? Helmut Schmidt als „Herr der Flut" in TV-Produktionen seit 1980. Ebd. (Jan. 2022) http://mythos-magazin.de/mythosforschung/hs_nationalmythos.pdf.

Sydow, Fritz: Forum: § 34 StGB – kein neues Ermächtigungsgesetz! In: Juristische Schulung 18 (1978), S. 222–225.

Namensregister

Abbildungsverzeichnis

Forschungsstelle für Zeitgeschichte in Hamburg - 22, 30 (Argumente)
Helmut Schmidt Archiv, Hamburg - 19, 27, 28
Hubschraubermuseum Bückeburg - 1
Kameradschaft der Feldjäger e.V., Hannover - 16
Stephan Mussil - 4
Polizeimuseum Hamburg - 2
Ulrike Schröder, Helmut-Schmidt-Universität - 6, Buchrückenseite
Staatsarchiv Hamburg - 3, 8, 11, 15, 29, 30 (Bürgerschaftsausschuss)
Rolf K. Wegst, Buseck - 5
Franziska Zollweg, Helmut Schmidt Archiv - 17

Danksagung

Für Genehmigungen, Informationen, Materiallieferungen und Ratschlägen aller Art bin ich vor allem den folgend genannten Personen zu Dank verpflichtet.

Uwe Bahnsen, Dieter Bals (Hubschraubermuseum Bückeburg), Michael Bölke (Helmut-Schmidt-Universität, HSU), Christian Eilers, Karin Ellermann (Helmut-Schmidt-Archiv, HSA), Linda Falkenberg (Edition Falkenberg), Dr. Jan-Jasper Fast (HSU), Joachim W. Frank (Staatsarchiv Hamburg, StAHH), Jens Grot, Sven Haarmann (Archiv der sozialen Demokratie, Bad-Godesberg), Thomas Hirschbiegel (Hamburger Morgenpost), Dr. Magnus Koch (Bundeskanzler Helmut Schmidt Stiftung, BKHS), Barbara Koschlig (StAHH), Dr. Wolfgang Kraushaar (Hamburger Stiftung zur Förderung von Wissenschaft und Kultur), Jon Mendrala (NDR), Helga Mügge (StAHH), Stephan Mussil, Björn Platz (NDR), Stefan Reichart (HSU), Volker Reißmann (StAHH), Ulrike Schröder (HSU), Ulrich Stumpp (Kameradschaft der Feldjäger e.V.), Sönke Treu (NDR-Archiv), Dr. Barbara Wagner (Dornier Stiftung für Luft- und Raumfahrt, Friedrichshafen), Frank Wiegand (Archiv des Polizeimuseums Hamburg), Dr. Meik Woyke (BKHS), Franziska Zollweg (HSA).

Unersetzlich war wie stets die Zusammenarbeit mit meiner Kollegin Sabine Grimm, die in der Bibliothek der Helmut-Schmidt-Universität (nicht nur) für die Öffentlichkeitsarbeit verantwortlich ist und aufs Vielfältigste kommuniziert und organisiert, mitüberlegt und mitgelesen hat.